韓国における
日本語教育必要論の
史的展開

河先俊子 著

ひつじ書房

目　次

第 1 章　学習者の認識を通して日本語教育史を記述する意義　1
1　問題関心　1
2　先行研究　2
　2.1　植民地支配期を対象とした日本語教育史研究　3
　2.2　植民地解放後を対象とした日本語教育史研究　7
3　本書の目的　12

第 2 章　日韓関係、必要性・適合性、民族の主体性
　　　　　—分析の枠組み—　17
1　研究の方法　17
2　分析の視角　21
　2.1　国際関係の中の日本語教育　21
　2.2　必要性・適合性　23
　2.3　民族の主体性　26
　2.4　日本語教育の隣接領域　30
3　史料の収集　30
　3.1　書かれた史料　31
　3.2　オーラル・ヒストリー　37
4　研究の限界　41
5　時代区分と本書の構成　41

第3章　近代化、民族意識と日本語教育
―開化期と植民地支配期―　　47

1　開化期―近代化と日本語教育―　　47
 1.1　近代教育機関の設立と日本語教育―日語学校を中心として―　　49
 1.2　留学生の近代化志向　　59
 1.3　日本語の教科書における近代化志向　　64

2　植民地支配期―民族意識の高まりと日本語教育―　　66
 2.1　教育政策の変遷と朝鮮の人々の反応　　67
 2.2　植民地支配の浸透と民族意識　　72
 2.3　日本語教師の認識　　77

3　小括　　79

第4章　日本語教育必要論の萌芽とその否定
―1960年以前―　　87

1　韓国語の取り戻しと日本語の排除　　88
 1.1　韓国語の地位回復　　88
 1.2　日本語排除論とその実施過程　　89
 1.3　国語教育の再開と国語の普及　　92

2　文教部の日本語教育否定論―日本語解読参考書問題―　　93

3　李承晩政権の対日政策　　95
 3.1　貿易政策における日本排除路線　　95
 3.2　請求権交渉における対日強硬路線　　98
 3.3　文化政策・教育政策における防日路線　　99

4　市民間に芽生える日本語教育必要論　　101
 4.1　安氏の日本留学　　101
 4.2　『分かりやすい日本語』　　106

5　小括　　109

第 5 章　日本語教育必要論の登場
―1960 年から 1971 年―　　113

1　日本語教育必要論の登場　　114
 1.1　韓国外国語大学日本語科開設の論理　　114
 1.2　日本語科学生林氏の認識　　117
 1.3　日本語講習所の台頭　　118
2　日本語教育必要論出現の文脈　　120
 2.1　韓国語の地位回復と日本排除の限界　　120
 2.2　張勉政権の対日積極策　　121
 2.3　世代交代　　123
3　日本語講習所に対する取締りと反日言説　　123
4　小括　　127

第 6 章　日本語教育必要論の多様化
―1972 年から 1979 年―　　131

1　日本語教育強化政策の決定過程　　132
 1.1　日本語教育強化政策　　132
 1.2　経済開発と日本語教育　　133
 1.3　経済開発と国民意識としての主体性の確立を目指す教育政策　　138
 1.4　文化政策　　140
 1.5　対日留学政策　　141
 1.6　対日外交の強化　　144
2　日本語教育をめぐる知識人の議論　　145
 2.1　自国発展型必要論・現状追随型必要論　　145
 2.2　日本語教育警戒論　　146
 2.3　日本語教育限定論　　148
 2.4　日本語教育限定論の制度化　　149
 2.5　関係改善志向型必要論　　155
 2.6　ソウル大学入試事件と英語優先論　　157
3　日本語学習者の必要論と国民意識としての主体性　　159
4　日本側の日本語普及支援　　164

5　小括　165

第7章　日本研究型必要論の登場
　　　　—1980年代—　173

　1　日本語教育の拡大　174
　2　国際化に備える教育　176
　　2.1　留学緩和措置　177
　　2.2　外国語教育強化政策　177
　　2.3　地域研究の活性化　179
　3　変質する高等学校の日本語教育　180
　　3.1　第4次教育課程　180
　　3.2　第5次教育課程　182
　　3.3　教科書における日本語の機能　184
　4　日本研究型必要論　192
　5　日韓文化交流と対日報道　196
　　5.1　日韓文化交流　196
　　5.2　日本に関する新聞報道　197
　6　日本語学習者の認識　198
　7　小括　203

第8章　交流・相互理解型必要論の台頭
　　　　—1990年代—　209

　1　民主化以降の韓国社会と日韓関係　209
　2　日本語教育の普及　213
　3　外国語教育強化政策　217
　4　交流・相互理解型必要論とその展開　218
　　4.1　第6次教育課程　218
　　4.2　第7次教育課程　223
　　4.3　高等学校の日本語の教科書　226
　　4.4　日本語教師による交流・相互理解型必要論の実践　237

5	日本語教育を取り巻く諸言説	242
	5.1　ソウル大入試事件	242
	5.2　韓国語の中の日本語に対する抵抗	243
	5.3　日本の大衆文化に対する反応	245
	5.4　対日観	247
6	日本語学習者の認識	249
	6.1　学習動機調査	249
	6.2　インタビュー・データの分析	249
7	小括	256

第9章　日本研究者による交流・相互理解型必要論の形成過程
261

1	分析の方法	261
2	交流・相互理解型必要論の形成プロセス	263
	2.1　日本研究者としての行為と認識	263
	2.2　「日本」の多面的理解―他律的日本観から自律的日本観へ―	267
	2.3　日本人との相互作用	270
	2.4　日韓両文化の間でバランスをとる	274
	2.5　問題の棚上げ―対立する価値観への対処―	277
	2.6　結果図とストーリー・ライン	278
3	小括	280

第10章　日韓関係、民族の主体性と日本語教育　283

1	なぜ日本語教育が再開され、発展したのか	283
	1.1　日本語教育をめぐる言語空間の変遷	283
	1.2　民族の主体性と日本語教育	291
	1.3　日韓関係と日本語教育	292
2	日本語を習得した肯定的な自己像	295
3	展望と今後の課題	297

付録（国定教科書目次）	299
参考文献	301
あとがき	309
索引	313

第1章
学習者の認識を通して日本語教育史を記述する意義

1 問題関心

　韓国は、現在最も日本語学習者の多い国である。2009年に国際交流基金が行った調査によれば、日本語学習者は約96万人にも上り、世界の日本語学習者の26.4%を占めている[1]。日本と韓国の緊密な政治的・経済的・文化的な関係、日本語と韓国語との文法上の類似性に鑑みれば、韓国で広く日本語が学ばれるのは当然だと言えるかもしれない。また、隣国の言葉や文化に興味を持つのは自然なことでもある。

　しかし、韓国は、35年にもわたる長い間日本による植民地支配を受け、「国語」として日本語を強要された経験を持つ。植民地支配の歴史は、現在の日韓関係にも暗い影を落としており、歴史教科書、従軍慰安婦、靖国神社参拝、独島(竹島)をめぐる問題が、未だ日韓の懸案事項となっている。また、日本に国を奪われた記憶は、ナショナル・ヒストリーとして韓国の人々の脳裏に深く刻まれている。このような中で、日本は否定的な感情を伴わざるを得ない対象であり、実際、多くの調査で韓国人が日本、日本人に対して否定的なイメージを持っていることが報告されている[2]。その上、日本の大衆文化は、日本による文化的支配の再来を招くとして、1998年まで規制の対象となっていた。

　日本に対する厳しい視線は、日本語、日本語教育にも向けられている。植民地支配下で「国語」として強要された日本語は、植民地解放直後は徹底的な排除の対象とされた。現在でも日本語は、韓国語を純化するという文脈において、問題視されている。また、植民地解放後に外国語として日本語を学んでいた人々の中でも、日本語を学んでいることに対する周囲の冷たい視線

を感じたり、引け目を感じていたという人も少なくない。日本人の友人を案内していたら、同級生に「この親日派め！」と罵声を浴びせられたという経験を持つ日本語学習者、授業中、学生に「なぜ日本語を学ばなければならないのか」と問い詰められた経験を持つ韓国人日本語教師もいる。

このような韓国社会における日本に対する厳しい視線、否定的な対日感情、日韓関係の諸問題に鑑みれば、日本語教育を取り巻く環境は決して追い風とは言えない。Dörnyei (2009) は、目標言語を習得した肯定的な自己像を描くことが、目標言語学習の動機づけとして重要であると述べているが、韓国においては、日本語を習得した自己を肯定化することが難ししいこともあったと考えられる。

このように見てくると、韓国において日本語教育がこれほどまでに活発化したのは、不思議な現象のように思われる。なぜ、植民地解放後の韓国で日本語教育が再開され、発展してきたのだろうか。言い換えれば、韓国の人々はなぜ日本語を学んできたのだろうか。韓国の人々を日本語の習得へと動機づけたものは一体何か。これが、本書の初発的な問いである。本書では、植民地解放後の韓国における日本語教育の歴史を、韓国の人々の日本語教育に対する認識をその文脈と関連づけながら分析し記述することによって、この問いに答えたい。

2 先行研究

日本語教育学において、日本語教育史研究は、日本語教育学会の学会誌『日本語教育』に掲載される論文数が少ないことからも、関心の薄い分野であると言うことができる。日本語教育史研究は、日本語教育学以外の領域における研究の成果によるところが大きい。以下、学問的な領域を問わず、朝鮮・韓国における日本語教育史を主たるテーマとした研究を概観してみたい。

韓国に関しては、植民地支配期の研究が盛んであるが、植民地支配期に日本語は「国語」として教えられていた。そこで、次項ではまず、植民地支配期の「国語」としての日本語教育史研究を概観する。そして、項を改め、日

本語が「外国語」として教えられるようになった、植民地解放後の日本語教育史研究を概観することにする。

2.1 植民地支配期を対象とした日本語教育史研究

　日本語教育史研究が植民地支配期を対象とする場合、それは、植民地教育史研究、植民地政治史研究と交差する。植民地支配期の日本語教育に関する研究では、主として日本語教育政策の決定過程や実施過程、日本人知識人の日本語観・日本語教育観、日本語教育を支えた思想、日本語の教科書、教授法などが分析されている。そして、日本人側が、なぜ、何を目的として、どのように日本語教育を行ったのか、その結果、どのような事態を招いたかが、明らかにされている。また、日本語教育が、教育政策ないしは統治政策全体においてどのように位置づけられ、機能していたのかが議論される。

　植民地朝鮮では、日本語教育が「同化政策」の主要な手段として、植民地支配期を通して強要されたというのが通説である。朝鮮総督府は、朝鮮教育令とそれに基づく関連法規の公布によって、公的教育機関及び私立学校での国語としての日本語教育を強制したほか、「通牒」によっても実質的な日本語の使用を促した[3]。朝鮮教育令は 1911 年、1922 年、1938 年の 3 回にわたって発布されているが、第 3 次朝鮮教育令 (1938 年) を前後して、日本語教育の強制色が強まったと見られている[4]。つまり、第 1 次朝鮮教育令では、「忠良ナル国民」の育成が目的であったのが、第 3 次教育令では「皇国臣民」の育成が強調されるようになり、それまで必修科目であった朝鮮語が、随意科目となった。日中戦争を間近に控えた 1936 年に着任した南次郎総督は、「内鮮一体」をスローガンとして掲げ、朝鮮における志願兵制度・徴兵制度の導入を契機として、国語の「常用」・「全解」を目標とし、様々な手段を講じて日本語教育を断行した[5]。宮田 (1985) は、日中戦争開始以降、朝鮮人が人的資源として渇望され、志願兵制度、徴兵制度が実施されるのと並行して「完全なる皇国臣民化」が目標とされ、日本語教育が徹底されたと指摘している。また、1895 年から 1979 年までの初等教科書の内容分析を行った李淑子 (1985) は、第 3 次朝鮮教育令に基づいて改訂された国語の教科書では、戦争及び軍事関係の内容、神道関係の語彙が増加したことを明らかにしてい

る。日中戦争が激化し、朝鮮人の日本兵としての徴用が現実となっていく中で、日本語教育が変質し、その徹底に拍車がかかったと言えよう。

一方、駒込(1997)は、「同化政策」概念の再検討を行い、法制度上の次元、つまり「国家統合」の次元と、イデオロギー的な次元、つまり「文化統合」の次元を区別しつつ、両者の間の関係を考えなければならないと指摘している。「同化」という言葉は、何かを説明する概念ではなく、それ自体分析され説明されるべき概念であるという駒込(1997: 20)の指摘は、植民地支配期の日本語教育史研究において、非常に重要である。

また、第3章で詳しく述べるが、イ・ヨンスク(1996)、安田(1997)は、日本国内の国民統合のために「国語」という概念、思想が形成され、それが植民地へと流出するプロセスを分析、記述している。これらの研究によって、「同化政策」としての日本語教育は、日本語が日本という国民国家の形成において、どのようなイデオロギーの下に、どのような役割を担っていたのかを踏まえた上で、議論する必要があることが確認できる。

一方、安田(2000)は、植民地・占領地における日本語教育政策が、日本国内の「国語」の議論のみならず、諸地域の政治的状況、言語使用状況、民族自決原則の成立の有無といった社会的文脈の影響を受け、調整されてきたことを指摘している[6]。駒込(1997)も、「同化政策」という概念の問い直しをする中で、植民地支配とは異民族との「社会的」な関係の内におかれざるを得ないと指摘し、日本側が台湾と朝鮮半島の伝統的な思想や民族運動との相互作用の中で、統治政策、教育政策を決定していったことを示している。これらの研究から、たとえ武力を背景とした支配であったとしても、異民族を対象とした政策は、支配者側が一方的に決定、実施することはできず、被支配者側の歴史や文化、抵抗を無視できなかったことが再確認できる。さらに、並木(2003)、三ツ井(2010)が指摘するように、植民地政府が統治政策を効果的に実施するためには、少なくとも被支配者の一部との間での交渉が必要だったと見るべきであり、被支配者側もまた、自分たちの要求を通すために、植民地政府との交渉を余儀なくされていたと考えられる。したがって、植民地支配下における日本語教育も、学習者側の言語や文化、反応との相互作用の中で実施されたと見るべきである。すると、学習者側が日本語の

強制をどのように受け止めていたか、朝鮮半島の人々にとって国語としての日本語学習はどのような意味を持っていたのかという論点が浮上する。

しかし、植民地支配下における韓国人日本語学習者の認識に焦点が当てられることはあまりなく、日本語を強要された側の経験は掘り起こされていない。当時の日本語教育が「強制」であったことに鑑みれば、そこに学習者である韓国の人々の「意思」など存在する余地がなかったのかもしれない。また、たとえ意思が存在したとしても、植民地支配下においてそれを自由に表現することは難しかったであろうし、植民地解放後も「親日派」とみなされるような発言は控えなければならなかったであろう。しかし、駒込(1997:13)が指摘するように、日本が「地域の歴史や文化をまったく無視」した政策を行ったという記述は、かえって諸地域の政治的・文化的な独自性と民族自決への主体的な動きを無視し、被支配民族を「俎上ノ肉」とする考え方を再生産することになりかねない。したがって、韓国人日本語学習者が、強制的に日本語を習得させられたことをどのように認識していたかという側面から、日本語教育を捉え直すことも必要だと考えられる[7]。

この点、朴賛勝(2005)、朴宣美(2005)は、1910年代に日本に留学した人々が、留学生団体の機関誌に寄せた論稿を分析し、彼らが、旧習慣と旧思想を打破して新文化を建設し、実力を養成して国権を回復することをめざし、日本をそのモデルとして見ていたことを示している。留学生たちは、自分自身を近代的な精神と制度の構築によって朝鮮を救済する先駆者と見なしていた。そして、1919年の3・1独立運動において中心的な役割を果たしたのは、日本留学生であった。

また、朴宣美(2005)は、植民地支配下の韓国から日本に留学した女性64名に対するインタビュー調査を行い、留学の動機などを分析している。それによると、韓国内での高等教育が制限される中で、1930年以降、日本留学を経て帰国後、医師、教員などの専門職として活躍するというライフコースができあがっていたこと、植民地支配下で生まれ育った人々の間では、日本＝学問、文化の中心、東京＝憧れの地という認識が形成されており、それが日本留学を促していたことが窺える。また、植民地人としての劣等意識を持ち、日本人以上に日本人になろうとする人々もあったことが報告されてい

る。

　一方、日韓併合前の開化期[8]に目を移すと、当時飛躍的に増加した日本留学生の認識を分析した研究が多くある。19世紀末の日本留学生の中には、帰国後、開化派として韓国の近代化に尽力した者、日本による保護国化に反対し、韓国の独立維持のために尽くした者も多い。金範洙（2006）は、留学生団体の機関誌に掲載された論稿を史料として、留学生が韓国の独立維持のために、日本留学が必要であると考えていたことを示している。

　また、開化期には、日本語を主な教育内容とする「日語学校」の開設が相次いだ。稲葉（1997）は、「日語学校」の設立動機、教育方針及び内容、財源などを詳細に示しているが、そこから、韓国の人々は近代的な知識や技術を獲得するために、日本語を必要としており、積極的に日語学校の開設に関与していたことが分かる。韓国の人々にとって、日本語は身近な外国語であり、韓国社会を近代化させ、国の独立を維持するための道具として重視されていたと考えられる。

　これらの研究から、韓国の人々が、自国の独立の礎を近代化に求め、近代的な技術や知識を日本から学ぼうとしていたこと、植民地支配という環境下で生きていくための戦略として日本留学を選択していたことが分かる。

　しかし、だからといって、日本が韓国の近代化に貢献したなどと判断するのは拙速である。日韓併合前の韓国においては、Eckert（1991）が指摘するように、近代的国民国家意識は形成されていなかったであろうし、国王が国民統合の中核となっていたわけでもなかった。このような状況において、近代的な国民意識の形成に大きな役割を果たしたのが、西洋近代思想の受容であったと考えられる。そして、当時、韓国に先んじて近代化を果たし、「近代化」という共通目的によって日本の国家的な利益を巧妙に糊塗しながら、統治者になったのが日本であった。したがって、「近代化」、「近代文明」を追求するという枠組みの中で、韓国の人々は少なくとも表面上は日本に追随し得ただろうし、植民地政府の「協力メカニズム」の中に取り込まれた人々もあったと考えられる。また、当時、「近代」は「好ましいもの」・「望ましいもの」・「めざすべきもの」と感じられており、圧倒的な影響力を持ってそこから逃れがたいほど人々を引きつけていたと考えられる[9]。

しかしながら、韓国の人々が求めたような「近代化」、つまり、民主的な政治システムの構築、国民国家の形成が達成されることはなく、どんなに日本人と同様の日本語、行動様式を身につけても、韓国の人々が日本人と対等な権利を得ることはできなかった。そして、精神的な「同化」を強要されつつも、「朝鮮人」であることを理由として民族的な差別を受け続けてきたのである。

また、確かに韓国の人々は日本語教育の必要性を認めていたが、漢文や朝鮮語の時間数を削減して日本語の時間数を増やすという日本側の政策に対しては抵抗を示した[10]。さらに、伝統的な教育機関が弾圧されるのに伴って植民地支配勢力が開設した学校への就学率が上昇したものの、韓国社会においては、朝鮮語で子弟を教育しようという声が途絶えることはなかった[11]。

このような社会的文脈を考慮しながら、抵抗の論理も含めて韓国の人々の認識を丁寧に見ていくことよって、彼らの複雑な精神や行動を理解することができると考えられる。そして、それは、日本側がとった日本語教育政策の批判的な検討にも役立つはずである。

そこで、本書では、植民地解放後の韓国を対象として、韓国の人々の日本語教育に対する認識を歴史的、社会的文脈との相互作用を捉えながら分析し、記述する。この作業を通して、私たち母語話者日本語教師が、自分の仕事を内省する際の観点を得たい。また、1980年代まで、日本語教育に関して議論してきたのは、主として植民地支配期に「国語」として日本語を学んだ人々（以下、国語世代と呼ぶ）であったが、彼らの日本語教育に対する認識を分析することによって、植民地支配期の日本語教育と植民地解放後の日本語教育との連続性と断絶性を検討できると考えられる。それは、植民地支配期の日本語教育が残した深い傷跡を私たちに再認識させることにもなるだろう。

2.2 植民地解放後を対象とした日本語教育史研究

それでは、次に、植民地解放後の韓国における日本語教育について、これまでどのような研究がなされ、どのようなことが分かっているのか概観する。

植民地解放後の韓国における日本語教育の通史を全般的に記述した先行研究として、森田（1982、1985、1987、1991）、稲葉（1986）、趙文熙（2005）がある。中でも、森田（1987）は、朝鮮王朝期から1980年代までの韓国語研究史、教育史を扱うと同時に、司訳院において日本語教育が行われた1414年から、1985年現在までの日本語教育の通史を記した最初の著作である。ここには、豊富な統計資料のほか、韓国語の史料の日本語訳も収録されている。趙文熙（2005）は、14世紀から現在までの韓国における日本語教育の歴史を、法令を中心として記述している。『日本語教育』に掲載された森田「韓国における日本語教育の歴史」（1982）、稲葉「韓国における日本語教育史」（1986）も、朝鮮王朝期からの通史を記述しているが、これらの文献から、植民地解放後の日本語教育史上、2つの大きな転換点があったことが分かる。

　第1の転換点は、1961年、韓国外国語大学が日本語科を開設し、翌年の1962年には国際大学が日本語科を開設したことである。これは韓国における日本語教育の再開とされている。1960年以前は、植民地支配の残滓としての日本語を排除して、自らの言葉を回復しようとする「国語浄化運動」が行われ、徹底した排日政策をとる李承晩政権の下で、日本語教育は行われなかったというのが通説である。稲葉（1986: 143）は、1945年から1960年までを日本語教育の「空白期」と呼んでいる。

　2つ目の転換点は、朴正煕大統領が高等学校の第2外国語に日本語を加えることを発表した1972年である。朴正煕大統領の命令を受けて、1973年2月、文教部令第310号が公布され、日本語がドイツ語、フランス語、スペイン語、中国語に加えて、5つ目の第2外国語となった。1965年の日韓国交正常化以降、大手商社、銀行など日本企業が韓国に進出するのに伴って、多くの私設日本語講習所で日本語教育が行われるようになってはいたが（稲葉1986）、高等学校への日本語の導入以降、高校のみならず、大学における日本語教育も活性化した。1970年代末までに、新たに日本語関連学科を開設した大学は21に上っている[12]。また、1972年からソウル大学の語学研究所で、1973年から延世大学の外国語学堂で日本語が教えられるようになった。さらに、1973年、大学教授を主体とする日本研究者によって韓国日本学会が、1978年、大学・高校の日本語教師などによって韓国日語日文学会

が組織された。このように、政府が高等学校に日本語を導入したことは、日本語教育の発展の契機となったと言うことができる。

　しかし、朴正熙政権による日本語教育強化政策に対して、知識人たちが、それを時代の趨勢として受け止めながらも、「民族の主体性」の観点から危険性を主張していたことが稲葉(1973)で報告されている。また、稲葉(1973)は、いわゆる「一流高校」では日本語教育が実施されず、実業系の高校[13]を中心として日本語教育が行われていること、日本は嫌いだが利便性故に日本語を学習した方がいいと考える学習者が多かったことも指摘している。さらに、稲葉(1976)は、1975年、ソウル大学が入試科目から日本語を除外すると発表したことを報告すると同時に、日本の文化商品、日本語の残滓を排除する動きがあったことを伝え、これを「民族主体性を保持〜増進しよう」[ママ]とする動きと見ている。これらの報告から、日本語教育強化政策に対して、相当の抵抗があったことが窺える。稲葉(1986: 136)は、世論の反対が予測されたからこそ、朴正熙大統領が、「過去の韓日関係の故に日本語を忌避する傾向があるが、精神さえしっかりしていれば、日本語を学んだからといって日本人になるものではない。したがって、民族の主体性及び闊達な大国民の度量が必要である」という旨の談話を発表し、あえて国民の説得にあたらなければならなかったと指摘している。

　また、稲葉(1976)では、日本語教育は、1970年代に推進された「国籍ある教育」の一角に位置づけられ、国定教科書として発行された『高等学校日本語読本』の内容構成も、日本語を媒介として民族精神の高揚を狙ったものが大部分であったことが報告されている。日本語教育強化政策に対する稲葉(1973、1976)の報告と分析から、日本語教育は、韓国社会において、単なる外国語教育のひとつではなく、「民族の主体性」と関係する複雑な問題であったことが分かる。

　稲葉(1976)によると、1977年度からほとんどの大学で第2外国語自体を入試課目から除外したため、第2外国語教育全般の沈滞を招いたということであるが、全斗煥政権による入試制度の改革[14]によって、日本語教育が活気を取り戻し、1986年、高校で日本語を選択した学習者は、ドイツ語を上回って第1位となった(千1989: 47)。また、新しい教育課程が1983年に告

示され、それに伴って教科書も検定となり、5種類に増えた。森田(1991)によると、1980年代も日本・日本語関連学科を開設する大学が相次ぎ、それに伴って、釜山大学校に日本問題研究所、啓明大学校に日本文化研究所、東国大学校に日本学研究所、嶺南大学校に韓日文化比較研究所、徳成女子大学校に韓日比較文化研究所、慶星大学校に日本問題研究所が付設され、広く日本研究が行われるようになったということである。さらに、1980年代、東亜日報社、韓国日報社が主催する文化講座で日本語講座が設けられ、KBSテレビでも日本語講座が放送開始になるなど、日本語教育は拡大の様相を見せた。千(1989)によると、1980年代、企業で外国語研修院を設ける動きが広がり、三星では1982年、現代では1986年、大宇では1987年、金星、コーロンでは1988年それぞれ日本語のコースが開設された。

　1990年代以降、度重なる入試制度の変化[15]の影響を受けるものの、高校で日本語を選択する学生数は1位を維持しており、日本語・日本関連学科を開設する高等教育機関も増加し続けた[16]。1980年代、90年代を通して、日本語教育は拡大を続けてきたと言えよう。

　一方、李德奉(1994)、金賢信(2008)、趙文熙(2005)は、教育機関別に通史を記述している。李德奉(1994)は、高等学校の日本語教育に関して、日本語の教育課程を他の第2外国語の教育課程と比較・分析しているが、そこから1988年に告示された第5次教育課程以降、日本文化の理解と意思疎通能力の育成が重視されるようになったことが分かる。金賢信(2008)は、高等学校の日本語の教育課程と、それに基づいて編纂される日本語の教科書の内容を分析し、第5次教育課程期には、国際競争力の強化のためのコミュニケーション能力の向上と、日本文化理解に対してより力が入れられるようになったことを指摘している。

　このように、先行研究から植民地解放後の日本語教育は、1961年の韓国外国語大学における日本語科の開設、1972年の高等学校の第2外国語科目への日本語の導入という2つの転換点を経て発展してきたこと、1970年代は民族の主体性の観点から日本語教育に対して相当の抵抗があったこと、それにもかかわらず1980年代、1990年代を通して拡大してきたことが分かる。また、1980年代後半から1990年代にかけて、高等学校の日本語教育の

目標が変わり、質的に変化してきたことも明らかになっている。

　それでは、なぜ 1961 年に大学や市中の日本語学校において日本語教育が再開されたのだろうか。逆に言えば、なぜ、1961 年以前は日本語教育の「空白期」であったのだろうか。この点について、先行研究では検討されていない。

　また、なぜ、韓国政府は 1972 年に日本語を高等学校の第 2 外国語として導入することを決定したのだろうか。この点について、森田（1982: 10）は、解放後、韓国語による教育を受けた世代が高校に入る年齢に達しており、「韓国国民として主体性を持ち、日本語を完全な外国語として学習する民族的構えが成立していた」からとしている。しかし、これは、知識人の間で民族の主体性の観点から批判の声があがったこと、朴正熙大統領が主体性に言及しながら国民を説得しなければならなかったという稲葉（1986: 136）の指摘と矛盾する。一方、金賢信（2008: 336）は、朴正熙政権が日韓経済協力の強化を図ろうとしたことを、高校での日本語教育実施の理由として挙げているが、そうだとすれば、なぜ経済協力方式によって請求権問題を解決し、日韓基本条約を結んだ 1965 年ではなく、その 7 年後の 1972 年なのかという疑問が沸く。更なる検討が必要である。

　そして、なぜ 1980 年代以降日本語教育は拡大を続けたのか。この点について、生越（1991）は、日本語を教える高校が増えた理由として、経済面での日韓関係の緊密化と大学入試制度を挙げている。経済関係の緊密化が相手国の言語の学習を促進するというのは、通説となっている。しかし、日韓関係の緊密化が、韓国における日本語教育と同様に、日本における韓国語教育を活発化させたわけではない。この不均衡をもたらした経済関係とはどのようなものだったのか、考察する必要がある。また、経済関係の緊密化が日本語教育の推進力となったとしても、1970 年代に問題となった「民族の主体性」と対立しなかったのか、対立したとすればどのように折り合いをつけたのかも検討されなければならないだろう。また、確かに大学入試制度の変更は、高校教育自体に甚大な影響を及ぼすが、比較的短期的な影響であり、長期にわたって日本語教育が拡大していることに対する説明力は乏しいと考えられる。

他方、森田（1985、1991）は、国際交流基金による韓国の日本語教育に対する協力事業にも言及しており、1975年から在韓大学日本語科に日本語教師を派遣していること、東京で開催される海外日本語教師研修会に韓国の日本語教師が招聘されていること、日本語成績優秀者講習会に韓国の日本語専攻の学生が招聘されていること、日本語教材をはじめとする図書を寄贈していることを記している。また、1971年の第5回日韓定期閣僚会議の合意に基づいて行われた日韓青少年交流事業が1989年以降拡充されたこと、韓国外国語大学、清州大学へのLL装置の寄贈、図書の寄贈などの補助を行っていることなども記している。このような日本政府の協力も、韓国における日本語教育の発展に影響を及ぼした可能性もある。

このように、先行研究では、日本語教育の再開と拡大の理由について、十分な説明がなされているとは言えない。また、稲葉（1973）から、日本語教育に対する社会的抵抗があり、学習者自身も否定的な日本観を持っていたことが分かるが、反日本語教育的な圧力と日本語教育を推進する力とがどのように折り合いをつけてきたのかという点も、先行研究では取り上げられない。加えて、高等学校の日本語教育の目標や内容がなぜ変わったのかも、ほとんど検討されていない。つまり、教育機関、教育政策、カリキュラム、教科書を分析の対象とし、どこでどのように日本語教育が行われてきたのかは、ある程度明らかにされているが、なぜそのように行われてきたのかという問いには十分答えられていないのである。また、日本語教育に対する人々の認識も、学習者の日本語学習動機に関するいくつかの調査を除いて焦点化されない。そして動機づけの調査においても、学習動機と社会的・歴史的文脈との関連性が十分に検討されているとは言えない。

3　本書の目的

そこで、本書では、韓国の人々の日本語教育に対する認識を社会的文脈との相互作用を踏まえて分析し、通史的に記述することによって、なぜ、日本語教育が再開され、発展してきたのか、なぜ日本語教育の目標が変わったのかという問いに答えることを目的とする。韓国の人々の日本語教育に対する

認識が歴史的、文化的に形成される様相を分析することにより、「なぜ」という問いに答えることができると考えるからである。また、「なぜ」を追求することによって、韓国における日本語教育の歴史をより深く理解することができると考えられる。そして、学習者側である韓国の人々の認識の構造と認識の形成過程に注目しながら日本語教育の歴史を構成することは、私たち母語話者日本語教師が、自分の仕事を批判的に見直し、展望を考える上で、重要な示唆をもたらすと考えられる。

　韓国の人々の日本語教育に対する認識としては、日本語に対するニーズや日本語学習の動機も検討されることになる。しかし、本書では、単にどのようなニーズ、動機があったのか記述するだけではなく、特定の歴史的、社会的空間において、ニーズが形成される様相を示したいと考えている。これまでの日本語教育学においては、今あるニーズを調査し、それに基づいてカリキュラムを編成したり、現在の問題を解決することに力が注がれている観があるが、ニーズがあるからそれに応えるという方式ではなく、ニーズがどのように歴史的、文化的に構築されてきたのかに注目することも、重要であると考えるからである。

　例えば、植民地時代は、日本語を習得しないと不利益を受けるような社会であったため、朝鮮半島の人々の日本語に対するニーズは高かったかもしれない。しかし、それを無批判に受け入れて日本語教育を行うのは、結局、植民地支配に加担することにもなり得たはずである。これは、学習者にとって本当に望ましいことだったのだろうか。同様のことは現代でも起こっていると考えられる。日本語を母語としない児童が日本の小学校に編入してきた場合、その子どもも両親も一刻も早く日本語を習得することを望むであろう。そして、このようなニーズに応えるため、一定期間、日本語の習得のみに集中させることが行われている。しかし、これがその子にとって本当に望ましいことなのだろうか。日本語の習得を優先するようなニーズが形成されている社会的文脈を問い直してみる必要もあるだろう。

　日本語教育の存在価値が、単なる語学の教育だけではなく、日本語学習者の理想的な自己の実現、well-being に資すること、日本語母語話者と日本語学習者とがお互いを尊重しあい共に生きる社会を作ることにあるとするなら

ば、学習者がなぜ日本語を必要とし、学習してきたのか、学習者のニーズが歴史的、文化的にどのように形成されてきたのかを分析し、記述することにも意味があると思われる。本書では、そのような観点から、植民地解放後の韓国を事例として、日本語教育の歴史を記述することによって、日本語教育の現在と将来を考える上での示唆を得たいと考えている。

注

1　国際交流基金『2009年海外日本語教育機関調査』(http://www.jpf.go.jp/j/japanese/survey/result/dl/news_2009_01.pdf）によると、世界中で最も日本語学習者の多い国は韓国で、学習者数は964,354人に至っている（最終閲覧日2012年8月8日）。

2　『東亜日報』と『朝日新聞』は、1984年から共同世論調査を実施しているが、それによると日本人を嫌う比率は、1984年時点で38.9％であったのが、88年には50.6％、90年には66％、95年には68.9％と、上昇傾向にあった（池明観『日韓関係史研究―1965年体制から2002年体制へ―』新教出版社、1999年、112ページ）。また、이금희他(1986)をはじめとする韓国人の対日観の調査では、韓国の人々が、現代日本の経済・技術の発展などは肯定的に評価しつつも、過去に対する憤りと警戒心を抱き続けており、日本に対してアンビバレントなイメージ、態度を持っていることが報告されている。

3　井上薫「日本統治下末期の朝鮮における日本語普及・強制政策―徴兵制度導入に至るまでの日本語常用・全解運動への動員―」『北海道大学教育学部紀要』73（1997年）、105–153ページ。

4　森田芳夫『韓国における国語・国史教育―朝鮮王朝期・日本統治期・解放後―』原書房(1987年)、87–130ページ。

5　井上薫、前掲。

6　台湾と朝鮮半島は、日本の国民国家形成とほぼ同時期に植民地化されたため、「国語」に国民統合の効用があるとする思想が容易に持ち込まれ、「国語」としての日本語教育が徹底されたが、満州国、東南アジア地域を占領したのは、民族自決原則が主張された後であったため、民族の言語に配慮する政策をとらなければならなかった。また、満州地域は、多言語社会であり、東南アジア地域には、旧宗主国とその言語の存在があったことも、言語政策の決定と実施に影響を及ぼしている（安田敏朗「帝国日

本の言語編制」三浦信孝・糟谷啓介編『言語帝国主義とは何か』藤原書店、2000 年、66–83 ページ)。

7　駒込武『植民地帝国日本の文化統合』(岩波書店、1997 年)では、被支配民族が「伝統・民族」という価値にどのように抵抗の拠点を見出し得たのかという観点から、被支配民族側の論理に言及している。しかし、駒込の主目的はナショナリズム論の批判的検討にあり、被支配者側から歴史を記述しているものではない。

8　開化期とは、1876 年から 1910 年までの期間をさす。

9　並木真人「朝鮮における『植民地近代性』・『植民地公共性』・対日協力―植民地政治史・社会史研究のための予備的考察―」(『国際交流研究』5、2003 年、1–42 ページ)によると植民地社会に関する「植民地収奪論」も「植民地近代化論」も「ヘゲモニーとしての近代」に包摂されていると指摘する。「ヘゲモニーとしての近代」とは、「近代」を「好ましいもの」・「望ましいもの」・「目指すべきもの」と感じることである。

10　韓国学部学政参与官幣原坦の回想によると、漢文、国語(=朝鮮語)の時間数を削減して日本語の時間数を増やすという方針に対して小学校の教師・生徒とも、「韓国の今日あるは、僅かに漢学が存在して居るためである」から「韓国青年に発動せんとする萌芽を摘み取りて他国化せしむるに他ならず」として、反対の意思を表明したという(稲葉継雄『旧韓末「日語学校」の研究』九州大学出版会、1997 年、18–19 ページ)。

11　佐野通夫『日本植民地教育の展開と朝鮮民衆の対応』社会評論社、2006 年。

12　韓国日語日文学会『韓国의日本語教育實態―日本語教育機関調査 1998 〜 1999 年―』による。

13　韓国の高校は、大学進学を目標とする一般校と就職を目標とする実業系校の 2 種類に区分されている。

14　予備考査と大学別の本考査との 2 本立ての試験を行っていたものを、大学学力考査に一本化した。

15　1986 年には、第 1 外国語(英語)と第 2 外国語に分けられたため、日本語が学びやすいとの判断から日本語の選択者が 41.6％にまで増加した。しかし、1987 年には第 2 外国語が外国語以外の選択科目と統一されたため、日本語の選択者は 0.8％にまで落ち込んだ。しかし、1988 年に、外国語の試験を各大学の裁量で実施することになったため、日本語選択者は 2 ないし 4％になった。1994 年には大学入学学力考査が「修学能力評価試験」に変わり、第 2 外国語全体が入試科目から外されたため、高校における第 2 外国語教育の停滞を招いた。しかし、1997 年に、国公立大学で日本の内申書に当たる「総合生活記録」を 40％以上考慮することにし、私立大学には選考条件

決定の自由が与えられた。そして、1999 年には第 2 外国語が再び修学能力評価試験の選択科目に取り入れられた（本名信行・岡本佐智子編『アジアにおける日本語教育』三修社、2005 年、36–37 ページ）。
16　韓国日語日文学会、前掲。

第2章
日韓関係、必要性・適合性、民族の主体性
―分析の枠組み―

1 研究の方法

　本研究では、韓国の人々の日本語教育に対する認識の変容を通して、日本語教育の歴史を記述すると同時に、反日本語教育的な圧力がある中で、なぜ日本語教育が再開され、発展してきたのかという問いに答えるために、言説分析の考え方、手法を援用する。

　言説の歴史社会学に重大な影響を及ぼしたフーコー（Foucault）は、伝統、発展といった特定の観念、文学、政治といったカテゴリー、精神病理学、医学といった領野の存在を前提としない。つまり、これらのカテゴリーの自明性を否定し、連続性と統一性を徹底的に問題化する。そして、精神病理学、医学といったカテゴリーを、言説＝出来事の記述に基づいて再構築することをめざしている[1]。フーコーに影響を受けた歴史社会学者の1人である赤川（1996、1999）も、セクシュアリティ、ポルノグラフィーといった概念を問題化し、収集した言説に基づいて、それらを再構築した。

　このような徹底したテーマ自体の問題化に対して、本研究では、「日本語学習」、「日本語教育」と認められる現象、テーマが一定の境界と統一性をもって実在することを前提とする。「日本語学習」、「日本語教育」とは、「日本語」を外国語、第2言語、継承語、国語などとして、それを母語ないしは第1言語としない人々が学ぶ、または彼らにそのようなものとして「日本語」を教える現象であり、そこには、日本語教師と日本語学習者と、学ばれ、教えられる内容が存在する。学ばれ、教えられる内容は、日本語の文字、語彙、音声、文法規則など日本語自体であったり、日本語で表現された文学作品、世界知識、専門知識、日本に関する情報一般であったりする。

本研究で問題化するのは、分析に先立って存在する「日本語学習」、「日本語教育」の枠内で、韓国の人々が「日本語」に込めた意味、日本語を学んだり教えたりすることに託した思いである。「日本語学習」、「日本語教育」に対する学ぶ側の社会の人々の認識は、個人によっても異なり、時間的にも空間的にも異なると考えられるが、それらは、母語話者日本語教師にとって非常に重要な情報だと思われる。

　後で詳しく見るように、開化期において、日本語を学び、日本に留学した多くの朝鮮半島の人々は、日本語を媒介として、近代国家形成に必要な知識や技術を獲得し、自国の独立を守ろうと考えていた。当時の交通事情と近代のヘゲモニーに鑑みれば、直接欧米に留学するよりも、東アジアにおいていち早く開国に踏み切った日本から、西洋諸国に起源を持つ近代的な知識や技術を受容する方が、はるかに効率的であると判断されたことは、容易に推測できる。また、同じ漢字圏にあり、漢字を媒介としたテキストの理解が可能であったことも日本経由の近代知識の受容を加速させたであろう[2]。一方、一部の日本の知識人や日本政府にとって日本語は、近代化を達成できた優良な言語であり、それ故にアジアの遅れた他民族に普及させるべきであるとみなされていた。そして、日本語を通して近代的な知識を授けることは「善」だと考えられていた[3]。しかし、このような思い込みが、韓国の人々に受け入れられたかどうかは疑問である。実際、両班の証とも言える漢文の素読能力や儒教的価値観を抑圧するような日本語教育、ましてや日本の経済的・政治的侵略の兵站となるような日本語教育に対しては、抵抗が大きかった[4]。当時、朝鮮半島で活躍した日本語教師のうちどのくらいの人が、朝鮮半島の人々が日本語を学ぶことをどのように意味づけているか、それは自分の日本語教育に対する意味づけとどのように一致し、食い違っているか真剣に考えただろうか。日本語を教える側と学ぶ側の認識のずれがなおざりにされたことが、日本語の強要を押し進め、不幸な結果をもたらす一因となったのではないだろうか。このような過ちを二度と繰り返さないためにも、「日本語教育」、「日本語学習」という現象及び行為に対する学び手側の人々の認識に注目する必要があると考えられる。

　さて、フーコー（2010）において、言説分析の最も基本的な単位となるの

は言表であるが、これは、行為として実際に語られたもの・ことを指す。そして、言表の間の分散の体系、つまり、それらが相互に支えあい、絡み合い、排除しあう諸規則を記述することをめざす。諸言表が一定の形成＝編成の規則性にしたがってある全体的なまとまりを持つと、言説が立ち現れる[5]。このように、フーコーでは、統一性を持った言説の形成＝編成の規則の解明を目的としているが、だからといって、単純に語られたもの・ことだけを分析すればいいというのではない。フーコー（2010）は、「明白な言説とは言わないことの抑圧的な現前にほかならない」とし、むしろ言われざることの重要性を指摘する[6]。つまり、ある社会空間において、論理的である全てのことが言えたわけではなく、言えることと、実際に言われたことの間に差があることに注目するわけである。そして、統一性を持ったひとつの総体としての言説を構成する個々の言表について、いかにして特定の言表が現れ、他のものが現れなかったのかという問いを立てる。言説の歴史社会学では、言表の種類とその関係の様相を記述するだけに留まらず、各言表が表れ、特定の規則で編成されひとつの対象を形成するための歴史的条件を明らかにすることまでを射程範囲に含む。言説分析のこのような問いの立て方と分析の進め方に、本研究でも学ぶべき点がある。

　本研究においては、日本語教育ないしは日本語学習について韓国の人々によって書かれたり、語られたりしたテキスト、及び日本語教育に対する韓国の人々の認識が間接的に現れているテキストを分析の対象とする。つまり、本研究では、日本語教育に対する認識について、韓国の人々によって直接的、間接的に表現されたテキストが分析の対象である。本研究では、日本語教育という言説空間の存在を前提とし、その言説空間を構成する言表、つまり日本語教育に対する人々の認識がどのように構成され、どのように分布し、また、どのように変化したのかを記述することになる。分析対象とするテキストには、生産者の認識が現れていると考え、生産者から切り離して捉えることはしない。

　そして、まず、各テキストにおいて、日本語教育あるいは学習について誰がどのような論理構成で何を言っているのかという問いを立て、分析を行う。第6章で論じるが、1970年代には、日本語教育は必要であるという認

識と、限定的に行うべきだという認識が韓国人知識人によって表明されていた。本書では、このような認識の根拠として言及されているものは何か、主張においてキーワードとなっている言葉があれば、その具体的な意味は何かといった観点から分析を進めていく。そして、それぞれの認識の論理構成を示し、日本語教育限定論といったラベルをつけていく。同じ時期であっても、知識人の間で認識の差異が見られるのみならず、知識人と日本語学習者との認識もまた異なると考えられる。本書では、同時期における認識の異なりの様相を示すと同時に、認識間の関係を分析する。そして、認識の時系列的な変化を記述していく。

　しかし、それだけではなく、特定の時間的、社会的空間で、日本語教育あるいは学習について論理的には様々なことが言い得たにもかかわらず、なぜ特定の内容が語られたり、力を持ったりしたのかという問いを立てて分析を行う。つまり、日本語教育・学習について語られたテキストの内容とその生産者を結びつけつつも、生産者をしてそのような内容を語らせた要因は何か、そのような内容に説得力、妥当性を持たせた社会文化的な文脈はどのようなものかを問うことも、本書の課題となる。

　韓国における日本語教育の文脈に即して言えば、1960年以前は日本語教育を否定する言表が力を持っており、日本語教育を肯定する言表は存在していても、少なくとも公的空間には出現し得なかったと考えられる。しかし、1960年になると日本語教育を肯定する言表が公的空間に登場し、1972年には、韓国政府によって表明されることになる。そして、それ以降、日本語教育を肯定する言表が、韓国社会で徐々に多勢を占めるようになったと見ることができる。このように、特定の時期に日本語教育否定論や日本語教育肯定論を出現させ、力を与えた要因は何であろうか。この問いに答えることは、日本語教育がなぜ再開され、発展してきたのかという問いに答えることと合致すると考えられる。

　また、韓国は、1980年代後半まで軍事政権であり、一般の人々の自由な言表がマス・メディアなどには現れにくかったと推測できる。したがって、1980年代までは、日本語教育について語る主体は、主として韓国政府であり、韓国政府の言表が言説空間で力を持っていたと考えられる。しかし、民

主主義国家となった1990年代以降、日本語教育について語る主体は、教育機関で日本語教育に携わる人々に移っていく。このような日本語教育について語る主体の変化にも着目しながら、言表間の関係、そしてそれが作り出す言説空間の変容を社会的文脈とともに記述することに努めたい。

そこで、本書では、まず、日本語教育・学習について直接的、間接的に語られたテキストを収集し、特定の時期における言表、つまり日本語教育・学習に対する認識のバリエーションとそれぞれの論理構成を分析し、それらの分布を示す。これは、特定の時期における日本語教育をめぐる言説空間の再現を試みるものである。次に、特定の時期に、日本語教育に対する認識を形成し、言表として出現させた要因、言表を時系列的に変化させた要因を考察する。テキストの内容と論理構成を分析し、諸要因との関係を考察する際に、特に注目する観点は、次節の分析の視角で述べることにする。

2 分析の視角

2.1 国際関係の中の日本語教育

本書では、第2言語ないしは外国語としての日本語教育は、異文化間で起こる国際的な行為であるという前提に立つ。そして、日本語教育は、日本語母語話者と学習者、ないしは日本社会と学習者の所属する社会との間の異文化間関係、国際関係と相互作用を織りなすと考える。国家間における友好通商条約、経済協定、労働協定などの締結が引き金となり、日本語学習者が増加した事例は、容易に見つけることができるだろう。最近では、日・インドネシア経済連携協定（EPA）の締結によって、看護師・介護福祉士候補者としてインドネシア人を受け入れることが決定したため、彼らに対する日本語教育が必要となっている。また、映画、音楽、漫画など大衆文化、ヒトの国境を越えた移動が、日本語学習を誘発していることも事実である。逆に、第2次世界大戦中の連合国軍における日本語教育が、日本の軍事的な情報の解読を可能にし、戦局を動かしたとすれば、日本語教育が国家間の関係を変える可能性もあると考えられる。したがって、日本語教育あるいは学習に対する認識の形成過程を分析するにあたって、日本と韓国の政治的・経済的・文化

的な関係との相互作用に注目する必要があると言える。

　第2言語習得論において、特に動機づけ研究では、学習者と目標言語話者との集団間、ないしは個人間の関係、そして関係に対する学習者の認識を重視している。第2言語習得の分野で、動機づけの社会文化的側面の重要性を最初に指摘したのはGardnerであるが、彼は、統合的動機づけに着目し、目標言語グループないしはその話者に対する統合志向、好意、寛容性といった態度が統合的動機づけの構成要素となり、第2言語習得の結果に影響を及ぼすとする社会教育モデルを提唱した(Gardner 2001)。

　また、Giles and Byrne (1982)は、エスニック・アイデンティティを中心に据えた、第2言語習得のモデルとして、インターグループ・モデルを提唱した。彼らは、Tajfelの社会的アイデンティティ理論に基づき、人々は肯定的なエスニック・アイデンティティの構築をめざすという前提の下、そのための戦略と第2言語習得とを関連づけている。そして、民族間の境界の浸透性や民族間の複雑な権力関係が、エスニック・アイデンティティを顕在化させ、その肯定化のためにとられる戦略に影響を及ぼすと指摘している。

　さらに、Norton (2000)も、学習者のアイデンティティに注目することによって、目標言語使用行動が目標言語話者との権力関係に影響を受ける側面を浮き彫りにした。Norton (2000)は、カナダに移民した女性を対象として事例研究を行っているが、その中で、目標言語話者との間で、能力の低い移民という否定的なアイデンティティが顕在化する時、学習者は目標言語話者との対話を避けるという戦略をとっていることが明らかになった。また、非母語話者であるが故に、目標言語話者との対話に対等に参加する機会を得ることができず、苦悩する学習者もあった。Norton (2000)は、これらの事例をもとに、目標言語話者とのコミュニケーションが第2言語習得を促進させるという第2言語習得論を、楽観的な主張だとして批判している。

　このように、第2言語習得は、社会的文脈としての集団間及び個人間の国際関係との相互作用の上に行われている。したがって、韓国の人々の日本語教育に対する認識を分析する際にも、日韓の国家間及び個人間の関係との相互作用を十分に考慮する必要がある。

　ただし、それは、日本企業の韓国進出を始めとする日韓の経済的な関係の

緊密化が、韓国社会で日本語のニーズを生み出し、日本語教育が普及したというような単純な国際関係還元論を展開することを意味するわけではない。確かにそうした説明は可能であるし、日本企業の韓国進出といった実態があるからこそ、日本語は就職に有利であるというような主張が説得力を持ち得たに違いない。この点、国際関係という社会的文脈は、日本語教育に対する認識の形成に影響を及ぼしていると言える。しかし、ここでは、国際関係と日本語教育との結びつきの構造に着目し、日本企業の韓国進出といった国際関係の実態を韓国の人々がどのように捉え、それが日本語教育に対する彼らの考えにどのように反映されているかという観点から、テキストを分析する。つまり、日韓関係の実態については、文献や統計資料によって示し、日本語教育に対する認識の形成に影響を及ぼす要因のひとつとして考慮するが、それと同時に、日韓関係が日本語教育に対する認識にどのように織り込まれるのかという観点からテキストを分析する。

　国際関係の実態とそれに対する韓国の人々の認識を、日本語教育に対する認識と合わせて分析する際に、次に述べる日本語の必要性・適合性という視点が、有効であると考えられる。

2.2　必要性・適合性

　平野（2000）は、アメリカの文化人類学者たちが 1936 年に提唱した"Memorandum for the Study of Acculturation"（「文化触変研究のための覚書」）を下敷きとして、文化触変の過程の一般的なモデルを示した。そこでは、ある外来文化要素が受け手側の人々に受容されるためには、フィルターを通過しなければならないとされている。フィルターの役割をしているのは、受け手側の人々の意思であり、受け手文化側にある必要性と適合性という条件で構成される。必要性とは、文化の体系性の上での必要性であり、適合性（congruity）とは、外来の文化要素が選択され、受容された時に、それと関連を持つことになる他の文化要素群との間の適合性、あるいはその予想である。つまり、外来の文化要素を、受け手側の人々が生活のために必要であると感じ、従来の文化要素とある程度適合的であると判断すれば、当該外来文化要素は受け入れられることになる。逆に、ある程度以上の必要性と適合性

が認められなければ、当該外来文化要素は拒絶されるか、黙認される。

　平野(2000)のモデルは、異文化接触によってある文化要素が移動することを説明する際に、異文化の要素を受け入れる側の文化に焦点を当てる[7]と同時に、受け手側の人々の意思に注目しているという点で、本書の立場と一致する。受け手側の人々の意思を表すのは、フィルター、つまり、異文化の要素の必要性・適合性に対する判断である。日本語を日本文化の一要素とみなすならば、韓国の人々の日本語の必要性と適合性に対する認識が、日本語教育の再開や拡大に重大な影響を及ぼしたと考えられる。

　必要性と適合性に注目するのは、韓国の人々がそれを認めたから、日本語教育が再開・発展したという単純な結論を導くためではない。必要性と適合性がどのように判断されたのか、なぜ必要性と適合性があると判断されたのかを丹念に分析することによって、韓国の人々の日本語、日本語教育に対する認識の特徴とそこに社会文化的な文脈が織り込まれる様相をあぶりだすことができると考えるからである。平野(2000)が指摘するように、フィルターは文化の境界維持の機能を有しており、受け手側の文化の特性がはっきりと現われる。加えて、文化触変がどのような環境で起こったのか、植民地支配のような強制的な環境で行われたのか、自発的に行われたのかも、必要性と適合性を丹念に検討することによって知ることができるとされている。

　適合性の判断の際には、外来の文化要素とそれと関連する従来の文化要素との競合関係が吟味されるが、何が外来の文化要素と関連があるか判断するのも、受け手側の人々である。平野(2000: 61-62)で紹介されている例を挙げよう。1960年代、アメリカの平和部隊の隊員がコスタリカのある村に行き、村民の栄養状態が悪いことに気がついて、野菜の家庭栽培を導入しようとした。しかし、村人は野菜の家庭栽培という新しい文化要素を、栄養の知識と関連があるとは考えず、彼らが昔から生活の拠り所としてきたコーヒーとさとうきびの栽培と関連があると考えた。その結果、野菜の家庭栽培は、コーヒーとさとうきびの栽培を圧迫すると考え、拒絶された。この事例から、コーヒーとさとうきびの栽培は、村人の生活において最優先事項となっていること、村人は栄養状態に無関心であるか、アメリカ人とは異なる知識体系を持っていることが推測できるだろう。

また、日本から技術移転を行う場合、技術者が単身で訪れ、移転先の人々と信頼関係を築いた上で行うのと、技術者が日本政府の代表を伴って現れ、半ば強制的に行うのとでは、受け入れ方が異なると考えられる。後者の場合、新しい技術は、現地コミュニティーの自治権と競合すると判断されるかもしれない。しかし、強制的な状況であれば、全ての文化要素の受け入れが拒否されるわけではないし、日本に移住した外国人が違和感を覚えながらも日本式のコミュニケーションの型に合わせるように、一見自発的に選択されたように見える場合でも、それを取り巻くマクロな環境は強制的かもしれない。このように、文化触変の環境、社会的文脈は重要であるが、かといってそれが文化要素の受け入れ過程全てを決定づけるわけではない。また、選択が自発的か強制的かも単純に区別できるわけでもない。この点、必要性と適合性に立ち返り、受け手側の人々が当該文化要素をどのように認識しているのか丹念に分析することによって、受け手側の文化の特性と文化触変の社会的文脈とを逆照射することができると考えられる。

　したがって、韓国の人々が日本語の必要性と適合性をどのように判断していたのかという観点からテキストを分析することによって、日韓関係の実態がどのように解釈され、それが日本語教育を受け入れる、あるいは拒否するという判断にどのような影響を及ぼしていたのか知ることができると考えられる。そこで、本研究では、日本語教育・学習に対する韓国の人々の認識が直接的、間接的に現れたテキストのうち、日本語教育ないしは日本語学習を行う、あるいは拒否する目的や理由について述べられている部分、日本語教育を行う範囲や条件について述べられている部分に特に注目することにする。具体的には、「日本人とコミュニケーションするために日本語を学ぶ」、「日本語は国際語ではないから学ばなくてもよい」といったように日本語教育あるいは学習の目的、理由を述べたり、「精神に影響を及ぼさない範囲で学ぶべきだ」、「日本語は道具として学ぶべきだ」といったように限定したりしている部分に注目する。

　ただし、本研究で、平野（2000）の文化触変論を適用して日本語教育という現象を分析するにあたって、次の点に留意しなければならない。それは、文化触変論は、フィルターを通過して受け入れられた文化要素が、受け手側

の社会において、再解釈され、変容するとされているが、「日本語」が例えばディズニーランドや宗教的儀式といった文化要素のように受け手側の社会において変容するのかという点である。確かに、言語を音声・文字記号の体系と考えれば、その規則自体が変容するとは考えにくい[8]。しかし、言語を表現行為・思考行為であると考え、その社会的機能に注目すれば、学習者の所属する社会における必要性・適合性の判断に基づいて、変容することもあると考えられる。本研究では、言語の記号としてではなく、行為としての側面に注目し、その変容を見ていくことにしたい[9]。

2.3 民族の主体性

　第1章の第2節で先行研究を概観した際に、高等学校への日本語教育の導入に対して、「民族の主体性」の観点から議論が起こったことを確認した。「民族の主体性」は、韓国における日本語教育をめぐる言説において重要な概念であると考えられる。そこで、ここで定義をして分析概念としたい。

　まず、主体性(주체성)の現代韓国語における意味を国立国語院で発行された『標準国語大辞典』で調べると、「(1)人間が何かを実践する時に示す自由で自主的な性質(2)現代哲学で意識と身体を持つ存在が自分の意思で行動しながら周囲の状況に適応していく特性」とある[10]。ここで、民族とは韓国民族すなわち韓国国民を指すと考えられる。したがって、「民族の主体性」とは、韓国民族としての意思・判断に基づいて行動すること、韓国民族が韓国の進むべき道を決める主体となることであると解釈できる。そして、「民族の主体性」においては、主体性の持ち主は個人ではなく、民族集団であり、個人の意思と民族の意思が一致することが前提とされていると見ることができる。

　「民族」及び「主体性」は、近代的な概念であり、近代化を進める上で不可欠の要素であると考えられる。これらの言葉が、いつから韓国語として使われるようになったのかは、今後の課題としたいが、韓国が近代国民国家となる過程において、上のような意味での「民族の主体性」が一般的に広く理解されていたのかどうか確認しておきたい。

　18世紀後半、朝鮮は、欧米列強と近代西洋文明を受容した日本からの圧迫を受け、中国との関係に折り合いをつけながら「自主」、「独立」を守る道

を模索していた[11]。その中で、西洋近代文明を受容し、自らが主体的に近代化を進めることが、独立を維持するための現実的な選択枝となった。開化派は、国の将来を憂い、近代西洋文明を積極的に受容して、習慣、思想、制度、産業、言語などの近代化を進め、近代国民国家の建設をめざした。開化派をはじめ近代西洋文明の受容に賛成した人々は、自らの意思で主体的に近代化による国民国家建設を進めていたということができる。したがって、彼らの間では、自国の独立という集団の利益と自己の利益を一致させ、自国の進むべき道を自分の意思で決めるという意味での「民族の主体性」は存在していたと見ることができる。

しかし、Eckert（1991）が 18 世紀末は「朝鮮民族」という抽象的な観念やそれに対する帰属意識が民衆の間で広く形成されていたとは言えないと指摘するように、国の独立を個人の利益と同一視するような「民族の主体性」は、近代化を進める一部のエリート層にしか理解されていなかったと考えられる。開化派の人々が書き残した文章には、朝鮮人民は国に無関心で、独立ということを知らないといった愚民観が表れいることからも、開化派の人々の民族意識が広く民衆に共有されていたわけではないことが窺える[12]。

1905 年の保護条約以降、朝鮮の主権は日本によって徐々に奪われていった。そして、1910 年の日韓併合によって、近代化を主導した人々は、その究極の目標であった近代国民国家を失った。近代国民国家に不可欠な要素であるとされた産業、制度、言語の近代化に尽力したとしても、国家として存在するのは日本であり、自らがその統治主体となることはできなくなったのである。そして、朝鮮の近代化を主体的に行おうとすれば、日本と交渉するか、抵抗しなければならないというジレンマに陥った。日本は、朝鮮が近代化の主体となることを抑圧している反面、朝鮮がめざす近代性を備えており、全てを否定することは難しい対象であったに違いない。しかし、だからといって、主体的に近代化を進めるために日本に近づけば、日本による統治システムに巻き込まれる危険性がある。朝鮮の人々は主体性を発揮するために、難しい選択を迫られたと推測される。

一方、日本が朝鮮民族の独立を抑圧し、朝鮮人、日本人という差異に基づいた差別的な政策をとったことは、「朝鮮民族」という観念やそれに対する

帰属意識を広く民衆にも浸透させる結果をもたらしたと考えられる[13]。1919年の独立運動の全国的な広がりは、日本に対する抵抗の拠点として民族意識が結実したことを示している。したがって、植民地支配下において、近代化による国民国家形成の担い手としての「主体性」が失われる一方で、「民族」が抵抗の拠点、「主体性」取り戻しの拠点として結晶化したと考えられる。つまり、国家の意思決定権を持つという「主体性」が失われたことによってかえって、朝鮮民族という観念が広く民衆に浸透し、それに対する帰属意識や愛着が共有されるようになったのではないだろうか。

　植民地解放後の1948年、大韓民国は、固有の領土、人民、主権を持った独立主権国家として国際社会で承認された。ここにおいて、自国の統治方針を自らが決め、自らの意思に基づいて国民国家の運営を行う「主体性」が回復したと言える。李承晩政権は、韓国の政治、教育、経済、金融、産業など様々な制度の再建と近代化に尽力した。一方、主体性の持ち主である「朝鮮民族」に関しては、植民地支配下のそれが朝鮮半島全体の人々を指したのに対し、大韓民国においては南側の人々のみを指すというように、民族の範囲を設定し直さなければならなかったと考えられる。さらに、民族の範囲は設定し直せたとしても、国民一人一人が韓国人として自覚と誇りを持ち、自己の利益と国家の利益を同一視できるように「民族意識」を高めなければならなかったと考えられる。つまり、李承晩政権は、国民国家の再建を主体的に行うと同時に、民族意識の再建もしなければならなかったのではないだろうか。

　このように見てくると「民族の主体性」とは2つの側面を持つ概念だと解釈できる。ひとつは、主体的に近代化、国民国家形成を行うという側面である。このためには、韓国が、いかなる他者の支配下にもおかれず、自らの意思で自らの行動を決めることができる独立主権国家でなければならない。もうひとつは、韓国国民一人一人が、韓国民族、韓国国民という抽象的な観念、想像上の共同体[14]に対する帰属意識、忠誠感情、自己犠牲的な愛情、誇りを持つという側面である。個人の利益が民族、国家の利益と同一視され、民族、国家の事業に自らが進んで参加しているという精神状態がなければ、個人が「民族の主体性」を持つことは不可能である。つまり、「民族の主体

性」とは、国家の主権に関する側面と個人の精神に関する側面とがあり、国家の場合、独立主権国家として存在しているかどうか、個人の場合、民族＝国家に対する忠誠心や誇りを持っているかどうかに関わる概念であると見ることができる。そこで、前者を「国家としての主体性」、後者を「国民意識としての主体性」と呼ぶこととする。

　植民地解放後、大韓民国の樹立を以て「国家としての主体性」は確立されたと見ることができる。しかし、李承晩政権は、国家の再建と同時に、「国民意識としての主体性」の再建にも取り組まなければならなかったと考えられる。さらに、前述のように「国民意識としての主体性」が抗日を伴って民衆に浸透してきたことに鑑みれば、もうひとつの難しい問題が浮上した可能性がある。それは、植民地支配下に築き上げられた制度や産業、建造物、思考様式などとどのように向き合うかという問題である。認めるかどうかは別として、植民地支配下の遺物は近代の要素を多分に含んだものであり、主たる主体は日本であったとしても、朝鮮人との交渉の上で構築された側面も持つ。それは韓国がこれから進もうとする方向と全く異なるものではない。しかし、「民族」の源泉を抗日に求め、それによって「国民意識としての主体性」を再建しようとすれば、日本の遺物は全て否定し切り捨ててしまわなければならなくなる。しかし、韓国は近代化を通して国民の創出、国民国家形成を進めてきており、将来も近代化を志向する中で、それは難しい。そうなると、「国民意識としての主体性」を確立するために、抗日と近代化をどのように両立させるのか、「国民意識としての主体性」と日本の植民地支配の遺物との間にどのように折り合いをつけるのかという課題が浮上してくると考えられるのである。そして、日本語も植民地支配下で国語として強要された言語であるが故に、「民族の主体性」との間で軋轢を生んだと考えられる。

　「民族の主体性」という言葉は、朴正煕政権下で頻繁に用いられるようになるが、「国民意識としての主体性」の構築事業は、朴正煕政権でクライマックスを迎えたと見ることができる。朴正煕大統領は、経済発展による近代化に尽力したとして知られているが、民族文化芸術の再建と保護にも積極的に取り組み、「国籍ある教育」によって「国民意識としての主体性」を強化しようとしたと考えられる。そして、「国民意識としての主体性」強化事業と

並行して、高等学校への日本語教育の導入を決定したと見ることができる。

本研究では、「民族の主体性」を「国家としての主体性」と「国民意識としての主体性」の両側面を持つ概念として定義し、日本語教育をめぐる言表の中で、それがどのような位置を占めたのか分析していく。

2.4 日本語教育の隣接領域

第1節で、「日本語教育」という領域の存在を前提とし、そこに属するテキストの内容を分析すると述べた。また、第2節第1項では、「日本語教育」の社会文化的文脈として「国際関係」に注目しなければならないことを指摘した。ここでは、「国際関係」以外に、「日本語教育」に隣接すると考えられるテーマをいくつか挙げる。

まず、日本語教育の上位のカテゴリーとして外国語教育、教育を想定することができる。例えば、国家の戦略として外国語教育強化政策が掲げられている場合、日本語教育の必要性もその一環として強調される可能性が高い。したがって、「外国語教育」、「教育」について特に政策として語られている内容も適宜参照し、「日本語教育」に対する認識との関係を考察する。

次に、「日本語」、「日本人」、「日本文化」、「日本」に関して述べられていることも、日本語教育に対する認識と連動している可能性がある。外国語教育強化政策がとられていても、日本語ないしは日本に対して否定的な評価が下されている場合、日本語教育は強化されないかもしれない。また、日本語教育というテーマの下で、日本文化に関する議論がなされる可能性もある。

そこで、本研究では、「外国語教育」、「教育」、「日本語」、「日本人」、「日本文化」、「日本」というテーマの下に生産されたテキストにも注目し、日本語教育に対する認識との関連を考慮しながら分析を進めていくことにする。

3 史料の収集

本研究では、以下の手順で、日本語教育に対する韓国の人々の認識が現れたテキストを収集した。

3.1 書かれた史料

　本研究では、まず、先行研究でその一部または全部を紹介されている史料を収集した。具体的には、第 4 章で分析する朝鮮語学会の『我々の言葉の取り戻し (우리말 도로찾기)』(1948)、第 6 章以降で分析する高等学校の日本語の教育課程とその解説、高等学校の日本語の教科書、新聞記事である。これに加えて、本研究では、韓国国家記録院のデータ・ベースを「日本語」及び「日語」で検索して得られた記録文書、韓国国会図書館のデジタル・ライブラリを「日本語教育」で検索して得られた 1945 年から 2000 年までの間に発行された論文と雑誌記事、『朝鮮日報』のアーカイブを「日本語」及び「日語」で検索して得られた 1945 年から 1999 年までの記事を収集した。論文、雑誌記事に関しては、日本語教育の目的、条件、範囲、方針についての主張が見られるもの[15]を分析の対象とした。また、韓国外国語大学の日本語科開設に関しては、当時の学内報の記事を収集した。さらに、1957 年に出版された日本語の教科書『分かりやすい日本語』、上の史料を探している際に見つかった『韓国にとって日本とは何か―総合シンポジウム―』を始めとする出版物も、日本語教育に関する認識が表れているものに限り、分析の対象とした。また、日本語教育の隣接領域の様相を知るために、先行研究、新聞記事のほか、外国語教育政策及び留学生政策について書かれた雑誌記事、1970 年代の対日留学政策、対日文化政策、対日外交政策に関する記録文書を利用した。記録文書は、韓国外交通商部外交史料館で入手したものである。これらの書かれた資料からは、主として韓国政府、大学当局、知識人の認識を知ることができる。

　日本語教育・学習に対する認識を知るために、分析対象とした史料は、認識の主体とともに表 1 に示した。表 1 において、資料の認識の主体(著者)の名前は、漢字表記の場合はそのまま漢字で表示し、ハングル表記の場合は、読み方をカタカナで表示した後、括弧の中にハングル表記も示した。

表1 史料一覧

	資料名		発行年月日	認識の主体
	日本語/日本語訳	韓国語		
1	『我々の言葉の取り戻し』	『우리말 도로찾기』	1948年6月	朝鮮語学会
2	『日本語解読参考書発行に対する対策強求の件』	『일본어해독참고서 발행에 대한 대책 강구의 건』(国家記録院管理番号 CA0026768)	1958年	文教部
3	『朝鮮日報』	『朝鮮日報』	1958年2月25日(3面)	文教部
4	『朝鮮日報』	『朝鮮日報』	1958年5月8日(3面)	文教部
5	『朝鮮日報』	『朝鮮日報』	1958年5月10日(2面)	文教部
6	『分かりやすい日本語』	『알기쉬운 일본어』	1957年8月15日	蛍雪文化社編集部
7	『日本語講習のための私設学院設立許可方針に関する質疑の件』	『일본어강습을 위한 사설학원 설립허가 방침에 관한 질의의 건』(国家記録院管理番号 BA0254725)	1960年	文教部
8	『日本語講習のための私設学院設立許可』	『일본어강습을 위한 사설학원 설립 허가』(国家記録院管理番号 BA0392443)	1960年	文教部
9	『外大学報』43号	『외대학보』43호	1961年2月5日	大学当局
10	『朝鮮日報』	『朝鮮日報』	1961年1月14日(4面)	日本語学習者
11	『日本語講習に対する取締り』	『일본어강습 에 대한 단속』(国家記録院管理番号 BA0234979)	1961年	文教部
12	『法令例規』	『법류예규』(国家記録院管理番号 BA015474)	1965年	文教部
13	『東亜日報』	『東亜日報』	1965年6月27日(7面)	文教部
14	『朝鮮日報』	『朝鮮日報』	1965年12月18日(8面)	文教部
15	『朝鮮日報』	『朝鮮日報』	1971年9月2日(5面)	韓国倫理委員会
16	『朝鮮日報』	『朝鮮日報』	1972年7月6日(7面)	韓国政府
17	『東亜日報』	『東亜日報』	1972年7月6日(7面)	韓国政府
18	『朝鮮日報』	『朝鮮日報』	1972年7月7日(7面)	韓国政府、大学教員
19	『東亜日報』	『東亜日報』	1972年7月7日(3面)	記者
20	『東亜日報』	『東亜日報』	1972年7月7日(6面)	高校教師

第 2 章　日韓関係、必要性・適合性、民族の主体性　33

	資料名		発行年月日	認識の主体
	日本語 / 日本語訳	韓国語		
21	『東亜日報』	『東亜日報』	1972 年 7 月 10 日(5 面)	記者、作家
22	『朝鮮日報』	『朝鮮日報』	1972 年 7 月 26 日(5 面)	大学教員
23	「日本語に対する我々の姿勢」『韓』21、3–10[16]		1972 年	全海宗(大学教員)
24	「日本語採択の歴史的背景」同上、11–18		1972 年	金光植(大学教員)
25	「外国語教育の当面課題」同上、19–30		1972 年	李文遠(大学教員)
26	「日本語教師養成の問題」同上、31–38		1972 年	金基定(日本語関連学科教員)
27	『第 3 次教育課程』	『第 3 次教育課程』	1974 年	文教部
28	『人文系高等学校教育課程解説』	『人文系高等学校教育課程解説』	1975 年	文教部
29	「日語教育と高校用日本語読本」	「日語教育과 高校用日本語読本」『出版文化』91 大韓出版文化協会、7–10	1973 年 4 月	文教部
30	『朝鮮日報』	『朝鮮日報』	1974 年 5 月 21 日(5 面)	大学教員
31	『韓国にとって日本とは何か―総合シンポジウム―(一)・(三)』国書刊行会		1977 年	知識人
32	『朝鮮日報』	『朝鮮日報』	1974 年 5 月 21 日(5 面)	大学教員
33	『朝鮮日報』	『朝鮮日報』	1975 年 1 月 5 日(7 面)	ソウル大入試管理委員会長
34	『朝鮮日報』	『朝鮮日報』	1975 年 8 月 9 日(2 面)	記者
35	『朝鮮日報』	『朝鮮日報』	1975 年 8 月 13 日(4 面)	大学教員など
36	『東亜日報』	『東亜日報』	1975 年 8 月 25 日(4 面)	ソウル大学当局
37	「韓国の高校における日本語教育」『日本学報』4、151–159		1976 年	金鍾学(日本語関連学科教員)
38	「外国語研究の正しい姿勢とその問題点―特に日本語の場合を中心として―」『成均』30、成均館大学校、64–67	「外國語研究의 올바른 姿勢와 그 問題點―特히 日本語의 경우를 中心으로―」『成均』30、成均館大學校、64–67	1977 年	李福淑(日本語関連学科教員)
39	「日本語教育に対する小考」『論文集』11、清州大学校、247–259	「日本語教育에 대한 小考」『論文集』11、清州大學校、247–259	1978 年	文和政(日本語関連学科教員)

	資料名		発行年月日	認識の主体
	日本語/日本語訳	韓国語		
40	『第4次教育課程』	『第4次教育課程』	1981年	文教部
41	『第5次教育課程』	『第5次教育課程』	1988年	文教部
42	「わが国の大学で実施されている日本語教育に対する認識度の調査研究」『建大学術誌』24、423–445	「우리나라 大學에서 實施되고 있는 日本語教育에 對한 認識度의 調査研究」『建大學術誌』24、423–445	1980年	李福淑(日本語関連学科教員)
43	「日本語教育の必要性と当面の課題」『文理大学報』40、中央大学校文理科大学学徒護国團、149–160	「日本語教育의 必要性과 當面課題」『文理大學報』40、中央大學校文理科大學學徒護國團、149–160	1981年	黄聖主(日本語関連学科教員)
44	「日本学研究のための方法論―日本語教育分野を中心として―」『慶尚大学校論文集〈人文系編〉』22、23–42	「日本学研究를為한 方法論―日本語教育分野를 中心으로―」『慶尚大學校論文集〈人文系編〉』22、23–42	1982年	李相漢(日本語関連学科教員)
45	「日本語関連学科の教育課程の改善」『大学教育』9、127–133	「日本語關聯學科 教育課程의 改善」『大學教育』9、127–133	1983年	李相漢(日本語関連学科教員)
46	「日本語教育に関する一考察(1)―韓国人の立場から―」『日本学報』13、21–47	「日本語教育에 關한 一考察(1)―韓國人의 立場에서―」『日本學報』13、21–47	1984年	李鳳姫(日本語関連学科教員)
47	「日本語教育に関する小考」『論文集』7、釜山女子専門大学、73–85	「日本語教育에 關한 小考」『論文集』7、釜山女子專門大學、73–85	1986年	蘆美林(日本語関連学科教員)
48	「日本語教育の方向」『春北教育』82、春川北道教育理事会、79–82	「日本語教育의 方向」『충북교육』82、충청북도교육이사회、79–82	1987年	梁容豪(高校教師)
49	『朝鮮日報』	『朝鮮日報』	1983年5月7日(3面)	新聞記者
50	『第6次教育課程』	『第6次教育課程』	1992年	研究者、文教部
51	『高等学校外国語科教育課程解説』	『고등학교 외곡어과 교육과정 해설』	1995年	研究者、文教部
52	『第7次教育課程』	『第7次教育課程』	1997年	研究者、文教部
53	『高等学校教育課程解説―外国語(ドイツ語、フランス語、中国語、スペイン語、日本語、ロシア語、アラビア語)―』	『고등학교 교육과정 해설―외국어(독일어, 스페인어, 중국어, 일본어, 러시아어, 아랍어)―』	2000年	研究者、文教部
54	『日語日文関連学科プログラム開発研究』韓国大学教育協議会	『일어일문관련학과 교육프로그램 개발 연구』한국대학교육협의회	1991年	日本語関連学科教員
55	「日本語教育の現在と未来」『大学教育』55、77–84	「日本語教育의 현재와 미래」『大學教育』55、77–84	1992年	李鳳姫(日本語関連学科教員)

第 2 章　日韓関係、必要性・適合性、民族の主体性　35

	資料名		発行年月日	認識の主体
	日本語/日本語訳	韓国語		
56	「日本語学習における文化教育の必要性」『日語教育』8、120–149	「日本語學習에 있어서 文化教育의 必要性」『日語教育』8、120–149	1992 年	李善熙（高校教師）
57	「〈総合討論会〉主題：日本語教育どのように行うのか」『日本学報』33、235–276	「韓國日本学会第 16 回国際學術発表會〈特輯〉日本語教育의 現在와 未來〈종합토론회〉주제：日本語教育 어떻게 할 것인가」『日本學報』33、235–276	1994 年	日本語関連学科教員
58	「日本語教育実態調査シンポジウム」『日語日文学研究』25、420–438	「日本語教育実態調査심포지움」『日語日文學研究』25、402–438	1994 年	日本語関連学科教員
59	「韓国の大学における日本語教育」『日本学報』33、5–18	「韓國大學에 있어서의 日本語教育」『日本學報』33、5–18	1994 年	李鳳姫（日本語関連学科教員）
60	「日本語教育課程の変遷過程と構成」『日本学報』33、45–69	「日本語教育課程의 變遷過程과 構成」『日本學報』33、45–69	1994 年	李徳奉（日本語関連学科教員）
61	「日本語教育の教材について―韓国人学習者の場合―」『日本学報』33、71–95	「日本語教育의 教材에 대하여―韓國人學習者의 경우―」『日本學報』33、71–95	1994 年	金淑子（日本語関連学科教員）
62	「専門大学日本語教育の実態と改善点」『日本学報』33、19–36	「전문대학 일본어 교육 실태와 개선점」『日本學報』33、19–36	1994 年	チョ・チャンベク（조찬백）（日本語関連学科教員）
63	「国際化時代における日本語教育の実際及び方向性に関する研究―専門大学日本語教育を中心として―」『日本学論集』3、慶熙大学校大学院日語日文学科、107–123	「國際化時代에 있어 日本語教育의 實際및 方向性에 관한 研究―專門大學 日本語教育을 中心으로―」『日本學論集』3、慶熙大學校大學院日語日文學科、107–123	1995 年	李昌秀（日本語関連学科教員）
64	「未来に対備する専門大学外国語（英語／日語）系列教育課程モデルに関する研究」『東明専門大学論文集』17(1)、727–747	「未来를 對備한 專門大學 外國語（英語／日語）系列 教育課程 모델에 關한 研究」『東明專門大學論文集』17(1)、727–747	1995 年	李浩永・朴世昆・金永好・韓鐸哲（大学教員）
65	「日本語教育に対する小考」『教育論集』20、建国大学校附設教育研究所、5–18	「日本語教育에 對한 小考」『教育논집』20、건국 대학교 부설 교육연구소、5–18	1996 年	金鳳鐸（日本語関連学科教員）

	資料名		発行年月日	認識の主体
	日本語/日本語訳	韓国語		
66	「文化教育を通した日本語教育の向上方案に関する研究―日本文化理解度測定を中心として―」『高大日本語教育研究』1、67-84	「文化教育을 통한 日本語教育 向上方案에 관한 硏究―日本文化　理解度　測定을 중심으로―」『高大日本語教育硏究』1、67-84	1997年	朴威信(高校教師)
67	「国際化に対備するための建国大学校外国語教育に関する研究」『常虚思想』8、101-131	「국제화에 대비하기 위한 건국대학교 외국어 교육에 관한 연구」『常虛思想』8、101-131	1997年	キム・テヨン(김태영)(大学生)
68	「日本語教育の領域と方法に関する研究」『教育研究』5(1)、41-58	「일본어 교육학의 영역과 방법에 관한 연구」『교육연구』5(1)、41-58	1997年	ウ・チャンサム(우찬삼)(日本語関連学科教員)
69	「国際観光専攻の日本語教育における効率的な学習方法に関する研究」『ア・テ観光研究』3、27-41	「국제관광전공의 일본어교육에 있어서 효율적인 학습방법에 관한 연구」『아・태관광연구』3、27-41	1998年	李吉遠(日本語関連学科教員)
70	「日本語教育を通した常虚思想の具現方案に関する研究」『常虚思想』9、37-57	「일본어 교육을 통한 상허사상의 구현방안에 관한 연구」『常虛思想』9、37-57	1998年	キム・ナラ(김나라)(大学生)
71	「映像教材を使用した『日本文化論』の授業」『日語日文研究』33、241-267	「영상교재를 사용한『日本文化論』수업」『日語日文學研究』33、241-267	1998年	朴恵蘭(日本語関連学科教員)
72	「日本文学専攻の授業方法改善法案」『人文科学論文集』26、大田大学校人文科学研究所、89-104	「『일본문학』전공의 수업방법 개선 방안」『人文科學論文集』26、大田大學校人文科學研究所、89-104	1998年	ユク・グナ(육근화)(日本語関連学科教員)
73	「現行の高等学校の日本語教科書(I)の話場(setting)分析と場面シラバスデザインに関する提案」『高大日語教育研究』2、15-30	「現行 高等學校 日本語 敎科書(I) 話場(setting) 分析과 場面실러버스 디자인에 關한 提案」『高大日語教育研究』2、15-30	1998年	趙成範(高校教師)
74	「高等学校の日本語の教科書の分析を通した効率的な意思疎通学習の研究(1)」『外大語文論集』14、233-248	「고등학교 일본어 교과서 분석을 통한 효율적 의사소통 학습연구(1)」『外大語文論集』14、233-248	1999年	金貞恵(日本語関連学科教員)
75	「高等学校の日本語の教科書の分析を通した効率的な意思疎通学習の研究(2)」『教育論叢』1、釜山外国語大学校教育大学院、265-280	「고등학교 일본어 교과서 분석을 통한 효율적 의사소통 학습연구(2)」『教育論叢』1、부산외국어대학교 교육대학원、265-280	1999年	金貞恵(日本語関連学科教員)

	資料名		発行年月日	認識の主体
	日本語/日本語訳	韓国語		
76	「異文化理解としての日本文化」『学校教育研究』3(1)、115-125		1999年	劉美貞(研究員)
77	「韓国における日本語科教育の現状―釜山地方を中心として―」『外大論叢』19(3)、85-105		1999年	朴正一(日本語関連学科教員)
78	「観光関連学科の観光日本語教育の改善に関する研究」『観光経営学研究』10、5-23	「관광관련학과의 관광일본어 교육개선에 관한 연구」『관광경영학연구』10、5-23	2000年	カン・デフン(강대훈)(日本語関連学科教員)
79	「中級日本語教材と日本文化」『東明大学論文集』22(1)、81-90	「중급 일본어 교재와 일본문화」『東明大學論文集』22(1)、81-90	2000年	キム・ヨンホ(김영호)(日本語関連学科教員)
80	「韓日文化交流の拡大と日本語教育の方向―文化と共存する外国語教育―」『外国語教育研究』3、33-43	「한・일 문화교류의 확대와 일본어 교육의 방향―문화와 공존하는 외국어 교육―」『외국어교육연구』3、33-43	2000年	ムン・ミョンジェ(문명재)(日本語関連学科教員)
81	「日本語教育現場での異文化理解のための非言語コミュニケーションの学習」『論文集:人文・社会編』23、漢陽女子大学、401-419	「日本語教育現場에서의 異文化理解를 위한 非言語의사소통학습」『論文集:人文・社會篇』23、漢陽女子大學、401-419	2000年	ユ・キルドン(유길동)(日本語関連学科教員)
82	「年少者のための日本語の教材」『日本学報』45、273-286	「年少者를 위한 일본어 교재」『日本學報』45、273-286	2000年	趙文熙(日本語関連学科教員)

3.2　オーラル・ヒストリー

　本研究では、これらの書かれた史料に加えて、1950年代の日本留学生1名、韓国外国語大学の初代卒業生1名、1970年代に日本語学習を開始した大学教員12名、1980年代に日本語学習を開始した大学教員7名、90年代に日本語学習を開始した大学教員8名を対象として行った半構造化インタビューのデータも分析の対象とする。インタビュー協力者は、1990年代に大学に入学した2名(表2の権と関)を除いて、日本留学の後、韓国の大学の日本・日本語関連学科の教員となっており、日本語学習者として、及び日本語教師として、韓国の日本語教育に深く関与してきた人々である。権氏と関氏は2010年現在、日本の高等教育機関で日本語教育に携わっている。インタビュー協力者の詳細は表2に示した。プライバシー保護のため、名前は全

て仮名とし、勤務先の大学も記号で示した。

インタビュー・データからは、それぞれの時代の日本語学習者の認識を知ることができると同時に、現在の韓国人日本語教師の認識も知ることができる。特に、日本語学習者の認識は、動機づけに関するいくつかの調査報告を除けば、ほとんど記録に残っておらず、当時日本語学習者が日本語を学ぶことをどのように考えていたのか、反日本語教育的圧力に対してどのように対処していたのかといったことは、知る由がない。しかし、日本語学習者も日本語教育という現象を構成する重要な要素であることに鑑みれば、彼らの声も積極的に掬い上げなければならないと考えられる。そこで、インタビューによって、日本語学習者のオーラル・ヒストリーを収集することにした。また、韓国の大学の日本・日本語関連学科の教員は、後で見るように高等学校の日本語の教科書の執筆に携わっており、韓国の日本語教育界において指導的立場に立っていると言える[17]。したがって、韓国における日本語教育を主題とする本書にとって、適切な対象者であると考え、インタビューを依頼した。

インタビューは、2007年5月と8月、及び2008年の8月から9月にかけて行った。表2で網掛けを付したのが、2007年にインタビューを行った協力者である。2007年の調査は、筆者と同じ大学出身の韓国人留学生で近い将来、日本語教育に携わることが決まっている大学院生（当時）3名に加えて、既知の韓国の大学教員3名、日本の大学の教員から紹介を受け、筆者が文書で研究の目的やインタビューの概要を説明し、了承を得た韓国の大学教員12名を対象として行った。2008年の調査は、日本ないしは韓国の大学の教員から紹介を受け、筆者の依頼を承諾した韓国の大学教員11名（うち2名は退職者）を対象とした。インタビューの所要時間は1時間から2時間程度であり、インタビューは韓国語で行った2名を除いて、日本語で行った。

インタビューでは、日本語を学び始めてから現在までの「日本」との関わりの個人史を詳しく聞き取ることとし、概ね①日本語を学び始めた動機と進学・留学の動機、②日本語学習に対する韓国社会の評価、③日本人との交流経験、④対日観・対韓観の変容、⑤大学で日本の専門家を育てることの意味や個人の教育目標、⑥日韓関係の諸問題に対する考えの6分野について尋ねた。インタビューは許可を得られなかった1名を除いて、録音し、文字化し

表2 研究協力者

名前(姓)	性別	大学入学年	日本語学習開始年	日本語学習を開始した教育機関	渡日年	帰国年	留学年数	留学中の専攻	勤務先大学(現在)
安	男	1954	1945以前	国民学校	1953	1958	5	経済学	なし
林	女	1963	1945以前	国民学校	1965	1973	8	日本文学	なし
申	男	1972	1972	大学	1983	1987	4	日本文学	ア
洪	女	1972	1972	大学	1977	1981	4	日本語学	カ
沈	女	1974	1972	大学	1979	1983	4	日本語学	キ
金	男	1976	1974	高等学校	1989	1992	3	社会言語学	エ
鄭	女	1976	1976	大学	1985	1989	4	国語学	ク
柳	男	1977	1975	高等学校	1983	1987	4	言語学	イ
白	男	1977	1977	大学	1984	1991	7	日本語学	ケ
河	男	1977	1977	大学	1987	1992	5	日本語学	ソ
車	女	1977	1977	大学	1983	1991	8	日本文学	オ
韓	男	1978	1978	大学	1985	1999	14	史学	コ
田	男	1978	1976	高等学校	1986	1991	5	言語学	エ
池	女	1979	1979	大学	1994	1999	5	日本語教育	ア
盧	男	1981	1981	大学	1986	1993	7	国語学	ウ
辛	男	1981	1983	大学	1988	1996	8	政治学	サ
南	女	1981	1981	大学	1988	1997	9	日本文学	シ
李	男	1983	1981	高等学校	1987	1992	5	国語学	オ
朴	女	1983	1983	大学	1987	1993	6	国語学	イ
孫	女	1983	1983	大学	1996	2001	5	日本文学	イ
張	女	1986	1986	大学	1997	2002	5	国語学	ウ
権	女	1991	1989	高等学校	1997		13+	日本語教育	タ
崔	男	1991	1991	大学	1998	2005	7	英語学	セ
文	女	1991	1991	大学	1998	2002	4	日本語学	セ
兪	男	1992	1992	大学	1996	2006	10	日本文学	ウ
成	男	1993	1993	大学	1997	2007	10	日本文学	ウ
梁	女	1992	1990	日本語学校	2000	2007	7	日本文学	ウ
千	女	1992	1992	大学	1997	2008	7	日本語教育	オ
閔	男	1992	1992	大学	2001		7+	日本語教育	ソ

てデータとした[18]。

　さて、オーラル・ヒストリーによって得られたデータの信頼性に対しては、主として2つの批判がある。そのひとつは、インタビューという社会関係によって生み出されたことによるバイアスについてである。これに対しては、インタビューの経緯、つまり史料が生産された経緯を詳しく示すことによって対処したい。

　インタビュー実施時大学院生だった3名を除くインタビューにおいて、筆

者は、韓国留学の経験があり、韓国人日本研究者の心理的側面に関心を持つ日本人大学講師の立場で協力者に協力を求め、協力者は主に韓国人日本研究者である大学教員として自らの考えや経験を語ったと考えられる。したがって、インタビュー・データは、このような筆者と協力者との相互構築物として限定的に解釈しなければならない。また、対象者は筆者の依頼を承諾してインタビューに応じており、紹介者の手前、依頼を断ることができなかったか、筆者のインタビューに答える用意があった者に限られている。実際、依頼が断られたり、無視されたりしたケースも6件ほどあった。協力者は、筆者と初対面である場合も多く、なぜそのようなことを聞くのかという様子を見せたり、特に韓国の大学における日本語教育の意味については、一般的に言われていることを述べる場合もあった。そのような場合は、協力者自身はどのように考えているか、どのような目標を立てて授業を行っているかなど、できるだけ具体的なエピソードを求めた。他方、インタビュー当時大学院生だった3名は、筆者と年齢も近く、既知の関係であったため、比較的スムーズに具体的な経験談を含む話を聞かせもらうことができたと思う。

　オーラル・ヒストリーに対するもうひとつの批判は、語りが現在の自己から再構成されていることによる。インタビューを実施した2007年から2008年は、日本の大衆文化が解放されて5年以上経過しており、以前のような日本語教育に対する批判はほとんど聞かれなくなっていた。また、協力者のほとんどはインタビュー実施時大学教員であり、日本語との関わりが彼らの社会的地位を保証していた。したがって、彼らの回想の中では、日本語学習経験や日本語教育は肯定的に語られやすいと考えられる。このように、協力者がインタビュー時に置かれた社会環境、個人の現在の立場が語りに反映され、バイアスとなっていると考えられる。

　しかし、トンプソン(2002)が指摘するように、ほとんどの書かれた史料は回想に基づいて作成され、作成された時点の社会的意味が付与されていることに鑑みれば、インタビューによって得られた史料は、記録文書よりもはるかに多く、データが生成される状況に関する情報を示すことができるという利点を有すると考えられる。また、前述のように、インタビュー協力者は、韓国で日本語を学び、日本に留学し、帰国後大学で日本語を教え、日本

研究者として活躍している人々である。このように、現在の韓国における日本語教育を支えている個人の視点を通して得られる過去の情報は、日本語教育の歴史的意味を理解し、評価するために欠かせないものであり、むしろ積極的に利用されるべきではないかと考えられる。したがって、上述のような限界があることを踏まえた上で、インタビュー・データを用いることには、十分な意義があると考えた。

4　研究の限界

　本書では、上で示した書かれた史料及びオーラル・ヒストリーを分析し、韓国の人々の日本語教育に対する認識の変遷を記述したのであるが、それによって再構成できるのは、日本語教育をめぐる言説空間のごく一部分であることをあらかじめお断りしておきたい。書かれた史料は、記録を残すことができる立場の韓国政府、韓国人知識人の認識が表れるにすぎず、自らは記録を残すことがほとんどない民衆の認識を掬い上げることができない。さらに、言論統制が厳しかった軍事政権下で公表された言表は、政治的なバイアスがかかっている可能性もあるが、それを見分けるのは至難の業である。また、繰り返しになるが、オーラル・ヒストリーに表れるのは、日本語学習を継続し、日本研究者となった大学教員の回想であり、特定の時代の学習者全体を代表するものではない。日本語学習を途中で辞めた人、企業に就職した人など多様な学習者があったはずであり、そういう人々の認識も重要であるが、本書からはこぼれ落ちている。本書で再構成されるのは、日本語教育政策を立案する立場にある人々、日本語教育を評価したり、実施したりする立場にある人々によって構成された言説空間であり、日本語教育をめぐる言説空間の全体像ではない。

5　時代区分と本書の構成

　本書では、植民地解放後から現在までを、日本語教育必要論の史的展開の観点から、①日本語教育必要論の萌芽とその否定（1945年から1960年）、②

日本語教育必要論の登場（1960 年から 1971 年）、③日本語教育必要論の多様化（1972 年から 1979 年）、④日本研究型必要論の登場（1980 年代）、⑤交流・相互理解型必要論の台頭（1990 年代）の 5 つの時期に区分する。

　①は米軍政庁期と李承晩政権期にあたり、日本語排除運動が起こり、日本語教育が行われなかったとされる時期である。この時期の日本語教育をめぐる言説空間については、第 4 章で論じるが、そこではまず、日本語排除運動と韓国政府（文教部）による日本語教育否定論の論理構成を示す。しかし、章のタイトルで表現したように、この章では、従来の研究では行われなかったとされている日本語教育が、実際は、行われており、日本へ留学した人もあったことを、記録文書と新聞記事、オーラル・ヒストリーを用いて実証的に示す。そして、この現象を日本語教育必要論の萌芽と位置づけ、論理構成を分析する。1957 年に出版された日本語の教科書も、その内容と、日本語がどのような機能を担っているかという観点から分析する。そして、日本語教育必要論は、日本語教育否定論によって抑圧されたため、公的な言表としては現れにくかったことを示し、なぜ日本語教育否定論が力を持っていたのか考察する。

　②は張勉政権が誕生して日本語教育が公認され、一部の私立大学（韓国外国語大学、国際大学）と市中の日本語学校で日本語教育が再開された時期にあたる。日本語教育必要論が、公的空間に登場した時期の言説空間は、第 5 章で記述する。第 5 章では、まず、韓国外国語大学の日本語科開設に関する学内報の記事と、日本語科の初代卒業生 1 名のオーラル・ヒストリーを取り上げ、日本語教育必要論の論理構成を示す。また、日本語学校に関する新聞報道を史料として、当時の学習者の認識の一端を示す。そして、張勉政権下において民主化・自由化が進んだことを踏まえて、なぜ国交正常化を前にして、日本語教育必要論が公的空間に登場し得たのか考察する。さらに、1960 年代前半、韓国文教部が日本語教育拡大を阻止しようとしたことを、記録文書を用いて示し、日本語教育を否定する論理の構成を見ていく。

　③は朴正熙政権下で高等学校の科目として日本語が導入され、日本語教育の是非をめぐる議論が活発化する時期である。この時期の日本語教育をめぐる言説空間の様相は、第 6 章で記述する。そこでは、まず、なぜ、1972 年、

韓国政府が日本語教育強化政策を決定したのか検討する。そして、日本語教育強化政策を契機として、雑誌・新聞記事、記録文書に出現した日本語教育をめぐる様々な言表の論理構成を分析し、それぞれの間の関係を考察する。また、高等学校で日本語教育が開始されたことにより、1974 年以降、日本語教育の全般的な方向性を公的に示すものとして日本語の教育課程が公布されるが、日本語教育に対する賛否両論を反映しながら教育課程が作成され、教科書によって具現化されたことを示す。第 6 章以降、第 8 章までは、高等学校の日本語の教科書の内容分析も行い、教育課程に示された日本語教育必要論がどのように具体化されているのか、教科書において日本語はどのような機能を担っているのか考察する。さらに、オーラル・ヒストリーを用いて、当時の日本語学習者の認識も掬い上げ、日本語教育をめぐる言説空間に位置づける。

1980 年代になると、高等学校の教育課程における日本語教育の位置づけが変わり、教科書において、日本語が担う機能にも変化が見られた（金賢信 2008）。また、大学の日本語教育について日本研究型必要論が主張されるようになった。第 7 章では、このような変化の実体と日本研究型必要論の論理構成を説明し、言説空間の変容の要因のひとつとして、韓国政府が打ち出した国際化に対備する教育政策を取り上げる。また、日韓文化交流の実態、韓国内の対日言説がどのように変化したのかも合わせて検討する。さらに、オーラル・ヒストリーの分析を行い、日本語学習者の認識に変化が見られるかどうか確認する。

1990 年代になると、高等学校の教育課程、並びに大学の日本語教育において、意思疎通能力を重視する傾向が強まるのに加えて、交流・相互理解型必要論が主張されるようになる。また、教科書の内容、及び教科書において日本語が果たす機能にも大きな変化が見られた。第 8 章では、教育課程、雑誌記事において出現した、交流・相互理解型必要論の論理構成を分析すると同時に、そうした主張を台頭させた社会的文脈として、民主化以降の日韓関係及び韓国社会の変化を指摘する。また、対日本語観、対日観がどのように変化したのか、先行研究や新聞記事などから跡づける。そして、オーラル・ヒストリーの分析によって、日本語学習者の認識にも変化が見られたことを

示す。

　1990 年代に言説空間を占めるようになった交流・相互理解型必要論は、現在においても最も力を持つ言表のひとつであると考えられる。第 9 章で焦点を当てる大学の日本・日本語関連学科の教員もまた、インタビューにおいて交流・相互理解型必要論を主張していた。第 9 章では、日本・日本語関連学科の教員によって、どのように交流・相互理解型必要論が生成されたのか、オーラル・ヒストリーの質的分析によって示す。そして、個人レベルの日韓関係、すなわち韓国人日本語学習者と日本人との個人間の関係が、交流・相互理解型必要論に織り込まれていることを指摘するつもりである。

　このように第 4 章から第 8 章を通して、日本語教育をめぐる言説空間の変遷と日本語教育必要論の展開過程を、特定の言説を登場させたり、力を持たせたりした社会的文脈と関連づけながら記述する。そして、日韓関係と民族の主体性に対する韓国の人々の認識が、日本語教育をめぐる言説空間の変遷とともに変容しており、日本語教育をめぐる言説に織り込まれていることを示す。また、第 9 章では、日本・日本語関連学科の教員が、日本社会、韓国社会との相互作用の中で、交流・相互理解型必要論を生成するプロセスを示す。そして、最後の第 10 章で、なぜ日本語教育が再開され、発展したのかという問いに立ち返りたい。

　ただし、植民地解放後の日本語教育について記述する前に、第 3 章を置き、そこで前史として開化期と植民地支配期の日本語教育を概観する。

注

1　ミシェル・フーコー著、中村雄二郎訳『知の考古学』(新装新版 4 刷)河出書房新社、2010 年、35–49 ページ。
2　韓国開化運動の指導者徐載弼は「日本語の文献は拾い読みすれば意味がほぼ分かったので、日本から入った書籍を耽読して、世界の大勢を知った」と述べている(森田芳夫「韓国における日本語教育の歴史」『日本語教育学』48(1982 年)、3 ページ)。
3　安田敏朗『帝国日本の言語編制』世織書房、1997 年、131–135 ページ。

4 稲葉継夫『旧韓末期「日語学校」の研究』九州大学出版会、1997年、17–19ページ。
5 赤川学『セクシュアリティの社会歴史学』勁草書房、1999年、30–32ページ。
6 フーコー、前掲書、41ページ。
7 原理的には、ある文化要素を提供する側の文化も変容しているし、提供側の人々の意思も文化要素の移動の様相に影響を及ぼしていると言える。
8 ただし、筆者によるインタビューの際にも「父が勧めてくださった」、「父は日本びいきの方だった」というように自分の両親に対して敬語表現を用いる事例が複数見られた。これは、日本語の規則からみると逸脱、誤用である。しかし、韓国語では両親に対して敬語表現を使うという規則があり、それを日本語に適用した表現である。このような表現は、日本語自体の変容とみなすこともできる。第2言語習得論で「中間言語」と言われるものの一部や、ピジン、クレオールは、文化触変論の観点から見れば、言語自体の再解釈、変容と位置づけられる可能性がある。
9 ジョン・L・オースティン(1978)は、言語を記号としてではなく、現実の使用、社会的機能に基づいて分析した先駆者である(ジョン・L・オースティン著、坂本百大訳『言語と行為』大修館書店、1978年)。
10 国立国語院のホームページで検索できる(http://stdweb2.korean.go.kr/main.jsp)。
11 朝鮮は清と宗属関係にあり、清は朝鮮を独立国家として認めておらず、朝鮮の主権を制限していた。朝鮮内でも、朝鮮は属邦であって独立ではないという見方があった(月脚達彦『朝鮮開化思想とナショナリズム』東京大学出版会、2009年)。
12 月脚(2009)によると、独立協会、一進会といった開化派の団体が、国民創出の事業を行っていたが、彼らは民衆を「独立ということを知らない」「国を助ける心がない」として非難していた(月脚達彦、前掲書)。
13 駒込武『植民地帝国日本の文化統合』(岩波書店、1997年、124ページ)では、「三・一運動への跳躍を可能にしたのは『日本人』と『朝鮮人』の区別を排他的に優越させる統治体制そのものだったと考えられる」と指摘している。
14 ベネディクト・アンダーソン(2000)は、国民とは実態のある何かではなく、イメージとして人々の心の中に想像されたものであるとしている(ベネディクト・アンダーソン著、白石さや・白石隆訳『想像の共同体―ナショナリズムの起源と流行―』NTT出版、2000年)。
15 韓国人学習者にとって難しい発音や文法など教育内容としての日本語の言語学的な側面について述べたものなどは、分析の対象から除外した。
16 表1の23から26までの史料は雑誌『새교육(新教育)』216号(1972年10月)に収

められていたものの日本語訳である。
17 第4次教育課程期に出版された5種類の教科書のうち3種類、第5次教育課程期に出版された8種類の教科書のうち6種類は、韓国の大学で日本語教育に携わる教員によって編集されている。また、第6次及び第7次教育課程期に出版された日本語の教科書は全て韓国の大学の日本・日本語関連学科の教員によって編集されている。
18 文字化したデータは、プライバシーの保護のため個人を特定できる固有名詞を記号化した状態で、提供する用意があるので、希望者は筆者までご連絡いただきたい。

第3章
近代化、民族意識と日本語教育
―開化期と植民地支配期―

1 開化期―近代化と日本語教育―

　開化期とは日朝修好条規が調印される 1876 年から 1910 年 8 月の日韓併合までをいう。これ以前にも日本語教育は行われており、高麗に代わって 1394 年に建国した朝鮮王朝は、中央政府に司訳院を設け、外交事務に必要な通訳、翻訳の仕事を行わせていた。そこでは、倭語のほか、中国語、蒙古語、女真語、満州語の教育が行われていた[1]。また、17 世紀後半になると、司訳院とは別に、倭学偶語庁が開かれ、日本語教育が行われるようになった[2]。このように、韓国における日本語教育の歴史は 14 世紀まで遡ることができるが、本書では、以下のような理由から、開化期に遡って前史を記述する。

　第一に、植民地解放以後の日本語教育の大部分は、近代教育制度の枠組みの中で行われており、また、その枠組みの中で議論されるが、韓国において近代教育制度が導入されたのが、開化期だからである。また、現在の韓国における日本語教育は、国民国家としての日本と韓国の存在を前提とし、「外国語」として、つまり、他の国家の言葉として行われているが、韓国において近代国民国家の形成が模索されたのが開化期である。後で詳しく述べるように、植民地解放後、日本語教育が必要な理由として、日本から進んだ技術、知識を学ぶことが挙げられるが、日本が欧米から受容した近代的な知識や技術を学ぶために日本語教育が行われ始めたのも開化期である。つまり、開化期は、現代までつながる近代化の流れの源流であり、そこから現在までの日本語教育を通史的に見ることにより、韓国の近代化のプロセスの中で、日本語教育がどのような変遷を遂げてきたのかを捉えることができると考え

られる。

　第二に、韓国が日本に植民地支配を受けたことは、植民地解放後の日本語教育にも大きな影響を及ぼしていると考えられるが、開化期はその前夜と言えるからである。植民地支配下において「国語」として日本語教育が行われた結果、韓国内には少なからぬ日本語理解者が誕生していたが、彼らは、1960 年代から 70 年代にかけて日本語教育が再開された時に、日本語教師として活躍した。彼らの存在なしには、これほどまで急速に日本語教育が拡大したとは考えにくい。また、植民地支配期には、大半の人々にとって、近代的な知識にアクセスできる唯一の言語が日本語であった上に、日常生活においても日本語を強要されたため、日本語は言語生活のあらゆる領域に根を下ろすことになった[3]。その結果、韓国語の中に入り込んだ日本語の残滓は、現在でも議論の種となっている。さらに、第 2 章で述べたように、植民地解放後の日本語教育を理解する上で重要な概念となる「民族の主体性」が民衆に広く浸透したのは、植民地支配期であったと考えられる。このように、現在の日本語教育は、植民地支配期の国語としての日本語教育と切り離しがたく結びついている側面があるため、植民地支配期とその前段階である開化期にまで遡って概観しておく必要がある。

　ところで、開化期における日本語教育に関する研究はそれほど多いわけではない。また、一次史料の制約もあり、本研究が注目している韓国の人々の日本語教育に対する認識も十分に知り得るわけではない。そこで、まず、次節では、当時特有の日本語教育機関である「日語学校」に注目し、これを創設した人々の意図や教育内容とその変化を、文献に基づいて整理する。「日語学校」は、稲葉（1997）に倣って、設立主体が誰であるかにかかわらず、韓国語母語話者を対象として開設された教育機関で、日本語あるいは「日本語による普通学」が教育内容の中心をなした学校であると定義する。次に、19 世紀末から始まった、日本への留学現象について、その全様を概観すると同時に、文献に基づいて、日本留学に対する韓国人留学生の認識を整理する。最後に、開化期に出版された日本語の教科書を取り上げて内容を分析し、当時の日本語の教科書において日本語がどのような機能を担っていたのか考察する。

なお、第3章では、原則として大韓帝国期である1897年10月から1910年8月の政治主体は「韓国」とし、それ以外の朝鮮半島の政治主体、住民を指す場合には、「朝鮮」、「朝鮮人」の用語を用いる。ただし、引用部分はこの限りではない。また、筆者が現在の韓国との連続体として捉えている場合は、「韓国」とした。

1.1 近代教育機関の設立と日本語教育—日語学校を中心として—

1876年、江華島事件の後、日本と朝鮮との間に日朝修好条規（江華島条約）が結ばれた。これは、朝鮮を清朝の冊封から解き、独立国とするものであったが、関税自主権を認めないなど不平等条項をその内容としていた。この条約によって日本は、開港場から日本人を進出させ、朝鮮半島における勢力を拡大していった。一方、日朝修好条規は、朝鮮の開国の契機ともなり、1882年に米・英・独と、1884年には伊・露と、1886年には仏と通商条約が結ばれた。その結果、朝鮮は、資本主義が席巻する国際社会へ否応なしに巻き込まれることになった。そして、諸外国との通商交渉のための通訳官の養成が急務となり、1883年、ドイツ人メレンドルフ（P.G.Von Moellendorff）の助力により、英語教育機関として同文学が開設された。また、1886年、ハルバード（H.B.Hulbert）をはじめとする米国人教師が招聘されて、育英公院が開設された。育英公院は、英語を教育用語とし、数学・自然科学・歴史・国際法・経済学・政治学など近代的な学問の教授を行った[4]。

同じ時期（1883年）、咸鏡道徳源の住民は、開化派人物の勧誘によって元山学舎（後の元山学校）を建てた。これは、今日、韓国人が設立した韓国最初の近代学校とされている。設立動機には、「元山開港場における日本商人の浸透を直接体験し、これに対する対応策を練らねばならないことを痛感していた。」とあり、経義、兵書、算数、物理、各種機器、農業、養蚕を教えていたが、それに加えて日本語も教えられた[5]。

また、朝鮮政府も、日朝の交通が頻繁になるにつれ、お互いに言葉が通じないのは不便であるから、語学校を設置してはどうかという日本公使の建議を受けて、1891年、漢城（現在のソウル）に官立日語学堂（後の官立日語学校）を設立し、初代教官としては岡倉由三郎を招いた。岡倉は、韓国人に日本語

を教える理由として、「外国語学中、特に日本語を選ひたる所以のものは一は日本語と朝鮮語の語脈同一にして相学ひ易すきか為めなり二は朝鮮に輸入する目下適当の知識は日本語中に含有せらるゝ最も多きか為めなり」[6]とした。また、岡倉の後を継いだ長島巌次郎は、日本語教育はもとより、普通学を重視する考えを持っていた[7]。岡倉、長島ともに日本語を外国語のひとつとみなし、それを媒介として韓国に近代的な知識を教えようとしていたと見ることができる[8]。

このように、開港を契機として、いくつかの学校が設立され、近代的な知識を内容とする教育が行われるようになった。しかし、西洋式の教育方法と内容は、学生にあまり理解されず、教育的効果はあまり上がらなかったという。岡倉由三郎は「朝鮮国民教育新案」で、日語学校では、月謝もない上、昼食まで提供しているのに、学生が熱心に勉強しないと報告している[9]。

1894年、日清戦争により清の勢力を朝鮮半島から駆逐すると、日本は、朝鮮政府に対して内政改革を迫り、金弘集ら親日的な人物を中心として、政府を改編し、軍国機務所という超政府的な会議機関を設置した[10]。また、科挙制及び身分制を廃止し、教育の機会均等の方針を示したほか、学務衙門（後の学部）を設置し、小学校と師範学校を設け、将来大学や専門学校も開設することを約束するなど近代学校教育制度の積極的採用の方針を明らかにした。翌年1月には、韓国最初の憲法となる洪範14条が発布され、高宗は詔書を発して、従来の経典中心の教育を廃して、世界情勢に目を向けた新しい教育を行うことを強調した。これら一連の改革を甲午改革と呼ぶが、これは日本の干渉の下で行われた側面がある一方で、封建社会の改革と近代化の推進をめざす韓国開化派の革命的精神の発露であるとも評価されている[11]。特に、教育の近代化に果たした役割は大きく、甲午改革を契機として、小学校、中学校、外国語学校をはじめとする各種の学校が新設され、韓国は初めて近代的な学校体系を持つようになった。

1895年に交付された外国語学校管制によって、日語学校は、官立外国語学校の中の日語学校に引き継がれた。また、育英公院を引き継いだ英語学校のほか、1985年に法語学校が、1896年に俄語学校が、1897年に漢語学校が、1898年に徳語学校が相次いで設立された。韓国学部はその設立理由を、

各国公使館に用いられ、または各国に派遣すべき公使館員を養成する必要があるためとしている[12]。日語学校は仁川と平壌に分校を設立し、仁川官吏朴世煥と日本領事珍田捨巳との合議に基づいて設立された仁港日語学校では、教師として岩崎厚太郎が招かれた。官立外国語学校仁川支校規則には、「主トシテ日本語ヲ教ヘ併セテ時務ニ適スル新知識ヲ授ケ、各部主事小学校教員等ヲ養成スル」とあり、教科内容の3分の2は、算術、地理、歴史、理科、経済といった普通学が占めていた[13]。また、1900年に公布された外国語学校規則においても、「外国語に因り普通学も教授すべく、漢文として読書・作文と本国歴史、地誌も教授する」と規定されていた[14]。したがって、官立外国語学校は、韓国政府が主権国家として外交を担当する要員を育成する意図を持って設立され、外国語と「普通学」を教える機関として位置づけられていたと言える。日本語も外国語のひとつであったが、分校が設立されたことからも、当時の韓国の中では有力な外国語であったと推測される。

　また、小学校令、中学校管制では「外国語」を教授するとされていたが、当時外国語とはすなわち日本語を意味した。さらに、師範学校、医学校、農商工学校でも日本語が教科目となっていた[15]。韓国において、日本語は、現在で言うところの第1外国語としての地位を確立しつつあったと考えられる。

　一方、1896年から98年にかけて大日本海外教育会、東亜同文会、東本願寺、西本願寺といった日本の団体ないしは日本人個人による日語学校の開設が相次いだ。先行研究からいくつかの事例を取り上げて、設立の経緯や目的を見ておこう。

　まず、大日本海外教育会とは、押川方義、本多庸一らを中心として組織されたキリスト教の団体であり、1896年、京城学堂を設立した。その動機は、1897年に本多庸一が行った講演によると、①日本は先進者であるから、獲得した文明を朝鮮に分けて助けてあげなければならず、それは、朝鮮が隆盛であった時の文化的な旧徳に報いる責務を果たすことである、②朝鮮の独立を助けるという事業を新文明の教育によって完成する、③日韓の民情を疎通せしめて民情を和らげ、平和の土台を築く、④日本は朝鮮を蹂躙しているという諸外国の疑惑を解く、⑤日本国民の間に東洋の盟主になるための気質を

養うの5つである。また、本多は同じ講演で、教育内容について、語学ばかりではなく、言葉を利用してできるだけ学術、科学を教えるように尽力していると述べている[16]。つまり、京城学堂は、官立日語学校と同様に、「日本語による普通学」の教育をめざして設立されたと考えられる。そして、実際、後に柳一宣のような有名な数学者も輩出した[17]。韓国開化派も、京城学堂を歓迎し、李完用[18]は「日本が朝鮮人民のために資金と教師を送り、朝鮮学徒を教えるのは、朝鮮人民にとって感謝すべきことである」として、補助金を付した[19]。

しかし、渋沢栄一は1899年に行った演説で、京城学堂のビジネススクール化の方針を示しており[20]、大隈重信も、京城学堂において朝鮮人子弟に日本語を習得させることが、商業上の利益に結びつくと考えていた[21]。また、京城学堂は、財政的にも日本の官界、財界、言論界の有力者から多額の資金、支援を受けていたため[22]、日本資本主義を拡大させ、日本の国益を追求する方向に進むのは必然的であったと考えられる。

他方、東亜同文会は、公爵近衛篤麿を会長として1898年に組織された国家主義団体であり、「支那の保全」、「支那及朝鮮の改善」、「支那及朝鮮の時事の討究と実行」、「国論の喚起」を綱領としていた。東亜同文会は、大日本海外教育会と協議の上、半島北部を担当するとして、朝鮮半島に進出し[23]、城津学堂、平壌日語学校を設立した。それは、ロシアの動きに対抗し、朝鮮半島北部へ日本勢力を拡大するという政治的な目的を帯びたものだった。日語学校設立のため、派遣された笹森義助、真藤義雄に対して東亜同文会が渡した心得書には、教育の方針として、「日本思想ヲ養成スルコト、日本語及日本文ヲ主トシテ練修セシムル事、世界ノ事情ヲ知ラシムル事、物質的知識ヲ授クル事」とあるのに加えて、「其地方ノ情況ハ二週間毎ニ一回必ス通信」するとあることから、日語学校教師に朝鮮半島北部の偵察の任務も兼ねさせていたことが分かる[24]。また、予算の大部分は外交機密費であったことも、その政治性を裏付けている[25]。

また、仏教団体も朝鮮半島に進出し、布教活動を行うと同時に教育活動を開始した。中でも、東本願寺の奥村円心と妹五百子は、1897年布教のために全羅南道に渡り、農耕・養蚕を教える光州実業学校を設立した。彼らは、

三国干渉によって勢力後退を余儀なくされた日本政府に代わって、民間レベルで日本の勢力伸張を図ろうと、朝鮮半島に渡る決意をしたという[26]。また、五百子は征韓論者であり、朝鮮半島は将来日本の植民地となることを期待していた[27]。

浄土教は、最初は在留邦人に対する布教を目的として朝鮮半島に進出したが、やがて韓国人への布教に手を伸ばした。そのための間接的手段とされたのが日語学校であり、1901 年、開城学堂を開設した。開城学堂は駐韓日本公使を賛助員とし、基金の一部を韓国政府も負担していた。そして、「韓国内地に日本国語の普通を計るを目的」としていた[28]。

日本人諸団体だけではなく、日本人個人も日語学校の開設に尽力した。薬師寺知朧は、仁川領事館、仁川居留日本官民の後ろ盾を得て、住民の対日感情を改善し、啓発をもって隣邦の文化に資することを目的として、1898 年、韓南学堂を開設した。漢文科や巡回訪問の評判がよく、生徒数も増加し、韓国人有志から日語学校設立のための助力の要請もあったという[29]。「日本語によりて簡易なる普通学を授け内地に於ける韓人子弟の常識を啓き独立自衛の重んずべきを知らしめ職業に必要なる知識を発達せしむるは本学堂設立以来の方針なり」[30] とされているところからも、普通学に重点が置かれていたことが窺える。

また、源興学校は、韓国語に堪能な夫婦近藤範治・淑子の家塾からスタートし、1900 年、開化派の尹至昊、東亜同文会などの支援を得て開校した。日本語に加えて養蚕も指導しており、夫婦の人望も厚かった[31]。

さらに、1900 年、鶴谷誠隆によって水原に華城学校が設立されたが、校長の三輪政一が、「日本人は韓半島に繁殖せざるべからざる」こと、「韓半島は日本人の繁殖に依て益々幸福を得る」ことを前提とし、「日本人を歓迎せしめ」るとしていたことからも、この学校が日本人の進出を助ける意図を持っていたことを読み取ることができる[32]。また、沖田棄次郎が開設した日語錦城学校も反日気運を和らげ、親日的態度を醸成することをその目的としていた[33]。

このように、1895 年以降、日本人諸団体及び日本人個人による日語学校の設立が活発化した。教育内容を見ると、実用的な技術や近代的な知識が中

心となっており、この点において朝鮮半島の人々の関心を呼んだと考えられる。日本語は、教育言語ないしは第１外国語と位置づけられており、それが朝鮮語や漢文を抑圧していたとは言えない。しかし、日本人によって設立された日語学校の中には、朝鮮半島における日本人の利益の拡大、日本の経済的、政治的勢力の拡大という目的と結びついていたものもあった。そして、このような日語学校の特徴が、現在、日語学校が「日本資本主義の前進基地」[34]、日本の韓国侵略の尖兵と評価される所以であると考えられる。

しかし、日語学校の設立には、日本人だけではなく、韓国人、朝鮮・韓国政府も積極的に関わっていた。乙未義塾は、1895年、鮎貝房之進と朝鮮政府との合意に基づいて設立された。鮎貝は、東京外国語大学で朝鮮語を専攻した朝鮮研究者であり、大院君とも通じていた。朝鮮政府側で乙未義塾の設立を取り持ったのは、有力官僚、金允植であり、親日開化派ではないが、朝鮮の開化そのものには積極的な人物であった。乙未義塾は、名義上は私立学校であったが、財政的には朝鮮政府の補助金に拠っていた[35]。

釜山における近代式教育の嚆矢となった開成学校の設立に関わったのは、釜山の警務官であった朴琪淙と荒波平治郎である。朴琪淙は、修信使の通訳として日本に渡り、開化文明の先進性を深く認識し、西欧の新文明を受容し、普及させるために、日本人と手を結んで新教育を興すことになったということである。設置の目的については、日本語及び日本語による普通学の教育を通じて、「韓国民ノ智能ヲ啓発シ道徳ヲ進メ人材ヲ養成スルヲ以テ主トス」(「開成学校略則」)とされている。一方、荒波は、朝鮮の開明を助けることができれば、日本の利益にもなるという認識を持っていた。1897年、開成学校は韓国政府(学部)から公立学校の認可を得、補助金を得ることになったほか、日本外務省からも補助を受けることになった[36]。

1899年以降は、韓国人有志による日語学校の設立が目立つようになった。その中のひとつである洛淵義塾は、1899年、日本人教師を招いて日語のみを教える学校としてスタートしたが、1905年、普光学校と改名し、普通学を主な教育内容とした[37]。また、開揚学校は、1900年、嗜英会が「日本語を学習させて日本の先進文化を取り入れよう」という趣旨の下に開校した東萊日語学校をその前身としている[38]。このほかにも、稲葉(1997)では、求是学

校、黄州日語講習所など7つの日語学校が事例として挙げられているが、いずれも日本人教師を招いており、日本人と韓国人との連携によって運営されていた。さらに、光興学校、漢城義塾といった私立学校でも、外国語として日本語が教えられていたことが確認されている[39]。

このように、韓国人による日本語教育への積極的な参加は、開化、つまり西洋の近代文明の受容を目的としたものであり、それが日本人との連帯を導いたと考えられる。

稲葉(1997)によれば、1904年が日語学校の設立動向における転換期となっており、日露戦争の勝利が、俄語学校の廃校などロシアの勢力を駆逐し、日語学校の大幅増をもたらしたということである[40]。

しかし、1905年、保護条約が結ばれると、退学、授業拒否などが相次ぎ、打ちこわしや日本人教師殺害まで起こるほど、日語学校は動揺した。このような中、官立外国語学校は、1906年「学部直轄学校及公立学校管制」によって、官立日語・漢語・徳語・法語学校に分離し、官立仁川日語学校が独立の学校となった。それと同時に、教育内容にも変化が見られ、「外国語学校令」で外国語に錬熟し実務に適合する人材の養成を目的とすることが謳われるようになり、その結果、実業教育の比重が増加した[41]。また、1906年、大日本海外教育会によって設立された京城学堂が官立とされた。外国語学校は、1908年、再び官立漢城外国語学校に統一され、三土忠造[42]が日本人として初めて校長の地位に着いた。そして、促成科が設けられる一方で、本科は官吏養成機関として位置づけられるようになった[43]。

韓国学部の学政参与官となった幣原坦は、「韓国教育改良案」を発表し、日本の開化を輸入するのが最適であるという認識から、日本語を普及する方針を示し、官立高等小学校で漢学の時間を減らして日本語を教え、日本人教員を採用する方針を示した。また、1906年以降、普通学校の開設に最大の力点が置かれたが、そこでも日語には国語(朝鮮語)と同じく6時間が割り当てられた。そして、官立漢城高等学校、師範学校、各種実業学校でも漢文及び国語に比べて、日語の比重が高められた[44]。

このように、日本統監府が設置されると、「教育は韓国臣民をして日本に感化せしむるを主眼とする」という基本路線の下に[45]、官立の教育機関にお

いて、日語は第1外国語の範囲を超え、朝鮮語や漢文を圧迫しながら、中核的な科目に位置づけられていったと見ることができる。

一方、1904年の第1次日韓協約、1905年の保護条約(第2次日韓協約)を契機として、反日的な教育救国運動が起こり、多くの私立学校が設立された。しかし、その嚆矢とされている養正義塾でも、日語は終始重要な教科目のひとつであった。その理由は、創立者厳柱益が1904年西洋文化を受け入れ東洋において比較的進んでいた日本に行って軍事及び教育制度を視察して感銘を受けたからだということである[46]。また、代表的民族私学である興化学校、それまで英語のみを教えていた培花学堂、青年学院、培材学堂などキリスト教系私立学校でも、保護条約以後、新たに日本語を教えるようになったことが確認されている[47]。1905年に開校した普成小学校でも、日本語が教えられていた[48]。さらに、中橋義塾、中東学校などは、複数外国語並行体制から、英語を廃止することによって、日本語の比重を拡大させた[49]。

このように、学校の設立主旨にかかわらず、1905年以降、日本語教育が強化された理由として、統監府の圧力があったことが考えられるが[50]、稲葉(1997)は、開化、自強、国権回復を求める韓国側の自主的な動きもあったと見ている。筆者も、開化期の日本語教育に、韓国の人々の自主性を認める稲葉の見方に基本的に賛成である。ただし、民族の主体性の観点から、以下の点を付け加えたい。

まず、甲午改革(1895年)の時点では、日本政府は中華帝国体制の解体をめざしてはいたが、韓国の主権を否定していたわけではなかったと考えられる。日本語教育の目的は、近代的な知識や技術の普及であり、それは開化派によって歓迎された。そして、朝鮮半島における日本人の利益を拡大し、日本の影響力を拡大しようとする意図は見えたとしても、日本語が朝鮮語や漢文を抑圧することはなく、第1外国語に留まったと言える。韓国の人々も、日本人の経済的進出を警戒しながらも、それに備えるため、あるいは近代的な知識を得るため、第1外国語としての日本語の必要性は認めていたと考えられる。

しかし、統監政治期に入ると、日本側は植民地支配を明確に志向し始め、第1次・第2次日韓協定によって、韓国は国家としての主体性を失い始め

た。官立の諸学校のカリキュラムも、統監府の圧倒的な影響力の下に編纂されたと考えられる。それと同時に、日本語は、第 1 外国語の位置を飛び越えて、朝鮮語と漢文を脅かすようになった。韓国の人々にとってこのような事態は受け入れがたいものであり、漢文、国語（＝朝鮮語）の時間数を削減して日本語の時間数を増やすという統監府の方針に対して、小学校の教師・生徒とも、「韓国の今日あるは、僅かに漢学が存在して居るためである」から「漢学の時間を減じて日本語を授けんとするは、これ我国の少年の萌芽を摘み去つて、他国の種子を植ゑるもので、生等は其のやうな授業を受けることが出来ない。」として、反対の意思を表明した[51]。また、公立学校で日本語が教授されることに対して「韓国ノ言語ヲ日本ノ言語ニ変更セントスルモノナリ」「韓国ノ国民性ヲ減失セシメント企ツルモノナリ」「日本語ヲ授ケテ後来日本ノ兵隊タラシメントスルモノナリ」という反応を示した[52]。1906 年 6 月 28 日付の『大韓毎日申報』にも、新設学校では教師の大部分が日本人であり、日本文部省の検定教科書が使われていることに対して、「日本を崇拝する思想を養成して同化政策に入り易く」するとして警鐘を鳴らす記事が掲載されている[53]。このように、韓国の人々は朝鮮語や既存の教育内容を脅かすような日本語の強制に対しては抵抗を示した。

　第 1 次日韓協定締結以降の日本の圧力と国家としての主体性の危機に対して、知識人による愛国啓蒙運動、教育救国運動が繰り広げられたほか、民衆レベルでも義兵運動[54]が頻発するようになった。これらの運動は全て抗日的であり、民族意識に基づいて国家としての主体性を取り戻すことを目的としている点では共通している。しかし、義兵運動が必ずしも近代的な国民国家の形成を志向していたわけではないという点で、両者が手を結ぶことは難しかった。

　つまり、愛国啓蒙運動、教育救国運動は、前近代的な社会を維持することではなく、近代的な社会に作り変えることをめざしていた。彼らにとって「国民」とは、近代的な義務と権利による政治的自律性を持ったものであり、それは、近代的な社会制度を理解させることによって創出できるものであった。彼らは、近代文明の教育を通して国民意識としての主体性を確立し、国家としての主体性を取り戻すことをめざしていたと考えられる。しかし、義

兵運動は、必ずしもこのような考えを持っていたわけではなく、君権を取り戻すための抵抗でもあった[55]。

実際、愛国啓蒙運動は、忍耐を持ってまず教育による実力養成、その後、独立と考えていたため、およそ勝ち目のない武力闘争には批判的であった[56]。義兵運動が明確に国権回復を目標として掲げるようになると、両者の間には連携の可能性が見えるようにはなるが[57]、愛国啓蒙運動がめざす民族の主体性が前述のようなものである限り、両者が民族の主体性を取り戻すために結束することは難しかったと考えられる。

教育救国運動にとっては、近代的な思想、制度の導入が最優先課題であり、その目的にかなう限り、日本語教育の必要性は認められていたと考えられる。また、月脚(2009)によると、愛国啓蒙運動は、改革の根源を西洋文明に求める立憲改革派と、儒教に求める改新儒学派に二分されるが、両者は、日本を見習うべき手本と見る点では一致している。特に、立憲改革派は、日本の統監政治でさえも韓国の文明富強を啓発するとして批判しなかったということである。このような思想の下に、近代化を進める手段として、日本語教育が選択されていったと考えられる。つまり、開化期の日本語教育は、知識人と民衆との間に民族の主体性をめぐる思想的分断がある中で、近代化による民族の主体性の回復をめざすエリート層によって必要性を見出され、行われていたと見ることができる。

最後に、日本人日本語教師に目を向けてみると、薬師寺知朧や近藤夫婦、岩崎厚太郎のように、学生と寝食を共にし、篤い信頼を得ていた人もある。仁港外国語学校の教師として招聘された岩崎厚太郎は、1905年、保護条約締結に対して起こった学生の反発に対して、「本当に国と民族を思う意識から出た誠の行為だ」として理解を示したことが学生の回顧録に示されている[58]。彼は、韓国人学生の民族意識を正当に評価していたと言える。

他方、乙未義塾に講師として招かれた歌人与謝野鉄幹が残した「きこしめせ。御国の文を、かの国に、今はさづくる、世にこそありけれ。」という歌から窺えるように、朝鮮半島の人々に日本語・日本文化を授けることに何の疑問も抱かず、むしろ誇りに思っていた日本人日本語教師もあった[59]。

日本語教師の中には、岩崎のように韓国の人々の民族の主体性を尊重する

人もあったが、大半の日本語教師は、韓国の人々の民族の主体性に対する関心が薄かったか、尊重すべきものと考えていなかったのではないだろうか。それが、教育制度と教育内容の近代化をめざすという目標の下で韓国人と連携しながらも、最終的には国家としての主体性、つまり独立を奪い、朝鮮民族を従属的な地位に貶めるような悲劇をもたらしたのではないかと考えられる。

　開化期に設立された日語学校の多くは、資金難で自然消滅したり、統監府の管理下に移され実業学校や普通学校とされたり、小学校令によって官立小学校とされたりした。そして、1910年以降、日本語は「国語」とされ、強制的に教えられることになった。

1.2　留学生の近代化志向

　1876年、日朝修好条規によって開国した朝鮮政府は、同年、金綺秀ら75名を第1次修信使として、1880年、金宏集ら58名を第2次修信使として派遣したのに次いで、1881年には趙準永、朴定陽、魚允植、洪英植ら62名からなる紳士遊覧団を派遣し、行政機関、軍事、教育、鉱業などを詳しく視察させた[60]。また、朝鮮政府の弁務官は、同年4月、日本公使館を訪ね、留学生林素慶ら4名を日本に派遣し、銅・革製造の技術習得をさせることを依頼した[61]。そして、1882年には、壬午軍乱[62]の事態収拾のため、朴泳孝らを第4次修信使として派遣した。

　紳士遊覧団の随員として訪日した兪吉濬、柳定秀はそのまま日本に残り、慶応義塾に入学した。また、同じく随員であった尹致昊は中村正直の同人社に入学した。兪吉濬ら3名をして、韓国最初の日本留学生とするというのが通説となっているが、これ以前にも日本留学は存在していたようである。僧侶李東仁は、1879年秋、日本社会について知るために密航したと言われている[63]。また、金泳謨(1972)によれば、後に官僚となった人の中にも1880年以前に日本に留学したものが4名あったということである。いずれにしても、朝鮮政府が日本への留学生派遣に着手するのは1881年頃であり、それ以降、日本の近代化に強い感化を受けた朴泳孝、金玉均らが中心となって、日本への留学生派遣が続けられた。

河宇鳳(2001)は、修信使として日本に渡った人々の著作の内容分析から、彼らの日本認識を探っている。それによると、まず、第1次修信使として渡日した金綺秀は、明治天皇をはじめとして国民の上下全てが富国強兵に尽力している事実を高く評価しているものの、それを自国に受け入れることには極めて否定的であった。彼は伝統的な儒学知識人であり、近代文明に対する心理的拒否感を振り落とせなかったようである。第2次修信使金弘集は、日本の実情を目撃し、ロシアの南進政策を知ったことにより、朝鮮にとって門戸開放と富国強兵が切実な課題であることを認識した。また、日本の欧米諸国との条約改正に関する情報を入手し、それを利用して対日条約改定の交渉を優位に導くことができた。第4次修信使朴泳孝は、実学、開化思想家である朴珪壽の門下生であり、訪日前から開化思想を持っていた。彼は金綺秀とは対照的に各国公使と交流し、開化思想を確認した。また、福沢諭吉と交流を深め、日本を近代化のモデルとすることを確認したという。しかしながら、修信使の重要な任務のひとつであった日本の意図が何であるのか確認することに関しては、金綺秀、金弘集ともに悪意はないと判断し、アジア連帯論に同調していたということである[64]。

一方、最初の留学生とされる俞吉濬も、朴珪壽の門下生であり、慶応義塾で福沢諭吉の文明開化論に啓発された。その後記した『西遊見聞』も福沢諭吉の『西洋事情』を下敷きにして書かれている。福沢諭吉の思想に底流するスペンサーの社会進化論は、俞吉濬をはじめ当時の韓国開化派知識人に広く受け入れられ[65]、強い影響力を持っており、後で見るようにそれが彼らの現状認識や日本観を決定づけたと考えられる。

1884年、朴泳孝、金玉均ら日本留学経験のある開化派は、日本の協力を受けながら高宗を頂点とする立憲君主制国家を樹立することを企てて、甲申政変を起こした。しかし、清国の介入によって開化派による政権は3日あまりで崩壊し、守旧派が実権を握ると、その後約10年間、日本への留学生派遣は中断された。しかし、日清戦争を機として朝鮮半島における日本の勢力が拡大し、甲午改革が実施されると、留学生派遣は再開された。1895年、高宗によって発表された洪範14条においても、海外に留学生を送って外国の学術・技術を学ばせることという規定があり、留学を活発化させる方針が示

された[66]。そして、1895年、駐韓公使井上馨の勧誘もあり、200名近い学生が朝鮮政府委託留学生として慶応義塾に入塾した。慶応義塾は学部大臣李完用との間に「留学生委託契約」を結んでいたのである[67]。

　慶応義塾に派遣された学生たちは、入学後僅か1週間で「親睦会」を組織し、機関誌『親睦会会報』を発行した。親睦会は、韓国で開化派の官僚を中心に組織された「独立協会」と関係を持ちつつ、立憲主義や議会設置に強い関心を寄せていた[68]。金範洙(2006)によると、「親睦会」の中心人物であった申海永は、『親睦会会報』の中で、不平等条約を締結し、留学生の早期帰国方針を打ち出した韓国政府を批判し、大臣の独断で国策が決定される韓国の制度を問題視していた。

　しかし、日清戦争後の三国干渉、閔妃暗殺事件(乙未事変)、高宗の俄館播遷などで朝鮮半島における日本の影響力が弱まると、朝鮮政府は、1896年、留学生召還の方針を打ち出し、慶応義塾に対して留学生委託契約解除を申し出た。この結果、親睦会は解散し、帝国青年会が発足した[69]。その後、1899年には留学生に対する官費支給が再開され、再び多くの留学生が派遣された。しかし、それも長くは続かず、韓国政府は1903年、留学生に対して帰国の訓令を出している[70]。

　1904年、日露戦争において日本有利の情勢が見えると、韓国政府は両班子弟50名を選んで皇室の学資負担により留学生として日本に派遣した。彼らの多くは東京府立第一中学校に入学している。1905年、乙巳保護条約によって統監府が設立され、韓国の外交権が剥奪されると、それに対する強い不満、反発から、また、府立第一中校長の朝鮮人には高等教育の必要はないという談話に対する怒りから、韓国人留学生は同盟休校を実施した。これに対して府立一中側は強硬な姿勢を示し、全員退学処分にした。そのうち、17名は再入学が許可されたが、リーダー格であった者は帰国命令を無視し、明治大学その他の高等教育機関へ進んだ[71]。

　他方、1900年代に入ると、官費留学生に加えて、私費留学生も急激に増加し、その4割が専門教育機関に所属するなど、かなり高い教育を受けていた[72]。表3は1897年から1911年までのの留学生数の推移を示している。表3から、特に保護条約締結後に留学生数が大幅に増加していることが分か

表 3　留学生累年表

年度	己在[*]	新渡[*]
1897	150	180
1898	161	2
1899	152	6
1900	141	7
1901	-	-
1902	140	12
1903	148	37
1904	102	158
1905	197	252
1906	430	153
1907	554	282
1908	702	103
1909	739	147
1910	595	5
1911	449	93

出典：『学之光』第 6 号、1915 年、12–13 ページ　金範洙(2006)24 ページより転記
*「己在」とは既に日本に在留している留学生、「新渡」とは新たに日本に渡った留学生のことである

る。私費留学生は、新聞配達と販売、牛乳配達、代書、人力車などの労働で、生活費を工面せねばならず、文字通り苦学であった[73]。しかし、それにもかかわらず、保護条約締結以降、その人数は増加した。

　第 2 次日韓協約（1905 年）以降、日本による国権略奪に対する危機感が高まるのに伴って、留学生運動を効率的に展開するためにも、分散していた各留学生団体に統合の動きが現れた。そして、1909 年 1 月、「大韓興学会」が誕生した。当時留学生監督[74] に就任した申海永も留学生会の統合を歓迎し、機関誌『大韓興学報』の印刷を引き受けるなど、留学生運動の拠点となった[75]。

　金範洙（2006）は、留学生団体の機関誌の内容分析によって、留学生の現実認識を明らかにしているが、それによると、第 2 次日韓協約（保護条約）締結後、留学生は、日本による韓国の保護国化も優勝劣敗の自然な結果として受け止める傾向があったという。そして、日露戦争におけるロシアの敗北やイギリスのインド支配を例に挙げて、「国民の団結力」の欠如に敗因があり、「国民団結の可否が、すなわち全世界の強国と弱国を分ける」としていた。また、立憲政治を行っているか否かという観点で、野蛮国と文明国に 2 分

し、議会を持たず専制政治を行っている韓国は、国際社会で淘汰されても仕方がないとしていた。しかし、だからといって韓国の独立の可能性を悲観するわけではなく、「我韓国民中に自国精神を抱かない者は一人もない」から、国民が「長い眠り」から覚め、「旧習を脱却し新文明に汲々進就すれば」、国家の危機を逃れられると主張していた。

しかし、1907年第3次日韓協約の締結によって、皇帝の退位、軍隊解散など日本への政治的従属を深めていくようになると、韓国の将来に対する悲観的なムードが広がると同時に、金範洙（2006）で引用されている論稿の中には、同胞の覚醒と民族的結束を求める悲痛な叫びにも似た文章が見られるようになる。「天は自ら為せる者を助け自ら為さざる者は助けないのであり、（中略）日本も自為者である[76]」から「同胞よ自覚自為せよ。」という訴えや、国家組織が既に破壊された韓国においては、もはや「民族の団結力をして生活を維持し産業を発展させる」こと以外、独立の道はないとする主張である。また、愛国心の根本は種族を相愛することであるとしてその重要性を説き、国家の危機に際しては、人民は己を犠牲にして愛国すべきであるという主張も見られた。

日韓併合がいよいよ近づくと、機関誌では、帝国主義に対して批判が向けられると同時に、同種である韓国を保護国化した日本への激しい怒り、日本の「保護政治」の過酷さ、日露戦争への批判が表明されるようになった。しかし、立憲国を文明国とする文明観に変わりはなく、日本を憲法を持ち、民権が与えられた文明国として評価し、独立を維持した日本国民を「天下の大勢を達観した国民」とみなしていた。そして、韓国について、立憲的思想がなければ、独立は難しいという判断が下されていた。このような文明観は、日本留学の理由ともなり、日本は東洋の先進国であり、その文明学術は東洋固有の要素を配慮し、欧米の物質的な潤色を加えた故に、韓国人にとって、地理・風俗・習慣上便宜な点が多くあるとし、日本留学を勧めていた。つまり、韓国は独立のために西洋文明の受容による近代化を進めなければならないが、そのためには日本に留学し、日本から学ぶべきだということである。このような主張を行った姜荃は、韓国皇室特派留学生として留学し、保護条約に反発して同盟休校を主導した人物であった[77]。

このように、1905年、祖国の主権喪失の危機に瀕してもなお、日本を先進国として評価し、日本留学の必要性が主張された理由のひとつとして、留学生の言論にも頻繁に現れるように、社会進化論、立憲国＝文明国とする文明観が浸透していたことが挙げられる。当時の国際社会において、主権国家として認められるためには、西洋文明を受容して近代的諸制度を整え、立憲国家を作らなければならなかったのであり、この点において日本を全面的に否定することは難しかったと考えられる。

　また、留学生が「国民の団結」や「国民の覚醒」を頻繁に訴えていることからも、当時の韓国国内において、国民国家の土台となる抽象的な「国民像」は想像されておらず、国民意識としての主体性が確立されていなかったと考えられる。そのような中で、留学生たちは、「想像の共同体」（アンダーソン2000）を創出する原理を、「先進文明」の受容による近代化に求めたと考えられる。そして、それを一足早く達成していたのが日本であった。国家としての主体性が危機に瀕する中で、国民意識としての主体性を強く持った人々が、危機をもたらしている相手である日本に留学し、また自国民に日本留学を勧めたのは、民族の主体性に対する悲観と表裏一体であったように思われる。近代化と独立主権国家の樹立を強く志向する歴史的条件下にあって、近代的な諸制度、思想、知識の受容と国民意識としての主体性の確立は必須であり、留学生たちは、それを日本を媒介として成し遂げようとしていたのではないだろうか。そして、そこに日本語教育、日本留学の必要性が生まれたと考えられる。

1.3　日本語の教科書における近代化志向

　1870年代後半の開港以降、日本人と韓国人の接触が盛んになるにつれ、日本人のための韓国語学習教材、韓国人のための日本語学習教材、日韓辞典が多数出版された。韓中瑄（1994）、片茂鎮（2001）は、その整理を試みている。本項では、韓国人向けの日本語学習書の中から、朴重華の『精選日語大海』（1909年2月発行、漢城：光東書局）を取り上げ、その内容を見ていきたい。

　朴重華は、独立運動家、労働運動家であり、青年学友会の会員として活躍

していた。また、学者としても、教育者として多くの著作を残している。片茂鎮 (2001: 189) は、当時の日本語学習書の主な編纂者は、民族啓蒙を先導した独立・抗日運動家であったと指摘しているが、朴重華はその典型例に当たると考えられる。また、『精選日語大海』は、植民地支配期にも再版を重ね、1926 年には『修正増補日語大海』として第 11 版を数えており、その後も 1933 年に書名を『精選国語大範』と変えて出版されていることから[78]、読者の多い学習書のひとつであったと推測できる。

　1909 年に発行された『精選日語大海』は、第 1 編：文字、語法及び連語法、第 2 編：名詞及び会話、第 3 編：動詞及び会話、付属日用書簡文概要の 4 部分から構成されている。以下に、第 2 編、第 3 編、付属日用書簡文概要の目次を示す[79]。目次から、挨拶や訪問、招待文、礼状といった日常生活の日本語から、商談、証書のようなビジネス場面での日本語まで幅広く網羅したテキストであることが分かる。

第 2 編　名詞及会會話	第 3 編　動詞及會話	附屬日用書簡文概要
天文	動詞	新年ヲ賀スル文
挨拶	動詞語尾의變化	右返事
地理	自動及被動詞	寒中見舞文
學生間談話	命令時動詞變化	新宴會ニ友ヲ招ク文
訪問及應接	被命令動詞	世話ニ成リシ禮狀
人類	衣服附名稱	書簡ヲ注文スル文
散歩	飲食附名稱	物品ノ着否ヲ問フ文
身體	家屋建物及家具一般	右返事
新年賀儀	年、月、日、時及季節	安着セシ[ママ]ヲ報ズルグ[ママ]文
	商工業家談話	壽筵ニ人ヲ文[ママ]
	商業及交通上單語	右返事
	農業	證書記法
	動植物의名稱	
	衛生上談話	
	軍事上單語	
	官吏間談話	
	政法界用單語	
	形容詞	
	動詞續	
	干支、十二支	
	貨幣、度量衡	
	醫藥及疾病	
	人俗及家庭	

また、会話文を見てみると、登場人物は全て日本人であり、10ページ以上に及ぶ長い会話文も多く含まれていることが特徴的である。このテキストでは、韓国に進出した日本人の会話をモデルとして日本語を習得しようと考えられていたと推測できる。

　次に、会話の話題を見てみると、目次からも分かるように、挨拶、訪問など日常生活場面での会話に加えて、勤勉貯蓄、殖産興業の重要性を説く会話、国民に対する教育や国民の智力の開発の重要性を説く会話、朝鮮、支那での商売の計画、官吏の傲慢さを批判し、農業の尊重と改良、養蚕の重要性を説く会話が見られた。また、天皇の権能、日本の目覚ましい進歩発展の様子なども話題になっていた。さらに、西洋のものと日本ないしは韓国のものを比較し、和服は袖が長くてじゃまだし前が広がってみっともない、昔風の建物は低く、四方が壁で囲まれていて窓も小さいから空気の流れが悪い、肉は滋養分が多く体にいいなど、西洋のものの利点を述べる会話、韓国の早婚の習慣を批判する会話も見られた。このような会話文の内容から、この教科書は、日本語による日常会話の習得だけではなく、旧習慣の打破と改良、殖産興業、資本主義、近代教育といった近代的なアイディアを提示し、学習者の思想と規律の近代化を図ることをめざしていたと考えられる。つまり、朴重華のような独立運動家にとって、日本語教育は、韓国の人々に近代的な生活や思考を伝授し、ひいては国力を増強することと密接と結びついていたと考えられる。

2　植民地支配期—民族意識の高まりと日本語教育—

　1910年、日韓併合により、韓国は完全に主権を失って、日本の植民地となった。そして、これ以降、1945年まで日本語は韓国の「国語」と位置づけられ、教育制度その他を通して、強制的に学ばされることになった。本節では、まず、日本語教育を中心として、教育政策の変遷を、それに対する朝鮮の人々の反応と照らし合わせながら概観する。そして、韓国の人々が日本語学習、日本留学をどのように認識していたのか、先行研究から探っていくことにする。

2.1　教育政策の変遷と朝鮮の人々の反応

　1911 年、総督府は第 1 次朝鮮教育令を公布した。そこでは、「第 2 条　教育ハ教育ニ関スル勅語ノ旨趣ニ基キ忠良ナル国民ヲ育成スルコトヲ本義トス」、「第 3 条　教育ハ時勢及民度ニ適合セシムルコトヲ期スヘシ」という基本方針を示した。これは、教育勅語の適用を志向し「忠良なる国民」の育成を大儀としているが、「時勢及民度」というロジックを用いることによって、未開の民である朝鮮人には日本人とは異なる教育制度を適用することを可能にしたものであった。実際、「時勢及民度」に適合した教育とは、簡易にして実用的な教育であり、朝鮮人に対しては、普通学校 4 年、高等普通学校 4 年、専門学校 3 年ないし 4 年という年限が設けられた。これは、日本人の教育年限よりも低く抑えられており、合計しても、日本人の中学校卒業年限と同じであった。

　また、総督府は、朝鮮人のために高等教育を積極的に推進する意図がなく、高等教育機関の普及を抑制した。したがって、朝鮮人にとっての唯一の高等教育への道は、海外留学であった。しかし、総督府は日本留学に対しても厳しい制限措置を採り、官費留学生は日本留学でなければ習得できない学術技芸にのみ領域を限定するとされた。1910 年から 1919 年までの官費留学生の履修学科を見ると、合計 369 人中、農業・水産、医学、工業、商業で全体の約 82% を占めている（表 4 参照）。私費留学生対する規制も厳しく、留学を志す場合は、その希望を詳しく書いて地方長官経由で総督に届出た上で、身の上調査を受ける必要があった[80]。表 5 に私費留学生及び官費留学生数の推移を示す。所属教育機関については、表 6 に示したように 1920 年時点で「その他」が最も高くなっているが、これは、高等教育機関に入学するための予備教育を受ける留学生が多かったことを示している。ただし、帰国時には大学卒が約 47% であることから、朝鮮人にとって、日本留学は高等教育を受けるという意味を持っていたことが確認できる[81]。また、表 7 に示したように、私費留学生の場合、高等教育機関に学んだ留学生の 7 割近くが法政、経済、社会を専攻していた。

　このように朝鮮人の教育の機会を抑制する一方で、総督府は、日本語教育に対しては、「国語ハ国民精神ノ宿ル所」という意味づけを与え、学校教育

表4 官費留学生の履修科別分類（1910–1919年）

政治・法律	6
商業	41
農業・水産	102
工業	72
医学	88
教育	34
芸術	0
その他	26
合計	369

出典：『朝鮮総督府統計年報』各年版
阿部（1976）より転記

表6 在学学校別留学生数

	1920年		1930年	
大学	29	(2.5)	423	(11.2)
専門学校	424	(37.2)	1,536	(40.5)
実業学校	72	(6.3)	744	(19.6)
中等学校	99	(8.7)	662	(17.5)
その他	517	(45.3)	426	(11.2)
	1,141	(100.0)	3,791	(100.0)

出典：『在内地朝鮮学生状況』大正9年版16–17ページ（1920年）。朝鮮教育会奨学部『在内地朝鮮学生状況調』各年版（1930年）
阿部（1976）より転記

表7 私費留学生の履修学科別分類

	1902年		1930年	
法政・経済・社会科	308	(68.0)	957	(44.0)
商科	31	(6.8)	215	(9.9)
文科	39	(8.6)	433	(19.9)
師範科	14	(3.1)	95	(4.4)
芸術科	6	(1.3)	56	(2.6)
理工科	15	(3.3)	138	(6.3)
農林科	7	(1.5)	148	(6.8)
医科	33	(7.3)	103	(4.7)
家政			30	(1.4)
	453	(100.0)	2,175	(100.0)

出典：『在内地朝鮮学生状況』大正9年版16–17ページ（1920年）。朝鮮教育学奨学部『在内地朝鮮学生状況』昭和5年版7–8ページ（1930年）
阿部（1976）より転記

表5 官費／私費留学生数

年度	官費	私費	合計
1910	32	—	—
1911	44	—	—
1912	50	485	535
1913	47	635	682
1914	47	535	582
1915	26	581	607
1916	29	545	574
1917	17	641	658
1918	30	739	769
1919	34	644	678
1920	35	1,195	1,230
1921	40	2,195	2,235
1922	54	3,168	3,222
1923	56	936	992
1924	37	1,493	1,530
1925	76	1,618	1,694
1926	81	3,194	3,275
1927	78	3,161	3,239
1928	81	3,672	3,753
1929	77	3,692	3,769
1930	46	3,747	3,793
1931			4,762
1932			4,664
1933			5,369
1934			6,093
1935			7,292
1936			7,810
1937			9,914
1938			12,356
1939			16,304
1940			20,824
1941			26,727
1942			29,427

出典：『朝鮮総督府統計年表』各年版、朝鮮総督府学務局『在内地朝鮮学生状況』大正9年17–18ページ（1910–1918年）朝鮮総督府学務局『朝鮮教育要覧』大正15年版218ページ。朝鮮教育会奨学部『在内地朝鮮学生状況調』昭和5年版1ページ（1919–1930年）。朝鮮総督府『朝鮮総督府統計年報』各年版。円省保局『社会運動の状況』各年版（1931–1942年）
阿部（1976）より転記

以外でも積極的に日本語を普及する政策をとった。また、日本語を全ての教科目の教授用語として位置づけた。そして、日本語教育は「同化政策」の手段とされていったのである。この場合の「同化」とは、天皇を媒介として「心理的にまで日本人化し、日本に対する融和親善の思想感情を涵養すること」であり[82]、日本語教育は思考及び感情の同一化としての同化の理念を支える役割を期待されていた。

このように、植民地朝鮮において、日本語教育は「同化政策」の主要な手段とされたのであるが、そもそもなぜ異民族に対する日本語教育が重視され、正当化されたのだろうか。その理由のひとつとして、明治初期の国民国家建設期の日本において、「国語」が国民創出の原理、ひいては近代国家建設に不可欠な要素として位置づけられたことがある。

イ・ヨンスク（1996）によると、国語学者上田万年は、「国語」は日本人の「精神的な血液」であり、「国語」を解することは、日本国民の証であると主張した。これは、日本国民であれば、当然「国語」を話し、それによって「国語」に実現されている日本的な世界や精神を体得できるという結論を導く。そして、このような「国語」に国民創出の機能を担わせる主張は、「国語」を理解することによって日本人になれる、つまり、日本人と精神的に同化するという論理に発展していった。朝鮮は、日本国に統合された以上、「国語」を話させるのは当然であり、それによって精神的な同化を達成させることができるというわけである。安田（1997）は、国内的に「国語」＝国家という意識が形成されるのとほぼ同時期に、日本が植民地を組み込んでいったため、国民創造の原理である「国語」という思想が、比較的容易に海外に持ち込まれたと指摘している。

ただし、日本語を話させることによって、日本人と精神的に同一化するという極めて楽観的な論理は、全ての人に共有されていたわけではない。特に、総督府の官僚など、直接異民族に接した人々は、その虚構性を認識し、感情的・精神的な同化が不可能であることを認めていた[83]。それでも朝鮮民族への日本語の強制を正当化する理由として、安田（1997）は次の2つを挙げている。

ひとつは、アジア地域において、いち早く欧米諸制度を取り入れて近代化

を達成していた日本の言語であり、近代化を担うことができた言語である故に、アジアの諸言語よりも優勢であるという日本語優勢論である。これは、当時の知識人の間に深く浸透していた社会進化論と重なり合って、日本の植民地支配を文明化の使命を果たすものとして正当化し、日本語の普及を、遅れた民族を近代文明へと導くための慈善事業とさえ考えるような論理にまで発展していった[84]。日本語の強制を正当化するもうひとつの論理は、金沢庄三郎の唱えた日朝同祖論である。これに基づき、日本語は、同系であるから勉強しやすいという理由で学習が奨励された[85]。

しかし、日本による教育制度の定着は困難を極め、駒込（1997: 112）で引用されている佐野通夫の試算によれば、公立学校への就学率は1920年の時点で3.7％であったという[86]。また、弾圧されたにもかかわらず、伝統的な儒学の教育機関である書堂の数は、1910年代を通して増加する傾向にあった[87]。朝鮮人は、日本総督府が用意した近代的な教育制度を忌避することによって、抵抗を示していたと見ることができる。抵抗の論理は、近代化・文明化のみならず、伝統的な思想にも求められていた[88]。そして、ついに1919年、階層、地域、宗教などの違いを超えて民族が団結し、3・1独立運動が展開された。駒込（1997）は、このような民族の結集を可能にしたのは、「日本人」と「朝鮮人」の区別を排他的に優越させる日本の統治体制であり、「朝鮮人」としての被抑圧、被差別の体験の共有であったと指摘している。

朝鮮総督府は、3・1独立運動の鎮圧に乗り出すと同時に、これまでの統治体制の修正を行った。これは「文化政治」と呼ばれている。総督府は、ハングル新聞の刊行を許可し、一部の朝鮮人有力者の中央及び地方政治への参加を認めるなどの措置をとった。また、第2次朝鮮教育令を公布し、朝鮮の普通学校の修業年限や教育内容を日本のそれと同一化し、私立学校に対する規制を緩めるなどの改革を行った。また、「京城帝国大学管制」が公布され、1926年4月、法文学部及び医学部が開設された。朝鮮人に対する教育の普及を抑制していた従来の制度を改め、日本人と平等化する方向へ部分的に軌道修正することによって、総督府に対する「協力メカニズム」を作り出そうとしたと見ることができる。この結果、男子だけに限るならば、就学率は1920年の6.5％から、25年には22.1％に急上昇を遂げた[89]。

3・1独立運動の後、総督府は、日本留学に対する規制も緩和し、官費留学生に対する規定を若干緩めると同時に、私費留学の際の諸手続きを廃止した。この結果、表5に示したように、留学生数は激増した。表5において、1923年に留学生の数が激減し、それ以降数年低迷しているのは、関東大震災時における朝鮮人虐殺事件の影響であると考えられる。表6で留学生の在籍状況を見ると、大学、専門学校といった高等教育機関へ集中する傾向にあるが、これは本国と日本国内の修業年限の差が解消され、日本国内の学校への入学がスムーズに行われるようになったためだと考えられる[90]。専攻は、依然として法政・経済・社会科が全体の4割を占めるものの、自然科学の専攻者も増加する傾向が見られた(表7参照)。

こうした日本留学生の増加に対して、総督府は「朝鮮には各種教育機関が充実し、日本に留学する必要性は減少している」として抑圧する方針を示した。これに対して『東亜日報』は、批判的な社説を掲載し、朝鮮の官立専門学校や京城帝国大学は入試制限を加えているため、朝鮮人学生の入学は困難であり、日本に留学せざるを得ないとしている[91]。官立高等教育機関の入学試験は日本語で行われており、それが朝鮮人学生の入学を難しくしていたのである。表5に示したとおり、1930年代の後半には日本留学生の数は加速度的に増加し、1940年には2万人を超えている。

しかし、満州事変から日中戦争へと、日本の侵略戦争が拡大するにつれて、朝鮮人を「兵員資源」として利用するために、志願兵制度や徴兵制度の導入が計画された。それに伴って、1938年に制定された第3次朝鮮教育令では、「忠良ナル皇国臣民」の育成が教育目標として掲げられ、朝鮮語が随意科目となった。そして、1939年には「内鮮一体」というスローガンの下、創氏改名を行い、私生活においても日本語の使用が強制されていった。また、国語の教科書において、戦争及び軍事関係の内容、神道関係の記述が増加した。しかしながら、このような言葉、慣習、思想面における同一化の強制は、制度面における平等化を伴うものではなく、日本人とは異なるという理由で従属的な地位に置く制度は維持されていた。

2.2 植民地支配の浸透と民族意識

　上述のように、一方では日本人の精神を持てと言われながら、他方では日本人とは異なるという理由で差別されるという矛盾に満ちた制度の中で、日本語を「国語」として学ばされ、日本精神を叩き込まれていた朝鮮半島の人々は、それをどのように認識していたのだろうか。

　駒込 (1997) は、新潟県師範学校教諭、木下重行が朝鮮人青年 1324 名を対象として行った国体意識に関するアンケートの結果の中から、「正統的」な説教に対する違和感や反発心の表れたものを抽出して紹介している。例えば、「八紘一宇とはどんな意味か」という質問に対して「八紘一宇とは、他民族から見れば明らかに侵略であるが、客観的に見てもさうだ。」「植民地等の自由権を無にして本国に屈服せしむることなり。」といった回答があった。また、「天皇陛下を、どんな意味で、我々は尊び奉るのであらうか。」という質問に対しては、「分かりません。何時も一人で疑問をもつてみますが未だ純な日本人にはなつてゐません。」という回答が見られた。この調査は記名式で行われており、そのためか教科書そっくりの模範解答が大部分であるものの、国体に対する不信感を漏らしただけでも不穏とされることもある中で、批判的な意見が述べられていることは注目に値する。これは、国語としての日本語教育が韓国人に持たせようとした国民精神、つまり「皇室を尊ぶ」精神が、彼らにとって矛盾に満ちたものとして受け止められていたことを示していると考えられる。

　一方、川村 (1994) は、植民地時代に小学生だった韓国人の回想として、「家の中や友達同士で使っている朝鮮語が、学校ではどうして使えないのか疑問に思うこともなく、そうしたものだと思い込まされていた。」という語りを紹介している。これは、当時の小学生の率直な感覚であり、このように思い込ませたこと自体が、植民地教育政策の大きな成果と言えるかもしれない。1930 年代に小学校に入学した朴熙泰 (2006) も、自伝の中で、一方で反日感情を持ちつつも「何の分別もなく宮本武蔵、清水次郎長のちゃんばら映画や戦争映画を見て、日本が勝つ場面で拍手をし、皇国臣民になっていった。」と当時を振り返っている。また、宮田 (1985) では、皇民化時代に人間形成を遂げた世代の「父が天長節に旗を立てない時に、私からやかましく言った

り、式に出る時でも遅刻すると恥ずかしく思ったり」したという語りが引用されている。

このように、植民地支配下に生まれ育った人々にとって、植民地であることは所与の条件となっており、自分が日本人化することに疑問を抱くことも抵抗することもなかったかもしれない。その結果、彼らがそれが間違いであったと知った時には、もう取り返しがつかないほど日本化してしまっている自分に気がついただろう。その時の怒りや悲しみはどれほど深かっただろうか。植民地解放後、再び日本語教育を行うことは、植民地支配下に教育を受けた世代にとって、この悲しみを乗り越えることを意味したと考えられる。

前述のように朝鮮半島において、高等教育を受ける機会が制限されていたため、高等教育を受けるためには、留学をしなければならない状況が続いた。日本に留学した学生は早くから「在東京基督教青年会」や「朝鮮留学生学友会」などの留学生団体を組織して活動した。後者は、1909年に組織された「大韓興学会」を再建したもので、機関誌『学之光』を発行した。留学生団体は、民族主義思想の鼓吹に努め、しばしば排日記事を掲載していたため、日本官憲は監視の目を光らせていた。留学生監視体制も開化期のそれとは大きく異なり、留学生監督は朝鮮人1名だったものを、日本人と朝鮮人各1名ずつとなっていたのである[92]。しかし、厳しい監視の中で、留学生は、1919年2月8日、いわゆる2・8独立宣言を発し、それを契機として本国で3・1独立運動が起こった。日本留学生は、引き続き朝鮮における民族運動の中心的担い手であり、夏季休暇などを利用して巡回公演隊、演劇団を組織し、朝鮮各地で反日的・民族的内容の文化宣伝を行っていた。

朴宣美（2005）は、留学生団体の機関誌に掲載された文章から、1910年代の男子留学生の日本留学に対する認識を探っている。それによると、当時の留学生は、西洋文明を摂取して近代化を進めてきた日本の経験や能力を高く評価し、日本によっていったん試された西洋の知識や制度を学ぶ方が、西洋から直接学ぶよりも試行錯誤が少なくてよいと考えていた。つまり、「日本によって濾過された欧米文明を輸入すること」に大きな意味を見出していたのである。そして、自分たちを「文化輸入の媒介者」と位置づけ、「我々が

媒介をよくすれば、朝鮮の文化が増進する」と考えていた。彼らは、開化期の留学生と同様に「朝鮮民族の独立力量の不足」を問題視し、独立のために近代文明の受容によって民族の実力を養成する必要があると考え、その担い手として自己を位置づけていたと考えられる。

朴賛勝（2005）も、留学生団体の機関誌などの史料の分析に基づいて、1910年代の留学生は、自分自身を国権回復のリーダーとみなし、先祖崇拝事業、男尊女卑、階級制度といった旧弊を打破し、新文化を建設する必要性を訴えていたことを指摘している。彼らの新文化建設論の土台には、自由主義、近代主義があり、西洋文明を受容しつつも固有の文化を維持した日本を朝鮮のモデルとみなしていた。さらに、留学生は弱肉強食、優勝劣敗を公理とする社会進化論に基づき、教育と産業の振興を通した実力養成が急務であると強調していた。

留学生は、日本で得た近代的な知識に基づいて、朝鮮半島の民衆に対する啓蒙活動、独立運動に加わっていた。彼らにとって、民族の実力とは、近代文明の受容によって養成させるものであったが、社会進化論の枠組みに留まる限り、朝鮮の文明化を自らの使命とみなす日本側の支配の論理に同調する危険性も孕んでいたと考えられる。しかし、彼らが受容し、抵抗の糧としたのは自由主義、民主主義といった価値観、政治システムであり、総督府が植民地への適用を抑制していたものであった。同じ文明化、近代化の旗印の下にあっても、留学生が受容しようとした近代と総督府が受容させようとした近代とは異なっていたと言える。しかし、総督府の弾圧の前に、独立運動は実を結ぶことができず、「学友会」は深刻な内部分裂に直面した。そして、思想的には社会主義・共産主義が次第に「学友会」を主導するようにり、民族運動に失望した留学生たちが、日本の社会主義者らと連帯して留学生運動を展開していった[93]。

朴宣美（2005）は、1930年、40年代に日本に留学した女性を対象としてインタビュー調査を行い、彼女たちの留学理由を尋ねている。それによると、教員になりたいといった理由で留学を決めたという語りが見られた。これは、1930年代には、日本に留学して帰国後教員になるという道が既にできあがっていたことを示している。また、日本は進んだところだからという理

由も挙げられていた。さらに、周囲に日本留学経験者がいる場合、東京に行くことはごく当たり前のこととして捉えられていた。これらの語りから、長年の植民地支配により教育における日本への依存が高まると同時に、人々の間に東京は中心であるという認識が生まれ、日本への留学を導いていたことが窺える。彼女たちもまた帰国後、教育者として遅れている祖国の子どもを導きたいと考えていた。彼女たちにも、進んだ日本、遅れた韓国という近代化志向が浸透しており、それが日本による植民地支配構造に同調するような姿勢を導いたのではないかと考えられる。

　帰国後、教員となった留学生たちは、皇国臣民としての日本精神を教えなければならないという現実に直面した。朴宣美 (2005: 77–79) は、これに追随した帰国留学生と、抵抗し退職に追い込まれた帰国留学生という相反する事例を紹介している。皇室に対して特別な関係を持たない朝鮮人が、「日本民族」のような忠義心を持つというのは論理的に無理があることは、第 1 次朝鮮教育令の制定時から指摘されていた[94]。また、日本人らしくなろうと努力する留学生にとっても、宮城敬礼という行為に現れるような皇室への忠義心が最も受け入れがたかったことが、朴宣美 (2005: 73–74) のインタビューでも示されている。それにもかかわらず、究極的な日本人への精神的「同化」を示す留学生があったことは、注目に値する。

　これに対して、朴宣美 (2005) は、日本で「誰と出会って、影響され何を学んだかにも関わる」と指摘しているが、朝鮮人である限り、日本人と対等に扱われない社会において、被差別的状態から脱出するための究極の選択であったとも考えられる。朴宣美 (2005) のインタビューでも、植民地人であることに対する劣等感故に、日本人よりも日本人らしく振舞おうとしたという語りが見受けられる。また、宮田 (1985) では、朝鮮人知識人が、完全な日本人となることによってこそ、差別が解消され朝鮮に明るい未来が訪れると主張していたことが明らかにされている。しかし、差別からの脱出を求めていくら日本人以上の日本人になろうと努力しても、結局対等になることは許されない現実の中で、彼らはダブルバインド的精神状態にあったと推測される。また、日本人になろうとして日本人との交流を深めるほど、日本人の差別的な態度に直面し、苦々しい思いをしたことも想像に難くない。

さて、総督府が用意した教育制度は、1910 年代は忌避されていたが、文化政治期に差別的な制度や規制が若干緩和されると、朝鮮人の就学要求が高まり、受容へと進んだことは前項で述べたとおりである。しかしその一方で、朝鮮における「教育熱」は、総督府に対する強い不満と要求となっても表れた。佐野（2006）は、当時の『朝鮮日報』、『東亜日報』の新聞記事を総督府によって差押えられたものを含めて分析しているが、それによると、日本語教育の強制は児童の学習を阻害し、文化を破壊するとして教授用語を朝鮮語にせよという要求が噴出していた。また、総督府を、教育を同化の道具として政治的に利用し、朝鮮人の教育の独自性を奪っているとして批判し、教育内容を朝鮮人自らが決めるように求めたり、私立学校に対する日本人教師の派遣の撤廃を求めたりする記事もあった。さらに、朝鮮人には子供たち全体を教育するだけの資力があるとして、朝鮮人自らの手で学校を作ろうと呼びかける記事、近代文明を直接輸入するために英語を学び、欧米に留学するべきだとする記事も見られた。ここには、教育を受けるために総督府の教育制度を受容しつつも、自らの手に教育の権利を取り戻そうという確固たる意思を持ち続けた朝鮮人の姿が浮き彫りになっている。

　また、前項で述べたように、3・1 独立運動を契機として、民族意識が日本に対する抵抗の拠点として社会的階層を超えて結晶化したが、それと同時に、朝鮮語対日本語という対立軸も先鋭化したと見ることができる。「国語」を民族、国の独立の基盤と捉える論調は開化期にも見られ、近代朝鮮語学の祖と呼ばれる周時経も朝鮮語に対する意識を高めることを通して自主独立をめざしていたが[95]、ここにおいて朝鮮語は、民族の復興、更生の中核に位置づけられるようになった。こうした中で、1921 年、周時経の弟子たちを中心として、朝鮮語の正確な法理を研究することを目的として、朝鮮語研究会（1931 年に朝鮮語学会と改称）が組織された。

　朝鮮独自の文字体系であるハングル文字は、甲午改革で国文と位置づけられて漢文に対する優位を確立し、朝鮮語は教科目のひとつとなっていたが、正書法が統一されていなかった。総督府は、朝鮮語の教科書編纂のため、また、日本人による朝鮮語学習のために、ハングルの正書法（諺文綴字法）の制定に乗り出した。しかし、総督府によって 1912 年制定され、1921 年に改訂

された諺文綴字法は、教育現場からの批判、朝鮮語研究会による不支持によって実効力を持たなかった。そのため、総督府は朝鮮人側の言語ナショナリズムに同調する形で朝鮮語研究会会員を動員し、1930 年、綴字法改正を行った。これは、教育界、言論界において一定の支持を得るものの、1933 年、朝鮮語学会が独自に『ハングル正書法統一案』を発表すると、新聞社はその支持に回った[96]。

朝鮮語研究会は、1929 年、「今日、世界的に落伍した朝鮮民族が更正する捷径は、文化の向上と普及を急務としないわけにはいかないのであり、文化を促成する一方では、文化の基礎となる言語の整理と統一を速やかに企図せざるをえないのである」として朝鮮語辞書編纂会を組織した[97]。また、民衆に対する文字普及活動を行うなど、朝鮮語の統一と普及、つまり朝鮮語の近代化事業を推進した。朝鮮語学会は 1942 年、総督府によって「朝鮮独立ノ為ノ実力養成団体」とみなされ、その主要メンバーが逮捕、投獄され、実質的に活動停止となるが[98]、朝鮮語の近代化を通して民族の復興と朝鮮文化の発展をめざす彼らの活動は、日本による支配構造が浸透し、朝鮮人の精神にも影響を及ぼしていく一方で、朝鮮民族、朝鮮文化に対する人々の愛着や敬意は失われることなく存続していたことを示している。朝鮮語、朝鮮文化は日本語教育を中核とする「同化」政策によって抹殺されたのではなく、日本語、日本文化を対抗軸としつつ強く生き続けたのである。そして、近代化ヘゲモニーの下で、その担い手たらんとする人々の意思も変わることはなかったと言えよう。

2.3　日本語教師の認識

それでは、朝鮮半島に渡り教育に携わった日本人日本語教師は、朝鮮半島の人々に日本語を教えることをどのように認識していたのだろうか。

川村 (1994) は、時枝誠記と高木市乃介を取り上げ、彼らが朝鮮語、朝鮮文学と接触して感じるようになった「国語」としての日本語教育に対する矛盾について論じている。

時枝は、東京帝大において上田万年から国語学の薫陶を受けたのであるが、朝鮮に赴いて、上田の唱えていた国語愛護に疑問を感じるようになる。

上田の主張を朝鮮に適用するならば、朝鮮人にとっての「精神的血液」である朝鮮語の愛護を最優先にしなければならないのであり、日本語の普及をめざす日本の言語政策と矛盾するからである。しかし、このジレンマの解決方法として彼が取ったのは、上田の国語愛護は母語を同じくする者の間にのみ適用されるものであるという解釈と、「国語は国家的見地よりする特殊な価値言語」[99]であるとする見解であり、結局、総督府の国語政策に追従してしまうのであった。なお、このような時枝誠記の議論と彼の「言語過程説」の論理展開との関連性については、安田(1998)が詳細な議論を行っている。

　安田(1998)では、時枝以外にも朝鮮に赴き、朝鮮の教育に関与した人物の日本語及び朝鮮語に対する意識が分析されている。例えば、師範学校で教鞭をとっていた村上広之は、朝鮮語を方言とみなしてはばからなかったし、朝鮮を視察した文学者高木市乃介は、朝鮮人が日本語を学ぶことの難しさを主張し、精神的な障害を如何にして除去するかという点にその解決法を求めていた。また、小林英夫は、言語学者らしくお手伝いの朝鮮人女児の日本語習得を観察するのであるが、彼が朝鮮人女児を見る目は、雇用者が被雇用者を見る目そのものであり、力関係で朝鮮人を認識している姿があからさまにされている。

　さらに、安田(1997)は、国語対策業議会や「言語教育部会」[100]を取り上げ、そこに参加した現場の日本語教師が、日本語の難しさや教授する際の問題点などについては活発に発言したものの、日本語普及の精神的側面やイデオロギーについて議論することはなかったことを指摘している。そして、日本語の難しさに関しては、表記やアクセントや文字の問題の解決といった極めて技術的なレベルの議論に落ちていくのである。

　このように、多くの日本人日本語教師は、朝鮮人と日本人との差異を認めていたものの、それ故に従属的な存在であるとみなし、対等な関係を築こうとはしていなかったと考えられる。

3　小括

　朝鮮は、1876年の日朝修好条規を契機として開国し、近代国民国家によって構成される国際社会へ参入することになった。それに伴って、日本から進出する商売人などに備えるため、また、社会の近代化に必要な知識や技術を習得するために、日語学校が設立された。日本は韓国に先立って西洋文明を受容して近代化を進めていたため、日本語を媒介として日本から学ぶべきものがあると判断されたのである。1880年代から1890年代にかけて設立された日語学校では、日本語だけではなく、理科、算術、地理、経済といった「普通学」の教育も行われていた。

　独立維持のために朝鮮社会の近代化が必須であると考える開化派の人々にとって、同じ東洋に位置しながら、先んじて西洋近代文明を受容し、立憲国家を樹立した日本は、格好のモデルであった。また、日本にとっては、言葉の壁を取り払い、自分たちの価値観を理解させることは、朝鮮半島に進出した日本人の利益を守り、朝鮮半島に影響力を及ぼす上で、有効だと判断された。また、朝鮮半島の人々に近代的な知識を授けることに情熱を傾ける日本人もあった。このような日韓両者の日本語教育への期待が、日語学校が設立を促したと考えられる。そして、1894年の甲午改革によって、近代化の方針が明示され、近代教育制度が整備されていくと、日本語は第1外国語として位置づけられていった。また、自国の独立に必要な近代的な知識を求めて、多くの留学生が日本を訪れるようにもなった。

　しかし、統監府が設置されると、教育機関において、漢文と韓国語を圧迫して日本語教育に重点が置かれた。これに対しては批判の声があがった。また、保護条約によって韓国が主権を喪失しはじめると、留学生の間に、民族の覚醒、つまり国民意識としての主体性の確立を訴える声が高まった。さらに、愛国啓蒙運動、教育救国運動も活発化し、多くの私立学校が設立された。その一方で、民衆レベルでは抗日武装闘争が頻発するようになった。

　これらの声、運動、闘争は全て国権回復、つまり国家としての主体性の維持を目標としている点では一致している。しかし、留学生、愛国啓蒙運動家たちは、近代文明の受容による伝統社会の改革によってのみそれは成し遂げ

られると考えていた。近代的な思想、制度を理解した国民の創出をめざす彼らにとって、国権が危機に瀕しているからこそ、国民意識としての主体性を確立するために、日本語を媒介として近代文明を受容する必要があると判断されたと考えられる。彼らにとって、議会、憲法を持ち、国民の結束力が強い日本は文明国であり、全面的に否定することも、拒絶することも難しかったのではないだろうか。この点において、抗日に集中し、伝統社会へ回帰する可能性もある民衆の闘争勢力とは、一線を画していたと言うことができるだろう。このような社会階層間の思想的分断の中で、近代化をめざすエリート層によって日本語教育が選択されていたと考えられる。

　しかし、1910年、韓国は完全に主権を失って、日本の植民地となった。そして、日本語は「国語」と位置づけられ、日本的な価値観への同化を目的として強制されていった。ここにおいて、日本語は朝鮮語と完全に対立する存在となった。そして、総督府が朝鮮人を差別し従属的な地位に置く政策をとったことによって、階級や地域を超えて民族が抗日の拠点として結晶化していった。3・1独立運動を主導したのは、日本留学生であったが、彼らは「日本によって濾過された西洋文明」を受容することに意義を見出し、それを糧として民族独立運動を展開したのである。

　しかし、独立運動が失敗に終わり、総督府は懐柔策をとるようになった。そして、植民地支配が長くなるにつれ、日本語を習得すること、日本に留学することを当然視する世代も出てくるようになった。また、韓国社会を近代化するために主体性を発揮しようとすれば、植民地権力との交渉を余儀なくされるという状況でもあった。しかし、近代化を図るという点においては、日本に同調できたとしても、日本側が求めたような天皇への忠誠心を持つことはほとんど不可能であっただろう。そして、精神的な同化を強いられる一方で、民族を理由に差別され、民族の言語、文化が抑圧されることによって、抵抗の原理としての民族はいっそう強固なものになっていったと見ることができる。教育を自分たちの手の中に取り戻そうとする主張は厳しい言論統制下でも途絶えることはなかったし、朝鮮語学会は、朝鮮文化の復興をめざして、朝鮮語の近代化に尽力した。

　植民地支配期を通して、近代化と民族の主体性の回復という2つの課題が

鮮明になってきたと見ることができる。近代化の課題は、開化期から続くものであり、西洋起源の近代文明を受容し、伝統社会を改革することである。ここでは日本と同調する余地が生まれ、日本語教育の必要性も認められやすいと考えられる。民族の主体性の回復とは、日本への抵抗の拠点となった民族が、国民として主体的に近代化事業を行うということである。この場合、近代化を行うことは、日本への抵抗を伴うことになる。しかしながら、日本が韓国がめざす近代性を持った対象である以上、それを全面的に否定、拒否することは難しく、それとどう折り合いをつけるかが、植民地解放後の日本語教育において、問題となっていったと考えられる。

注

1 訳官は、原則的に中人階級に限られており、世襲であった（森田芳夫「韓国における日本語教育の歴史」『日本語教育』48（1982 年）、1 ページ）。

2 同書。

3 植民地下の朝鮮で朝鮮語は日本語からの不断の言語干渉を受け、解放当時、日本語とのバイリンガルであった多くの朝鮮人は、朝鮮語と日本語が混淆した言語生活を送っていた。（熊谷明泰「朝鮮語ナショナリズムと日本語」田中克彦・山脇直司・糟谷啓介編『ライブラリ相関社会科学 4　言語・国家, そして権力』新世社、1997 年、164 ページ）。

4 朱秀雄「開化期の韓国における日本語教育に関する一研究」『日本の教育史学』32（1989 年）125–126 ページ。当時、西洋式教育の方法と目的が学生によく理解されず、1894 年、教師たちの帰国と共に有名無実化し、閉校となった。

5 稲葉継雄『旧韓末「日語学校」の研究』九州大学出版会、1997 年、29–30 ページ。

6 同書、412 ページ。

7 同書、413 ページ。

8 岡倉は朝鮮のために「国民教育新案」を提唱しているが、その中で、「国語の採否は、其国独立心の養成に関係す。故に修学に際しては、国家独立の一端として是非とも彼等自国語を以て学ばしめざるべからず」と述べていることからも、韓国の民族的な独立を前提とし、日本語を外国語のひとつとみなしていたことが分かる（「朝鮮国民教育

新案」『友邦協会会報』第 2 号付録（1894 年 8 月）4 ページ、李淑子『教科書に描かれた朝鮮と日本』ほるぷ出版、1985 年、40 ページ）。

9　朱秀雄、前掲 127 ページ。
10　ただし、同年 10 月に廃止された。
11　稲葉継雄『旧韓国の教育と日本人』九州大学出版会、1999 年、1–42 ページ。
12　稲葉、前掲書『旧韓末「日語学校」の研究』390 ページ。
13　桜井義之「『官立仁川日語学校』について」『朝鮮学報』81（1976 年）、161 ページ。
14　朱秀雄、前掲 130–131 ページ。
15　稲葉、前掲書『旧韓末「日語学校」の研究』13–17 ページ。
16　同書、87–88 ページ。
17　同書、86 ページ。
18　1883 年科挙に合格し、1887 年から 3 年間アメリカで勤務する。閔妃暗殺事件（1895 年）の後、大院君派の政権打倒のクーデターに加わるが失敗し、在米公館に逃げ込む。高宗の俄館播遷を成功させ、金弘集内閣を瓦解させた後、外部大臣に就任。親米派の立場をとり、親日勢力を圧迫したが、日露戦争を境に日本よりの立場をとるようになる。1907 年、伊藤博文の推薦により内閣総理大臣に就任。
19　稲葉、前掲書『旧韓末「日語学校」の研究』62 ページ。
20　同書、90–94 ページ。従来、普通科、特別科、漢文科の 3 部門であったが、実業教育強化への方針変更と同時に、普通科と小学科の 2 部門に改編した。
21　尹健次「日本資本主義の前進基地としての京城学堂—日本のアジア進出の軌跡をふまえて—」『海峡』11（1982 年）、60 ページ。
22　同書、74–75 ページ。
23　稲葉、前掲書『旧韓末「日語学校」の研究』45 ページ。
24　同書、107–180 ページ。
25　同書、107–180 ページ。
26　同書、187–188 ページ。
27　同書、188–193 ページ。
28　同書、219–221 ページ。
29　同書、238–243 ページ。
30　同書、253 ページ。
31　同書、258–270 ページ。
32　同書、271–274 ページ。

33　同書、282 ページ。
34　尹健次、前掲。
35　稲葉、前掲書『旧韓末「日語学校」の研究』300–308 ページ。
36　同書、319–347 ページ。
37　同書、451–453 ページ。
38　同書、454–455 ページ。
39　同書、30–31 ページ。
40　官立日語学校への入学者数は、日露戦争が勃発した1904年にいったんトップに立ち、保護条約を契機とする反日機運の中で一時3位にまでおちたものの、1907年以降は再び首位を占めた(稲葉、同書、420–422 ページ)。
41　稲葉、前掲書『旧韓末「日語学校」の研究』392–398 ページ。
42　三土忠造は、韓国で日本語教育が必要な理由を、「韓国人として日語を解すると否と生存競争上にあらわに利害関係有り。即ち日語を解する者は官吏としても枢要にして有力なる地位に陞るをえべく、商業を営むもまた利害を贏しやすく、官界及民間諸会社即官民間に職業を得るに至大の便益有り。今や日本人の韓国に来往する者愈多きを以て日本人と人事関係が益々密接となる。此の時に当たりて、韓国人として日語を知らずして通訳に依り日本人と交際其他農工商の交渉を為すとせば或は互に意思を十分に疎通し得ずして事毎に牴牾し、或は言語不通に因り詐術に陥り畢竟韓国人の損失不利益なるは将来一層甚大なるべきは炳然明白なり。」と説明している(稲葉、前掲書『旧韓国の教育と日本人』、206 ページ)。一見、韓国人にとっての日本語の実用性を主張しているようにも見えるが、日本語が通じない結果、韓国人に不利益を与えているのは、日本人自身であることを考えれば、矛盾に満ちた、身勝手な言い分である。
43　稲葉、前掲書『旧韓末「日語学校」の研究』392–398 ページ。
44　同書、20–29 ページ。
45　朱秀雄、前掲 140 ページ。
46　稲葉、前掲書『旧韓末「日語学校」の研究』31 ページ。
47　同書、33–40 ページ。
48　同書、31 ページ。
49　同書、36 ページ。
50　『高麗大学校 70 年史(韓国語)』(高麗大学校出版部、1975 年、53 ページ)では、「1907年から日帝の圧力によって日語が教科目に入ることになった」とある(稲葉、前掲書『旧韓末「日語学校」の研究』35 ページ)。

51 同書、18–19 ページ。『朝鮮教育論』(六盟館、1919 年、38–39 ページ)の幣原坦の回想として紹介している。
52 安田敏朗『帝国日本の言語編制』(世織書房、1997 年、130 ページ)では、大韓帝国学部が編纂した『韓国教育』に出てくる記事として引用されている。
53 李淑子、前掲書 45 ページ。
54 武装闘争に参加したのは主として農民であったが、砲手として猟師の存在が重要であった(金容賛「近代朝鮮におけるネイション形成の政治的条件に関する一考察―『他者』の意識化と義兵運動の高揚をめぐって―」『立命館国際研究』24 (2011 年)、510–514 ページ)。
55 金容賛、前掲では、義兵運動は、君権を取り戻すための抵抗であったと見ている。
56 月脚達彦『朝鮮開化思想とナショナリズム』東京大学出版会、2009 年、341–344 ページ。
57 大韓毎日申報では当初武装闘争を「匪賊」として批判していたが、第 2 次日韓協約が要因で勃発した洪州城の戦いを契機に「義兵」に修正された。また、義兵の檄文を掲載した(金容賛、前掲 514–517 ページ)。
58 稲葉、前掲書『旧韓国の教育と日本人』260–268 ページ。
59 同書、256 ページ。
60 金泳謨、渡辺学訳「韓末外来文化の受容階層」『韓』7 (1972 年)、28 ページ。
61 阿部洋「『解放』前日本留学の史的展開過程とその特質」、『韓』59 (1976 年)、23 ページ。
62 1882 年に大院君の扇動を受け、守旧派の軍隊が起こした暴動。政権を担当していた閔妃一族や日本公使館員らが殺害され、日本公使館が襲撃された。
63 阿部洋、前掲、22–23 ページ。
64 河宇鳳「開港期修信使の日本認識」宮嶋博史・金容徳編『日韓共同研究叢書　近代交流史と相互認識Ｉ』2001 年、慶應義塾大学出版会、200–202 ページ。
65 ただし、福沢諭吉と兪吉濬とでは、西洋思想の解釈が異なっており、後者には朱子学の影響がより濃く見られる(月脚、前掲、金鳳珍『東アジア「開明」知識人の思惟空間―鄭観応・福沢諭吉・兪吉濬の比較研究―』2004 年、九州大学出版会)。
66 阿部、前掲 24–25 ページ。
67 同書、25 ページ。
68 金範洙『近代渡日朝鮮留学生史―留学生政策と留学生運動を中心に―』2006 年、東京学芸大学大学院連合学校教育研究科博士論文、14–16 ページ。
69 同書、15 ページ。

70　阿部、前掲 26–27 ページ。
71　同書、29–30 ページ。
72　同書、31–32 ページ。
73　金範洙、前掲 28 ページ。
74　第 2 次日韓協定後、留学生の監督業務を担当する機関として、韓国留学生監督が設置され、韓到愈が任命された。その後、1910 年までの間に、同ポストを尹到昊、尹到昕、申海永ら日本留学経験者の開化派が担当した。
75　金範洙、前掲 41 ページ。
76　この文章は、サミュエル・スマイルズの『Self Help』を中村正直が翻訳した『西国立志篇』(別訳名『自助論』)を下敷きにしていると考えられる。『自助論』は統監府時代の教科書には掲載されていたが、総督府編纂の教科書においては、削除されていた。
77　金範洙、前掲 65–67 ページ。
78　『改正精選日語大海』(金敏洙、河東鎬、高永根編『歴代韓国文法大系』第 2 部第 25 冊、塔出版、1986 年)解説より。
79　同書。
80　阿部、前掲 35–38 ページ。
81　阿部、前掲 39 ページ。
82　駒込(1997)は、これを理念としての「同化」とし、法制度的次元における朝鮮人と日本人の平等化と区別している(駒込、前掲書 16–21 ページ)。
83　1910 年に隈元繁吉に近い人物が作成したとされる「教化意見書」でも、①皇室は日本民族のものである、②朝鮮民族は既に民族精神を確立している、③日本人の数が不足しているといった理由から、同化否定論が展開されていた(駒込、前掲書 87 ページ)。
84　安田、前掲書 131–135 ページ。また、初代学務局長関谷貞三郎は、「未開の陋習より救ひ出し、彼らをして文明人と互して恥ぢざるべき人間」にすることを目標とすべきと述べている(駒込、前掲書 96 ページ)。
85　安田、前掲書 135–140 ページ。
86　佐野通夫「教育の支配と植民地の支配—植民地朝鮮における就学率・志望者数の変遷と政策的対応—」阿部洋編『戦前日本の植民地政策に関する総合的研究—平成 4・5 年科学研究費補助金報告書—』1994 年、55 ページ。
87　駒込、前掲書 112 ページ。
88　駒込(1997: 124)では、留学生のような近代化志向のグループと両班のような伝統志向

のグループが分裂していたことは、ナショナルな次元での連帯を困難にし、より効果的な抵抗運動の可能性を阻んでいたと評価している。

89　佐野、前掲 55 ページ。
90　阿部、前掲 44–62 ページ。
91　阿部、同書、56–57 ページ。1926 年 7 月 15 日付けの『東亜日報』の記事として紹介されている。
92　金範洙、前掲 78–79 ページ。
93　同書、110–113 ページ。
94　駒込、前掲 87–92 ページ。
95　周時経は「ある国に特徴ある言葉と文字があることは、即ちその国がこの世界で自然の摂理として独立国となることを意味し、その言葉と文字を用いる人々が、その国に属し一つの集団となることを意味する。それ故、他の国を滅ぼそうとする者がその言葉と文字をなくし、自分の言葉と自分の文字を教えようとするのである。逆にその国を守ろうとする者は、自分の言葉と自分の文字を維持し発達させようとするのである。」と述べている(安田、前掲 119 ページ)。
96　朝鮮語研究会をはじめとする朝鮮民衆と総督府との相互作用によって朝鮮語の近代化が進む過程は、三ツ井崇『朝鮮植民地支配と言語』(明石書店、2010 年)で詳しく論じられている。
97　三ツ井崇、前掲書 185 ページ。
98　『한글학회 50 년사(ハングル学会五十年史)』한글학회、1971 年、3–19 ページ。
99　時枝誠記「朝鮮における国語政策及び国語教育の将来」『日本語』2(8)、1942 年、60 ページ。安田敏朗『植民地のなかの「国語学」』三元社、1998 年、126 ページ。
100　国語対策協議会とは、内外の日本語教育従事者から意見を聞くために文部省主催で行われた会議であり、1939 年と 1941 年に開催された。一方、言語教育部会は、東アジア地域での教育に関する懇談会である東亜教育大会の一部門として設けられた(安田朗敏『帝国日本の言語統制』世織書房、1997 年、321 ページ)。

第4章
日本語教育必要論の萌芽とその否定
―1960年以前―

　1945年、朝鮮半島は日本の敗戦によって突然植民地支配から解放された。朝鮮半島の人々は、自由と独立を獲得したことを歓呼して迎えた。しかし、突然の開放は、政治的諸勢力の噴出と革命的ナショナリズムによる「革命の嵐」（森山1998: 53）をもたらした。また、厳しい冷戦体制下にあった国際社会に直面し、朝鮮半島は否応なくそれに巻き込まれた。北緯38度線という謂われのない境界線で南北に分断され、南部をアメリカが、北部をソ連が軍事占領したのである。そして、1948年、大韓民国が独立国家となり、ようやく国家としての主体性が回復した。しかし、同時に北側に樹立された朝鮮民主主義人民共和国と正当性をめぐって対立し、1950年6月25日、朝鮮戦争（韓国ではユギオ動乱あるいは韓国動乱と呼ばれる）が勃発して多くの犠牲者、損失を出した。

　植民地解放直後、韓国社会では、韓国語を国家の言葉とする法的措置がとられると同時に、生活言語、教育言語としての韓国語を取り戻す運動が行われた。また、それとあいまって日本語を排除する運動も起こった。1948年から1960年までの間、第1共和国の大統領となった李承晩は、徹底的な反共、排日政策をとったことで知られており、この間、大学、各種学校などの教育機関で、日本語教育が行われることはなかった。稲葉（1986: 143）は、この時期を日本語教育の「空白期」と呼んでいる。

　本章では、まず、植民地解放直後に展開された、韓国語を取り戻し、日本語を排除しようとする運動を取上げ、その中で日本語に対するどのような認識が示されたのか分析し、そのような運動が表出した要因を考察する。次に、文教部の日本語教育に対する措置に関する記録文書から、文教部が日本語教育をどのように認識していたか示す。そして、文教部の措置と李承晩

政権の対日政策全般との関連性を考察する。これらの作業を通して、日本語教育の「空白期」がどのように作り出されたのかが示されるだろう。一方、文教部の記録文書と新聞記事から、1950年代後半、日本語の参考書が出版されていたことが明らかになった。本章では、日本語の参考書の内容を分析し、参考書の著者たちの日本語教育に対する認識を考察する。また、1953年に日本に留学した安氏(仮名)のインタビュー・データを取り上げ、安氏が日本に留学した経緯を示すと同時に、安氏個人にとって日本留学はどのような意味を持っていたのか分析する。

1 韓国語の取り戻しと日本語の排除

1.1 韓国語の地位回復

植民地からの解放は、韓国の人々にとって韓国語を自分たちの手に取り戻したことを意味した。解放直後から大韓民国樹立まで朝鮮半島南部を統治した米軍政庁は、軍政開始直後の1945年9月29日に軍政庁法令第6号を発布し、その第4条で「朝鮮学校における教訓用語は朝鮮語とする」と定め、まず教育用語としての韓国語の法的地位を回復させた。また、1947年6月28日には、軍政庁行政命令第4号において「南朝鮮過渡政府の公用語を朝鮮語と指定する」と定め、公用語としての韓国語の地位を回復させた[1]。ここにおいて、韓国語が国家的なコミュニケーションを担う言葉としての地位を獲得する最低限の法的措置が整ったと言える。

韓国固有の言語である韓国語が初めて国家の言語として位置づけられたのは、1884年の甲午改革においてであり、これを韓国における言語的近代の始まりと見ることができる[2]。その後も、特に近代化を標榜する革新的知識人の間で、韓国語は韓国民族のアイデンティティのシンボル、民族独立の基盤であるとみなされ、開化期には、日本の影響を受けながらも、周時経を中心としてその研究が行われた。韓国語が国家の言葉として機能するためには、それを統一し普及しなければならないが、植民地支配下においても、朝鮮語は、民族復興の原動力とみなされ、周時経の流れを汲む朝鮮語研究会、朝鮮語の教師などが標準語の選定や表記法の制定、民衆への普及に尽力して

いた。「日本語という強靭な敵手に遭遇」[3]し、韓国語の整理・普及・改良は民族復興の手段としていっそう重要性を増したと言える。

しかし、植民地支配下において、韓国人は、朝鮮語の統一、普及の主たる担い手となることはできず、総督府が主導する綴字法改訂事業への協力を余儀なくされた。また、総督府による民族運動の抑圧によって、その統一、普及もままならず、朝鮮語の辞書編纂作業は、総督府の弾圧によって頓挫してしまった。その上、1930年代後半からは、日常生活においても日本語を強制されていたため、言語生活の全領域における日本語の浸透が甚だしかった。

したがって、植民地解放後の韓国で、韓国語を国家の言葉として機能させ、韓国語による言語生活を回復させるためには、植民地支配下で挫折した韓国語の統一、普及事業、つまり韓国語の近代化を、自らの手によって達成しなければならなかったと言える。そこにおいて、重大な役割を果たしたのが、朝鮮語学会(1949年ハングル学会と改称)である。朝鮮語学会は朝鮮の独立を目的とする活動を行ったとして、多くの会員が検挙、拘束され、活動停止に陥った(朝鮮語学会事件)のであるが、植民地解放を迎え、投獄されていた会員も解放されると、活動を再開させた。

米軍政庁は、特に教育行政に関しては韓国人側にイニシアティブを取らせる方針を採り、学務局(1946年6月29日に文教部に昇格)編集課長(後、局長)として当時朝鮮語学会の常務理事であった崔鉉培を任命した。朝鮮語学会は植民地支配下における様々な業績を高く評価されており、文教部職員、教育再建のための諮問委員会などに多くの会員を送り込んだ。そして、解放直後の国語政策、教育政策の各部門で主導権を発揮した[4]。

1.2 日本語排除論とその実施過程

解放直後の韓国社会では、何をおいても日本色を帯びた文物を払拭しようとする動きが起こった。日本語を話すまい、日本式の名前を呼ぶまい、日本の歌を歌うまい、日本人の物を買うまい、日本の人形やおもちゃを持つまいというスローガンを掲げた「すべからず運動」は、倭色のものすべてを排除することをめざした[5]。米軍政庁も一般命令第4号及び第6号(1945年)によっ

て「朝鮮の利益に反する科目はこれを教授又は実習すべからざる事」と規定し、修身、日本語、日本史など日本色を帯びた教科を教育課程から排除した[6]。また、1946年10月23日、「朝鮮姓名復旧令」を発布し、植民地時代の創氏改名で日本式名に変更されていた朝鮮名を復活させた[7]。こうした中で、韓国語の中に入り込んだ日本語を完全に追放しようとする運動が起こった。

1946年3月、軍政庁学務局傘下に朝鮮語学会の会員を主力メンバーとする言語科学総委員会が設置されると、その下に公民、倫理、地理、歴史、数学、科学、生物、体操など21の分科委員会が設けられ、教科書用語から日本語を排除し、韓国語に置き換える作業が行われた。また、1946年6月には、日常用語全般にわたる韓国語の浄化をめざして、日韓語対照表の作成に着手した。その方針として、①韓国語があるにもかかわらず日本語を使っているものは、日本語を捨てて韓国語を用いる、②韓国語がないために日本語を使っているものは、古語からでも探し出し、これに新しい意味を付与して用いる、③古語にも見出せない場合は、日本語以外の言葉から類似したものを得て新語を作り、その意味を定めて用いる、④漢字からなる日本語は日本式漢字語を捨て、韓国古来の漢字語を用いる、という4つが掲げられ、これらの方針に基づいて対照表作りが進められた。そして、その一部は朝鮮語学会の機関紙『ハングル』98号(1946年11月30日発行)に掲載され、文教部は、1947年に設置された国語浄化委員会の審議結果を受けて1948年、『我々の言葉の取り戻し(우리말 도로찾기)』を発行した[8]。

『我々の言葉の取り戻し(우리말 도로찾기)』の序文では、以下のように日本語排除論が展開されている[9]。

序文では、まず、36年間の日本統治下において、「愚劣な民族同化政策に抑えつけられて、我らが積み重ねてきた文化の輝ける業績がますます薄れて、頑迷不潔な日本風俗に染まったところが多く、ほとんどもとの姿を失うことになったが、特に言葉と文字は甚だしかった」という現状認識が述べられる。そして、「町の通りでも人々の集まりでも日本語がすらすら出る」のは、「見るに堪えないこと」であり、「久方ぶりに輝く新しい国を建てようとする時、まず我々の精神を表す言葉から洗い清めなければならない」と主張

される。

　このような主張に対して、欧米諸国の言葉にもギリシャ語やラテン語が混じっているが、だからといって独立思想が薄弱であるとは考えられないと反論する人があるとした上で、そのような見解に対しては、欧米諸国は自主的にそうしたのであるが、「われらは日本に国を奪われ民族と文化が抹殺されて」、「日本語を国語に用いるように強要された」のだから、欧米諸国とは同一に論じることはできないとする。日本語は支配関係を象徴する言語であり、それ故に、独立するためには排除しなければならないということである。

　そして、「我々の言葉の中の一語にも日本語が残っている限り、日本の精神が残っていることを知るべきである」、「我々は一刻も早く、日本語を払拭し、我々の言葉を甦らせなければならない。それによって、眠っていた我が民族の魂を目覚めさせ、我々の澄んだ精神を我々のきれいな言葉で表し、この世界で我々はこうであるということをはっきりと示さなければならない」とする。そうすることによって「はじめて、自由も独立もあるのである」。

　この主張には、言語＝民族の精神というレトリックが底流している。これは、ハングルを朝鮮文化、民族のシンボルと位置づける言語ナショナリズムの言説を引き継いでいると見ることができる。支配言語である日本語から韓国語を守り、統一し、普及させなければならなかった経験、韓国語の近代化を自らの手で行おうとした朝鮮語学会に対する弾圧は、民族復興のシンボルとしての韓国語という位置づけを強化したと考えられる。

　また、この主張では、日本語は支配関係の象徴であると同時に、韓国語と競合し、それを脅かすものだとされている。そして、韓国語を取り戻し、民族を復興させるためには、日本語を排除しなければならないとされている。前章で見たとおり、植民地支配下では、日本語は近代化と結びつく言語ではあったが、韓国の教育を支配し、韓国語を抑圧する言語でもあった。また、朝鮮語学会による主体的な韓国語の統一と普及事業、つまり韓国語の近代化事業は、植民地支配勢力によって挫折させられた。このような中で、韓国語は日本語の支配に対する民族文化復興の象徴として位置づけられ、主体的に韓国語の近代化を行うためには、日本語による支配から解放しなければならいという論理が形成されたと考えられる。だからこそ、日本語は韓国語と共

存し得ず、韓国社会において適合性がないと判断されたのである。日本語を排除しなければ韓国語を取り戻し、独立を獲得することができないという主張は、植民地支配という歴史的文脈の中で形成されたと考えられる。

さらに、植民地解放後、朝鮮語学会が直面したのは、韓国人の精神を表す韓国語が、危機に瀕しているという現実であった。植民地解放直後、12歳以上の総人口の78％はハングル文盲であったという韓国政府の統計からも[10]、事態の深刻さを推し量ることができる。このような現状認識が、韓国語、韓国人の精神の脆弱性に対する強い危機感を認識させ、徹底的な日本語の排除へと向かわせたと考えられる。

国語浄化運動において、真っ先に排除の対象となったのは、「三つ揃え、きれっぱし、気前、借り」といった和語からの音訳借用語、「根性、無鉄砲、見当、雛型」など韓国語の語彙体系の中で異質さを表す和製漢語からの音訳借用語、「出口、入口、貸家、取調、見習」など訓読漢字語からの音訳借用語であった[11]。まず、誰の目から見ても日本語と分かる、目立つものから排除しようとしたことが窺える。

朝鮮語学会ばかりでなく、体育指導者会、朝鮮建築技術団、朝鮮服装協会、朝鮮生物学会などといった民間の諸団体や個人も国語取り戻し運動に加わり、各分野における用語修正案を作成した。朝鮮語学会は修正案作成に関与し、文教部は出版を通してそれを普及させる手助けをした[12]。また、朝鮮語学会は、震檀学会[13]、ハングル専用推進会などと共に、倭色看板一掃運動などを行い、日本語排除に尽力した[14]。社会全体が一丸となって、国語浄化運動、すなわち日本語排除運動に力を尽くしていたと言えよう。

1.3 国語教育の再開と国語の普及

韓国語が教育言語となり、学校教育の再建が急がれたが、韓国語の正書法は、学生はおろか多くの教師にも普及していなかった。朝鮮語学会は、そのような状況を打破するため、全国各地でハングル講習会を開設し、教員養成に尽力した。また、他の教科に先立って国語の教科書を出版し、軍政庁学務局の協力を得て、各学校に配布した[15]。学校再開からおよそ1年を経た1946年9月に改訂された国民学校教育課程で、国語の比重が全時間数の24％か

ら 40％を占めていたことは、国語教育にいかに重点が置かれていたかを示している[16]。

　学校教育に対する応急処置が終わると、学務当局は、成人教育にも着手した。ハングル文盲対策のため、学務当局は、成人教育委員会を組織して教員を養成し、国文講習会を開催した。国文講習会の全国展開と時を同じくして各地に設置された公民学校、成人教育協会やハングル文化普及会といった民間団体による啓蒙活動、さらに学生で組織された文盲退治夏季学生奉仕隊の活動によって、文盲率は 1948 年には 41％となり、李承晩政権末期の 1958 年には 4.1％にまで減少した[17]。植民地解放から十数年たって、韓国語は教育制度を担う言語として、また、国民間の意思疎通の媒介語としての地位を名実ともに取り戻したと言えるだろう。

2　文教部の日本語教育否定論―日本語解読参考書問題―

　次に、文教部の日本語教育に対する認識が表れた史料である『日本語解読参考書発行に対する対策強求の件』(国家記録院管理番号 CA0026768)、『日本語講習のための私設学院設立許可方針に関する質疑の件』(国家記録院管理番号 BA0254725)、及び『朝鮮日報』の記事 3 点を分析し、文教部の日本語教育に対する認識の構造を示す。

　1958 年 1 月 4 日、文教部長官崔在裕[18]は、法務部長官に宛てて以下のような内容の書簡を送っている。

> 日本語解読参考書発行に対する対策強求の件
> 現下の国内外の実情と反共防日の国策に照らしあわせて、日本語を普及させることは親日的感情を助長させ、日本の文化的侵攻を許す結果を招くことだと思われます。近頃、ソウル特別市鐘路 2 街にある出版社蛍雪文化社で『分かりやすい日本語』という日本語解読参考書を著作発行し、販売中であることは、国家的立場から見逃すことができない実情ですが、有害行為に対して販売禁止その他の処分を取るためには、現行法上、これに対処する法的根拠が明白でなく、事務処理上支障をきたして

います。貴見をうかがいますので、すぐにご回答くださいますようお願いいします。

これに対して、法務部長官は、「現行法上、適用する法律はない」と回答した。そして、「抗日と自主の理念がわが国の国策のひとつであることは間違いない」としながらも、憲法上「言論、出版の自由を制限されることがないことを保証しているので、法律の規定がなく、防日政策がわが国の国策であるという理由だけで出版の自由は制限することができない」とその理由を述べている。

1958年2月25日付の『朝鮮日報』(3面)は、蛍雪文化社の日本語解読参考書について、20代の若者が、興味を持って読んでいると伝え、同年5月8日付の『朝鮮日報』(3面)では、植民地支配下で小学校2、3年まで日本語を学習し、解放によって学べなくなった年齢層が日本語を学ぶための本を読んでいると報じている。また、同年5月10日付の『朝鮮日報』(2面)は、日本語学習のための本が5種類販売されていることを報じている[19]。これらの新聞記事及び文教部の書簡から、1950年代後半になると、排日主義を掲げる李承晩政権下において、若い世代が日本語学習を行っていたことが分かる。

しかし、このような日本語学習再開の萌芽を文教部は、「有害行為」とみなして、抑圧しようとした。日本語教育は、「親日的感情を助長」し、「日本の文化的侵攻」という否定的な結果をもたらすと予測されたのである。ここでも、言語＝民族の精神という言語ナショナリズムのレトリックが底流にあり、日本語教育は、国民の精神を脅かすものとみなされている。法務長官も、「抗日と自主」が国策であるとしているが、「自主」と親日は両立しなかったと考えられる。そして、日本語学習者は親日であるとみなされる可能性が高かったと言えよう。

文教部の問い合わせに対して、法務部は「適用する法律がない」と回答したのであるが、それにもかかわらず、文教部が強硬手段を用いて、日本語教育を抑圧していたことが新聞で報道されていた。1958年2月25日付の『朝鮮日報』(3面)によると、文教部長官は全国各教育機関に対して「正規教育

課程やどのような名目の教育においても、日本語を教えるな」と通達し、日本語習得の目的が学術書の読解という学問的な面にあったとしても、反日反共の教育を行なっていることに照らし合わせて適切ではないと主張したということである。また、同年 5 月 8 日付の『朝鮮日報』(3 面)では、文教部が市中で販売されている日本語を学ぶための本を出版法に抵触するとし、押収する方針を発表したとしている。そして、同年 5 月 10 日付の『朝鮮日報』(2 面)は、文教部は 9 日、日本語を学ぶための本一切に対する販売停止処分を下すと同時に、この取締りを治安局に依頼したと報じている。文教部は、日本語を学ぶための本はどれも文教部に納品していないだけでなく、出版社の名称及び住所を明らかにしておらず、発行者の住所氏名も明らかにしない不法出版物であると指摘した。これらの新聞報道から、文教部は、日本語学習のための書籍の販売を何としても阻止しようとしていたことが分かる。

3　李承晩政権の対日政策

次に、文教部の日本語教育否定論の背景として李承晩政権の対日政策を見ていく。李承晩は、プリンストン大学で博士号を取得し、植民地時代、アメリカに在住して抗日活動を行い、解放とともに帰国した人物であり、1948 年、大韓民国の初代大統領として選出された。

3.1　貿易政策における日本排除路線

大韓民国は、1948 年独立国家となり、国家としての主体性が確立した。しかし、国内の政治、経済は混乱を極めており、統治体制を整え、国内経済を立て直す必要があった。また、独立は果たしたものの、朝鮮王朝、大韓帝国時代の領土は分断され、それに伴って、国民の範囲も縮小された。したがって、植民地支配下で朝鮮人、朝鮮民族として団結の拠点となった民族を再定義し、「韓国人」を想像しなおさなければならなかったと考えられる。そして、反日と反共は、「韓国人」意識を作り出す上で、大きな役割を果たしたと見ることができる。

樹立したばかりの韓国政府にとって、悲惨な状況におかれていた産業を再建し、経済を復興させることは、緊急の課題であった。アメリカからの援助によって解決しようという方法も考えられたが、援助のみによって到底解決できる規模ではなかったため、日本との通商再開が現実的な路線として浮上した。李承晩自身も日本からの賠償金によって日韓貿易の入超を相殺するという腹案を持ちつつ、慎重にではあるが、対日通商開始の必要性を認める演説を行っていた[20]。また、アメリカ側も日本と韓国の地域統合の観点から日韓交易の再開には積極的であり、日韓通商会談の開始を求めた。こうして、1949年3月、韓国とSCAP（連合国軍最高司令官総司令部）との間で日韓通商交渉が再開され、同年、日韓貿易協定、日韓金融協定、日韓貿易計画が調印された。これを契機として韓国は、中国、香港を中心とする貿易から日本を中心とする貿易にシフトしていくことになる。

しかし、この協定に対しては当初から議会で日本の経済浸透を懸念する声が相次ぎ、韓国政府も民間貿易の拡大や自由化には極めて慎重であった。したがって、日本からの輸入が目につき始めると、輸入品目に対する統制が強化されると同時に、国内産業保護を目的とした保護関税制がとられた[21]。

また、この協定の締結をめぐって、韓国側の意図とSCAP側の意図との間には対立が生じていた。それは、日本との貿易拡大を自国の経済復興に結びつけたい韓国側と、対韓援助を日本支援策の一環として位置づけ、日本の経済復興を最優先するSCAP側との戦略の齟齬から生じたものであった。つまり、韓国側は、植民地支配に対する道義的責任を日本に求め、韓国からの輸入品目及び量の拡大を迫ったのに対し、SCAP側は、日本の財政事情を理由に米の対日輸出以外は韓国側の主張を退けたのである。協定締結後も、韓国側は貿易に対するSCAPの統制を韓国製品の対日輸出拡大を妨げているとして非難し、その緩和を求めたのに対し、SCAP側は日本の国内産業保護の観点から、貿易統制緩和に対する慎重な姿勢を崩さなかった[22]。しかし、1950年に朝鮮戦争が勃発すると、韓国側は発言権を弱化させ、日本の市場としての役割に甘んじることとなった。一方、アメリカは戦争物資を主に日本から調達し、その結果、韓国の対日輸入は増大した。

急激な対日輸入の増加は、李承晩にとって韓国経済の日本経済への従属化

に対する不安が現実のものなったことを意味した。そこで、李承晩は、アメリカの日本重視政策を激しく批判し、復興援助の実施をめぐる交渉が始まるとすぐに、その調達地域から日本を排除する方針を固め、部分的に実行に移した[23]。

さらに、韓国政府は、援助の実施をめぐる韓米交渉において、援助物資の購買・調達における韓国政府の権限の拡大を求めた。韓国側の激しい抵抗の結果、購買権に関しては、①民間の商業購買、②韓国政府による購買、③米国援助当局による購買、の3方式を併記することになった。購買権の一部を獲得した韓国政府は、調達先から日本を完全に排除する政策を実施しはじめ、その都度米国援助当局との間で激しい応酬を繰り返した。そればかりではなく、李承晩は、アメリカの対韓援助が韓国経済の復興のためではなく、日本の製品を購入することによって日本経済のために使われてきたことを批判し、「我々が米国に協力していけば、韓国はもう一つの中国になるか、それともかつての植民地朝鮮に逆戻りするのみである。二つの敵に売り渡されるよりは、我が民族が統一されるまで戦う方を選ぶであろう」という単独軍事行動までほのめかした書簡をアイゼンハワー宛に送ったのである[24]。

このような状況の中で実施された李・アイゼンハワー会談でも、対日調達のボイコットが最大の争点となった。援助供与と対日調達を結びつけようとするアメリカ側の主張に対して、韓国政府は、何とかして日本を購買地域から排除できる条項を取り付けようとした。そして、韓国側の要求に応じようとしないアメリカに対し、「米国は日本のみを工業国家として再建しようと試み、その他の国々は原料供給地として残留させる」政策をとっているとして強い不満を表し、「韓国の要求が受け入れられない場合には、援助の拒否も辞さない」とまで宣言したのである。しかし、援助実施の引き延ばしを行うアメリカの戦略を前にして、韓国側は自己の要求を通す手立てを失い、結局、特定の国に対する政策的差別の禁止を含んだ米国案を無条件で受諾することになった[25]。

これによって、韓国政府による日本製品の締め出しには、一定の歯止めがかかることになるはずであった。しかし、日本を購買地域から排除しようとする李承晩政権の意思は固く、その後も業者への間接的な圧力など様々な手

段を使って、日本の締め出しを繰り返した。しかし、こうした韓国政府による日本製品の排除努力は、ことごとくアメリカ側の直接の圧力に直面したのであった[26]。

このように、李承晩政権は、政治的・経済的・軍事的に強大なパワーを持ち、韓国に対する影響力も絶大であったアメリカと激しく対立してでも、日本の製品の輸入を阻止しようとした。李承晩自身が日韓貿易再開に言及していたことは注目に値するが、それはあくまでも韓国の経済復興に寄与する範囲内で、しかも賠償金獲得をにらんでのことであった。李承晩は、韓国の当面の目標は、「政治・経済・軍事などすべての分野で」韓国が日本より先に復興を達成することであり、そのためにも日韓通商を推進せざるを得ないと主張していた[27]。すぐにアメリカの圧力に直面するにもかかわらず、1950年代を通して日本製品の排除が何度となく繰り返されたことは、何としても植民地時代の経済構造を克服しなければならない、再び日本商品の市場と化して日本に経済的に従属するのを避けなければならないという並々ならぬ決意を物語っている。

3.2　請求権交渉における対日強硬路線

アメリカの斡旋によって行われたもうひとつの日韓会談は、日韓国交正常化交渉である。これは、日韓通商交渉開始から2年ほど遅れた1951年10月20日に始まった。韓国政府は樹立当初から、戦後の補償問題に関して日本側と交渉する必要性を感じていた。他方、日本側は、在日韓国人の法的地位問題を早急に解決する必要には迫られていたものの、財産請求権をはじめとするその他の議題に対してはほとんど関心がなかった。しかし、アメリカ側が日本に対して早期会談を指示し、日本がそれを受け入れたことにより、会談が開始された[28]。

日韓国交正常化は、地域的経済統合を重視し、日本の復興をアジアの経済的な安定の中心に据えるアメリカの東アジア政策の一環として進められた。しかし、あくまでも不法な植民地支配に対する賠償責任を追及する韓国側と、植民地支配の不法性自体を認めようとしない日本側との間に妥協点を見つけることは難しく、会談は難航した。1952年2月15日、東京で行われた

第1次会談は、韓国側の請求権主張に対して、日本側が対韓逆請求権[29]を主張したため、交渉決裂に終わった。また、再度アメリカの働きかけによって1953年にセットされた第2次会談も、日本側が植民地支配を正当化する発言（久保田発言）を行ったことにより、中断された。その後、1957年に誕生した岸政権は、逆請求権及び久保田発言を撤回するなど韓国側の主張を大幅に受け入れる態度を示し、1958年、第4次会談が開催されるが、在日朝鮮人の北朝鮮への北送問題が原因となり、またしても破綻してしまった[30]。

逆請求権主張や植民地支配を正当化する発言など度重なる日本の態度に対して、韓国政府は「平和ライン（李ライン）」を侵犯した日本漁船に対する拿捕や漁民の拘留措置に踏み切る対日強硬政策を打ち出し、実行に移した。漁業紛争が深刻化することに懸念を感じたアメリカは、李ラインの放棄を促し、援助の条件に日韓関係の改善を盛り込もうしたが、韓国政府の強い抵抗にあった[31]。

また、李承晩政権は、米軍政庁による在韓日本財産処分の有効性を定めた対日平和条約第4条に関して、それが韓国の対日請求権と関係がないとの立場を示し、それに対するアメリカの立場の表明を求めた。これに対してアメリカ側は、韓国の対日請求権は日本の在韓財産の処理によってある程度相殺され得るという解釈を示した[32]。こうしたアメリカの曖昧な態度が交渉を長引かせた一因となった可能性もある。

このように、韓国にとっては、日本が賠償責任を認めることが国交正常化の前提条件であり、日韓交渉においてもその方針が貫かれたと言えよう。そして、日本に対して賠償責任を追及する韓国側の態度は、アメリカの強大な交渉力をもってしても軟化させることが難しかったのである。

3.3　文化政策・教育政策における防日路線

前述のように、李承晩は長期間海外で過ごしていたため、国内的な基盤が脆弱であった。そこで、大統領就任後、言論統制を始めとする厳しい文化統制を行い、反政府的な言論活動を規制した。そして、日本の映画、歌謡曲といった大衆文化の輸入も禁止した[33]。

日本文化の流入に対する規制は、大衆文化のみならず、書籍にも及んだ。

アメリカのICA（国際協力局）からの援助による外国書籍の購入は洋書に限られており、日本の書籍は援助資金によって輸入することができなかった。その結果、日本の書籍は一般輸入によって購入するしかなく、価格が定価の5倍以上にもなったという[34]。このような高値は、日本書籍の売れ行きに影響したことは想像に難くない。

さらに、李承晩政権は、教育を通した国民統合をめざし、その方針として反共と「防日」を掲げた。李承晩政権は、特に1950年代後半以降、反共教育と道徳教育を強調するが、1956年に発表された国民学校・中学校「道義教育要項」では、6つ目の項目として「愛国愛族の思想を堅固にする」が掲げられていた。そして、この具体的な内容を表示した「指示事項」において「国への忠誠」、「民族的文化や生活の継承」などとともに「反共防日」が示されていた[35]。つまり、国民意識としての主体性を確立するための国家的な方針として、「防日」が掲げられたと言うことができる。

また、植民地解放後、日本に代わってアメリカが主要な留学先となったことも指摘しておかなければならない。開化期や植民地支配期にも、数の上では日本留学に及ばなかったとはいえ、アメリカへの留学生が存在していた。植民地支配期には「中国籍」を取得してアメリカにわたった留学生もあり、1919年の3・1独立運動以降は、留学生総会が結成されるまでになった[36]。しかし、植民地解放後、アメリカへの留学生が急激に増加し、表8に示したように、1953年から1960年までの留学生数全体の約90％を占めるようになった。これは、アメリカの復興援助の一環として大量の奨学金が提供されたことなどによるものである。日本への留学が公的には認められていないことに鑑みれば、1945年以降、留学といえばアメリカという図式が定着しつつあったと見ることができる。

以上見てきたように、李承晩政権は、破綻した経済、統治機構を建て直し、韓国を名実共に独立国家としようとしたが、国家としての主体性を取り戻し、独立国家となることは、植民地支配構造から離脱し、日本と対等な立場に立つことを意味したと言うことができる。また、韓国民族が独立した民族としての自覚と誇りを持ち、国家建設の主体となることは、植民地支配の遺物を排除し、日本に対抗することと同義であるという認識が、歴史的に構

築されていたと考えられる。だからこそ、日本の大衆文化や日本製品が韓国市場を席巻することを防がなければならなかったし、教育政策においても日本的な要素を一掃しなければならなかったのではないだろうか。「防日」、「抗日」は、民族の主体性の確立と表裏一体だったのである。この点、日本語教育は、植民地支配の延長とみなされる現象であり、それ故に、民族の主体性の確立と競合する行為でもあった。だからこそ、文教部はそれを抑圧しなければならなかったと考えられる。

　しかし、市民間では、日本語の学習書を出版するなど、日本語教育の必要性を訴える声が芽生えつつあった。また、日本留学も続いていた。次の節では、これらの声に耳を傾けてみたい。

表8　送り出し国別留学生数

	1953–1960 人数	%	1961–1973 人数	%
アメリカ	4,391	(89.9)	6,398	(85.5)
西ドイツ	160	(3.3)	246	(3.3)
フランス	157	(3.2)	91	(1.2)
カナダ	39	(0.8)	153	(2.0)
台湾	68	(1.4)	104	(1.4)
イタリア	30	(0.6)	41	(0.5)
オーストラリア	10	(0.2)	57	(0.8)
イギリス	26	(0.5)	35	(0.5)
日本	1	(0.0)	64	(0.9)
その他	2	(0.0)	297	(4.0)
合計	4,884	(100.0)	7,486	(100.0)

出典：文教部「海外留学生実態調査」
馬越(1981：227)より転記

4　市民間に芽生える日本語教育必要論

4.1　安氏の日本留学

　日本語教育否定論が公的言説空間を占める中で、日本留学を果たした韓国人もあった。ここでは、1953年に日本に留学した安氏の語りをもとに、日本留学までの経緯を紹介しながら、安氏が日本留学についてどのように認識していたのか示す[37]。

安氏は、1949年、叔父が経営していた貿易会社に就職し、駐在員として香港に移住した。そこでは韓国と香港との間の貿易業務に携わった。当時、韓国から輸出できるものはあまりなかったが、海産物は香港で人気が高く、よく売れたという。香港からは主に化学製品を輸入した。しかし、1950年ユギオ動乱が勃発すると、韓国と香港との間の貿易も打撃を受け、休戦後は断絶してしまった。また、戦争中は、家族との連絡さえ取れなくなったという。こうした中で、勉強したいという思いに駆られ、日本への留学を決意した。その経緯について、安氏は次のように語っている。

> 香港にいた時、台湾人がたくさんいました。その人たちと日本の話もしたりしながら、日本に対する認識が変わり、その前は日本に対する認識が別にありませんでした。その上日帝時代には両親の影響でいわゆる反日感情というか、知らないうちに一方ではそうでありながら、一方では教育を受けて日本国民になれと言われたのですから。それで、その時、台湾人と歌舞伎の話もして、(中略)そうするうちに日本から香港に来た人があって、その人と親しくなって、(中略)日本に行って勉強しなければならない(と思った)。私はその時はまだ大学で勉強していなかったから。

　安氏に留学を決意させたのは、勉強したいという気持ちであった。韓国が戦争で疲弊し、社会が不安定になっていたことも、海外留学を後押ししたと考えられる。また、日本留学の決意とは直接関係がないということだが、安氏は台湾人と日本について話したり、日本人と直接接触したりしている。その中で台湾は韓国より植民地期間が長いのに、台湾人は韓国人とは違って日本に対して好感を持っていると感じたということである。
　安氏は日本に渡った後、当時、電子計算が先端産業だったことから、それを勉強しようと理学部に進学した。しかし、日本語に対する強い関心から、外地から帰国した日本人のためにNHKが行っていた標準語講習会に参加した。安氏は、以前から自分なりに韓国語の勉強をしていたほど、言語自体に関心が高かったという。

第 4 章　日本語教育必要論の萌芽とその否定　103

　それでは、なぜ香港や韓国、あるいは欧米の大学ではなく、日本を選んだのだろうか。安氏は仕事上、広東語も身につけていたので、中国の大学に行くことも可能だったと思われる。この問いに対して次のように語った。

> どうして日本に行ったのか、それに対して知りたいんですね。私はこのように考えます。日本が地理的にも歴史的にもやはり一番近い国ですし、(中略)満足しているわけではないんですが、小学校の時から日本語を学んで日本語を少し知っていることもありました。

また、続けて、

> 周辺国についてわが国はよく知らなければなりませんが、その中で昔は中国に影響を多く受けましたが、次に併合後(中略)、日本文化が全部入ってきているでしょう。(中略)漢字語もそうだし、西洋文明も直接伝わるものより、日本を通じて入ってきて、だから日本を学ばなければならないという考えがありました。なぜなら、わが国に民族運動家たちがいたでしょう。彼らの中でも日本に行って勉強した人もいたじゃないですか。多くはありませんが。でも、今、ある人は、わが国は日本に奪われたので(中略)、日本語を教えるなんてどういうことだと言って、教えない人がいるということです。そうすれば、子息を無知にすることになるでしょう。それは間違いなんです。なぜなら、勉強をして、よく知って克服しなければならないのに。それに、20 世紀になり、近代になって良くも悪くも日本との関係は切っても切れないものです。お互いに関係は結ばなければならないという気持ちがあったと思います。

　地理的な近さ、植民地時代に育った安氏が既に日本語を身につけていたことが、日本留学を促す要因となった。また、安氏は、植民地支配期の留学現象や韓国併合後の日本文化の流入に言及しながら、日韓関係は切っても切れない関係であることを強調している。加えて、安氏は、植民地支配の歴史に基づいて日本語教育を否定する言表に対して、日本をよく知って克服しなけれ

ばならないという対抗言表を生み出している。

　一方、前の語りにも見られたように、安氏は反日感情も持っていた。そうでありながら日本で勉強することについて尋ねると、以下のように語った。

> 私は何か感情が悪いにもかかわらず日本に行ったとか、あるいは日本に対して感情が良かったから行ったとか、そういうことは全くなくて、ただ勉強しなければならないという考えでした。また、日帝時代にも勉強する人は、ここには京城大学しかなかったので、大学に行こうと思うなら、京城大学に行けなかったら、日本に行かなければならない。(中略)日本に行って勉強した人々が3・1運動に参加して、独立運動もしたじゃないですか。だから、日本に留学することは、日本に対する感情があるから行かないとか、好感があるから行くとかいうことではない。いわゆる西欧文明を含んで、私たちが知識を広げ、国際事情を知ろうと思うなら、日本に渡って勉強すればいい、韓国では井の中の蛙だから。やはり朝鮮総督府の下にあった国だから。(中略)(昔は中国が先進国でしたが)今は弟分であった日本が成長して、文化が発展したから、むしろ順序が逆になったということです。(中略)中国で有名な魯迅も日本に留学したじゃないですか。このように日本が東アジアで近代になって一番発展した国です。そこに行って自然に勉強するようになるということでしょう。私もそう思いながら、日本に行って勉強しようと。(中略)日本が20世紀になって、留学の対象だとそのように考えたというか。(中略)もうひとつ付け加えるなら、韓国にはロシア語を学ぶ人もいて、英語を学ぶ人もいて、またフランス語を学ぶ人もいるんですが、私たちの年代の人々は全部、日本の書籍を通じて勉強しました。なぜなら日本では翻訳書が多いじゃないですか。中国語の文法も日本人が韓国人よりももっと体系的に整理しています。(中略)日本人の文章語の能力はたいしたものですよ。だから、英語もそうですし、中国語もロシア語もフランス語も日本の書籍を参考にしました。参考にしなければだめなくらい。このように日本は私たちが勉強する対象国だ、これは否定することができません。

このように、安氏は日本に対する感情と日本留学とは次元が異なることを強調している。

　また、安氏は、19末世紀以降、日本は韓国よりも文化的に発展しており、学ぶべき対象だと主張している。安氏もまた社会進化論、近代化の枠組みの中で思考しており、知識を広げるために日本から学ぶべきだという主張は、近代文明の受容によって民族の実力養成をめざした開化期、植民地支配期の留学生たちと共通している。

　加えて、安氏は、勉強するため、高等教育を受けるために日本に留学することは、「自然」な選択であったという認識を示しているが、ここには、日本＝中心、韓国＝周辺であり、日本で高等教育を受けて帰国するという、植民地支配期につくり上げられた構造が織り込まれているように思われる。安氏は、小学校入学前から父親に千字文[37]の教育を受けるなど、比較的民族意識の強い家庭で育ち、日本語よりも韓国語の勉強を熱心にしたと語っている。しかし、小学校から日本語による日本式の教育を受け、留学といえば日本という環境に育ったことは、近代化志向とあいまって、高等教育を受けるなら日本という認識を作り上げたと推測できる。

　民族意識を持ち近代化の主体たることは、日本的なものの否定と排除によって達成されるという韓国政府の論理に基づけば、安氏の行動は民族の主体性を失った行動とみなされるかもしれない。しかし、安氏にとって日本に留学し、日本語を使用することは、植民地支配構造に依存することや日本に感化されたことを意味したわけではなく、あくまでも高等教育を受けて先進的な知識を身につけ、自己を成長、発展させる手立てであったと見ることができる。安氏が理学部に進学したことからも、安氏は日本留学を、先進的な知識を獲得するために必要だと判断していたと言える。つまり、開化期から続く近代化ヘゲモニーの下にあって、安氏は主体的に日本留学を選んだのであり、ここに韓国政府の認識と個人の認識との亀裂を見ることができる。安氏が日本語教育を親日とみなし、排日と民族の主体性を表裏一体と見るような日本語教育否定論から自由に考え、行動し得たのは、李承晩政権の統治圏外である香港に在住していたことが大きいと考えられる。

4.2 『分かりやすい日本語』

　次に 1950 年代後半に発行されたものの、文教部による取締りの対象とされた日本語の学習書、『分かりやすい日本語』の内容分析から、このテキストの著者の日本語教育に対する認識を考察する。

　まず、文教部は、この学習書を押収する理由のひとつとして、出版社の名称及び住所、発行者の住所氏名が不明であることを挙げていた。しかし、出版社は蛍雪文化社であり、著者は、蛍雪文化社編集部とある。この出版社は他の書籍も出版しており、裏表紙には住所及び登録番号も記されているから、文教部の主張は妥当性を欠くことになる。文教部は、どのような手段を用いても、日本語学習の再開を止めようとしていたと考えられる。

　次に、学習書の構成を見てみると、一番はじめの 1 ページは、「はじめに」に割かれている。ここでは、第 1 段落で、アメリカ留学を引き合いに出し、それに比べて、日本は地理的に近く、便利であると述べられる。次の段落では、現在、世界語である英語のほか、ドイツ語、フランス語などを第 2 外国語として学んでいるが、日本語は課外授業や個人教授を除いては教えられていないことが指摘される。そして、第 3 段落では、韓日会談で、日本側が誠意を見せさえすれば、国交が開かれるとし、そのような事態に対処するために、そして、まだ放棄されたわけではない日本の侵略を防ぐためにも、武器として日本語を学ばなければならないとされる。第 4 段落では、各方面で学ぶべきことは学び、利用することは利用し、わが国と社会に貢献しなければならないと述べられ、最後の段落では、読者である学生諸君が日本語学習の第一歩を踏み出すことを願うと書かれている。

　このテキストの著者は、日本語を外国語のひとつとして、また、日本をアメリカに代わる留学先として位置づけようとしていると解釈できる。そして、近い将来、日韓の国交が正常化すると予測し、そうなった場合、日本人との接触場面で日本語が必要になると考えている。また、日本から学ぶべきところは学び、国家に資するために、そして国防のためにも日本語が必要であるとしている。つまり、日本との関係を断ち切ることはできないという前提の下に、日本人との対話、日本からの知識の獲得、国防のために、日本語が必要だと主張していると解釈できる。李承晩政権と同様に、「防日」をめ

ざしつつも、だからこそ日本語教育が必要だという論理である。また、前項の安氏と同様に、日本から学ぶことを主体的に選択することを勧めている。

　2ページ目は、このテキストの対象者や目的、構造などについて説明している。新聞報道では、小学校の低学年まで国語としての日本語教育を受けて光復を迎えた、20代から30代の若者が主たる読者であるということであったが、このテキストの著者は、日本語学習経験のない、中・高生を対象として編集したと記している。このテキストは、第1部カナと発音、第2部基本文と文法、第3部応用文と会話の3部分と、付録からなる。そして、日本語学習経験のある大学生は、第1部を復習として、第2部から始めるといいとしている。付録は漢字表である。

　第1部、カナと発音では、日本語の文字表記、50音の発音全般、特に長音、促音、鼻音などについて説明してある。第2部、基本文と文法は、第1課から第13課まであり、それぞれ本文とそこに出てくる文法の説明、練習からなる。第9課までは、文型の提示を目的とした比較的短い文章だが、第10課からは、「三ツノタカラ」、「カエル」、「土ノ中ノタカラ」、「月ト雲」といった説話が提示されている。そして、第3部、応用文と会話は、第14課から第22課まであり、文章と会話文、その翻訳からなる。第3部の各課のタイトルを下に示す。

第14課　こうもり	会話1　あいさつ
第15課　星落とし	会話2　ほうもん
第16課　狐と犬のけんか	会話3　旅行
第17課　象の重さを計った子供	会話4　新年の祝賀
第18課　海の生物	会話5　地理
第19課　一線の兄へ	会話6　病気見舞
第20課　諺	会話7　出迎え
第21課　釜盗人	会話8　求職
第22課　卒業生を送る祝辞	会話9　別れ

　各課のタイトルを見て気がつくのは、第19課の「一線の兄へ」を除いて、植民地支配期に朴重華によって編纂された日本語の教科書『速修自解国語読

本』の一部とタイトルが全く同じだということである。また、本文を見ると、会話2の「ほうもん」における登場人物が、『速修自解国語読本』では、井上と山下であったのに対し、『分かりやすい日本語』は、金と崔である点、会話3の旅行に出てくる地名が、『速修自解国語読本』では、釜山であったのに対し、『分かりやすい日本語』は、東京であることを除いて、全く同じである。植民地支配期には、韓国内に日本人居住者がいたため、日本人どうしの会話がモデル会話として提示されたと考えられるが、1957年の時点では、韓国に住んでいる日本人が少なかったため、韓国人どうしの会話になったのではないかと考えられる。なお、第19課の「一線の兄へ」は、弟が第一線で国のために働く兄へ宛てた手紙であり、はっきりとは書かれていないものの、兄は兵役中であるものと思われる。いずれにしても、この教科書が植民地支配期の朴重華の教科書を手本として書かれたことは間違いないと言える。

　第3章で述べたとおり、朴重華は、独立運動家であり開化期から日本語の教科書や文法書を多数執筆していた。『速修自解国語読本』は1922年が初版であるが、確認できるだけで1932年に第6版が出版されていることから、植民地支配期に広く読まれていたものと推測できる。朴重華は、独立運動家として韓国が国権を取り戻すためには、国民の実力培養が必要であると考えていた。実力培養とは個人の人格修養と殖産興業によってなされる。そのためか、『速修自解国語読本』には、郵便、商業、工業、農業、養蚕といったタイトルの章が設けられ、日本の工業の発達、技術の進歩について述べたり、農業の改革や養蚕を勧めたりする内容の会話が提示されている。また、衣服、飲食、住居、身体という章では、韓国の衣服と和服の比較、西洋料理と和食の比較、和式の住居の特徴などが内容となっている。しかし、『分かりやすい日本語』では、日本の文物に関して直接に説明した文章や殖産興業に関わる内容は選択されず、日常的な会話場面と、日本のものとも韓国のものともとることができる説話が中心的に選択されたと見ることができる。

　このような特徴を「はじめに」で示された内容と併せて考えると、この教科書は、殖産興業やそれによって独立を回復することを目的として編集されたのではなく、近い将来国交が正常化し、日本人との接触機会が増えるあろ

うと予測し、日本人と日本語で交渉することを目的として編集されたと考えられる。これを、独立国家となった後の外国語としての日本語教育必要論の萌芽と見ることができる。

しかしながら、この参考書は、いかなる目的のためにも日本語教育を行ってはならないという文教部の方針の下、取締りを受けることになったのである。

5　小括

植民地解放直後の韓国では、日本色を帯びたものを徹底的に排除しようとする運動が起こった。そして、朝鮮語学会を中心として、日本語を排除しようとする運動が展開された。朝鮮語学会が発行した『我々の言葉の取り戻し』の中で主張された日本語排除論には、言葉＝民族の精神とする言語ナショナリズムが底流しており、日本語は韓国語、すなわち韓国人の精神と競合する要素であるが故に、適合性がなく、韓国人の精神を持つためには、排除しなければならないという論理構成が見られた。また、日本語は植民地支配の象徴であるが故に、独立した現在、韓国社会に存在してはならないものとみなされていた。このような認識は、民族の主体性を確立することが抗日を意味した植民地支配期を通して歴史的に形成されてきたと解釈できる。また、ハングル文盲率が80％近いという実態、通りを行きかう韓国人が日本語で会話をしている現状に対する危機感も、日本語排除論を形成したと考えられる。

大韓民国樹立後、李承晩政権は、破綻した経済と混乱した統治機構を建て直し、韓国を名実共に独立国家とするために尽力したが、韓国の独立とは、植民地支配構造からの離脱を意味した。また、民族意識を持ち国家建設の主体となることは、日本的なものを排除し、受け入れないことを意味したと考えられる。したがって、韓国政府は、日韓通商交渉、国交正常化のための交渉の場面で、アメリカの圧力があったにもかかわらず、日本の製品が韓国市場に流入することを阻止しようとした。また、日本の大衆文化も禁止した。

このような李承晩政権の排日路線と連動して、文教部によって日本語教育

否定論が主張され、実行された。日本語教育否定論において日本語教育は、「親日的感情を助長」し、「日本の文化的侵攻」をもたらす「有害行為」とされていた。ここでも、日本語は、韓国人としての精神と競合関係にあるとされ、日本語教育は日本による支配と結びつけられている。韓国の人々が愛国、愛族意識に基づき主体的に国の運営に尽力することは、排日と表裏一体の関係であるとみなされたため、日本語教育もまた、民族の主体性を脅かすと判断され、適合性が認められなかったと考えられる。

しかし、日本語教育否定論が公的言説空間を占める中で、1950年代後半になると、日本語の学習書が出版され、日本への留学生も現れるなど韓国市民の間に日本語教育再開の兆しが見られた。

1953年に日本に留学した安氏は、日本を19世紀以降、韓国よりも文化的、学問的に発展した国であり、学問の「中心」であると評価しており、先進的な知識を得るために日本に行くのは自然な行為だと考えていた。このような安氏の認識は、植民地統治下で教育を受けた経験によって歴史的に形成された側面があると考えられる。

他方、1957年に出版された日本語の学習書『分かりやすい日本語』の序文及び内容から、学習書の編者は、日本語を外国語のひとつと位置づけ、日本との国交正常化が近いとの予測の上に、それに対処するために日本語が必要だと考えていたことが分かった。

このように日本語教育の必要性を訴える言表において、日本語は韓国人が必要とする先進的な知識の獲得を媒介したり、日本人との対話を可能にする言語とみなされている。ここに日本を受け入れることを民族の主体性の確立と競合するとみなし、近代化を主体的に進めることを反日本と結びつける韓国政府の認識と個人の認識との亀裂が見られる。しかし、このような市民間における日本語教育必要論の萌芽は、文教部の日本語教育否定論によって抑圧され、公的空間に現れることはなかった。これが日本語教育「空白期」の実態であったと見ることができる。

注

1 稲葉継雄「米軍政下南朝鮮における国語浄化運動」『筑波大学地域研究』1（1983年）、63–64ページ。
2 イ・ヨンスク「朝鮮における言語的近代」『一橋研究』12(2)（1987年）、83ページ。
3 三ツ井崇『朝鮮植民地支配と言語』明石書店、2010年、326ページ。1927年10月27日付の『東亜日報』の「ハングル運動の意義と使命」という社説の一部。
4 稲葉、前掲66–67ページ。
5 同書、64–65ページ。
6 稲葉継雄「米軍政下韓国における言語政策の展開」『韓』111（1984年）、68ページ。
7 稲葉、前掲「米軍政下南朝鮮における国語浄化運動」70–72ページ。
8 稲葉、前掲「米軍政下韓国における言語政策の展開」71–75ページ。
9 『한글학회 50년사』496–499ページ。稲葉、前掲「米軍政下南朝鮮における国語浄化運動」、及び森田芳夫『韓国における国語・国史教育―朝鮮王朝期・日本統治期・解放後―』（原書房、1987年、376–380ページ）で日本語訳されている。
10 稲葉、前掲「米軍政下韓国における言語政策の展開」、89ページ。
11 熊谷明泰「朝鮮語ナショナリズムと日本語」『ライブラリ相関社会科学 言語・国家、そして権力』新世社、1998年、164–193ページ。
12 稲葉、前掲「米軍政下韓国における言語政策の展開」76–78ページ。
13 震檀学会とは韓国及びその隣接国家の文化を研究することを目的として、1934年5月、歴史家20名あまりによって発足した団体のことである（趙容萬ほか『日帝下의文化運動史』民衆書館、1970年、191–195ページ）。
14 『한글학회 50년사』504ページ。
15 稲葉、前掲「米軍政下韓国における言語政策の展開」63–68ページ。
16 同書、68–71ページ。
17 同書、99ページ。森田、前掲書197ページ。
18 医学者、教育者。1929年、セブランス医学専門学校を卒業し、1937年京都大学で医学博士の学位を得る。1945年、セブランス医学専門学校付属病院長、財団理事などを歴任。1955年から56年、保険社会部長官、1956年、梨花女子大学副総長などを経て、1957年から60年、文教部長官を務める。祖国の魂と自由民主精神の振興、実質第一主義としての教育の質的向上、義務教育と科学技術教育の積極的推進、民族文化発達の促進、道義教育の強化などを目指した（韓国学中央研究院、韓国歴代人物総合情報ホームページ (http://people.aks.ac.kr/index.aks) 2010年10月1日最終

閲覧)。
19 趙文熙(2005: 511)によると、1958年に『일본어첫걸음』문양사、『일어독본、1–1』동지사가出版されていたということである。
20 大田修「大韓民国樹立と日本―日韓通商交渉の分析を中心に―」『朝鮮学報』173(1999年)、4–5ページ。
21 李鐘元『東アジア冷戦と韓米日関係』東京大学出版会、1996年、135–140ページ。
22 同書、135–140ページ。
23 同書、176–186ページ。
24 同書、176–191ページ。
25 同書、191–203ページ。
26 同書、191–203ページ。
27 大田、前掲12ページ。
28 李元徳「日韓請求権交渉過程(1951–62)の分析―日本の対韓政策の観点から―」『法学志林』93(1)(1996年)、51–53ページ。
29 日本側は、対日講和条約第4条2項の「在韓米軍政令およびその指示によって行われた在韓日本財産処分の効力を承認する」の条約解釈に関して、「陸戦の法規慣例に関する条約、ハーグ陸戦条約」の「敵地私有財産不可侵の原則」を援用して私人の財産の処分まで承認するものではないとし、在韓日本人財産に対する請求権を主張した(李元徳、前掲)。
30 李元徳、前掲51–83ページ。
31 李鐘元、前掲191–199ページ。
32 李元徳、前掲58–79ページ。。
33 林夏生『戦後日韓文化関係の歴史的変化―韓国における日本大衆文化開放問題をめぐって―』東京大学大学院総合文化研究科修士論文、1996年、(inazo.hmt.toyama-ac.jp/faculty/natsuo/res/list_j.html)より1999年12月1日最終閲覧。
34 『朝鮮日報』1960年6月5日(4面)。
35 坂井俊樹『現代韓国における歴史教育の成立と葛藤』御茶ノ水書房、2003年、69–72ページ。
36 馬越徹『現代韓国教育研究』高麗書林、1981年、224ページ。
37 安氏へのインタビューは韓国語で行った。本書では筆者が日本語訳したものを掲載する。
38 千字文とは、子供に漢字を教えるために用いられた漢文の長詩である。

第5章
日本語教育必要論の登場
—1960年から1971年—

　1960年8月13日、李承晩政権が民主化を求める市民運動の前に崩壊し、尹潽善を大統領、張勉を国務総理とする第二共和国が成立した。張勉政権は、民主化・自由化を押し進めた。そうした中で、韓国外国語大学と国際大学で日本語科が開設され、市中に日本語学校が次々と開校した。

　しかし、自由な社会も長く続くことはなく、1961年5月16日の軍事クーデターによって朴正熙を中心とする軍事政権が誕生すると、韓国社会は、再び厳しい統制下におかれることになった。朴正熙は、軍部の粛清を進めると同時に、「革命」を達成するために様々な制度を整え、権威主義体制を強化していった。

　本章では、まず、韓国外国語大学の日本語科開設を知らせる学内報と、日本語科の初代卒業生へのインタビュー、日本語学校開設に関する新聞記事を分析し、日本語教育がどのように認識されていたか示す。そして、これまで抑圧されていた日本語教育の必要性を主張する言表が、公の場に登場した理由として、韓国語の地位回復と排除しきれない日本の存在、張勉政権下における対日政策の変化、世代交代の3点を考察する。次に、朴正熙政権樹立後、日韓国交正常化を経て、日本語教育に対する政府の認識がどのように変化したのか、『日本語講習に対する取締り』(国家記録院管理番号BA0234979)、『法令例規』(国家記録院管理番号BA0154741)、新聞記事によって跡づける。

1 日本語教育必要論の登場

1.1 韓国外国語大学日本語科開設の論理

　1961年、韓国外国語大学に日本語科が、英語、フランス語、中国語、ドイツ語、ロシア語、スペイン語に次ぐ7番目の学科として設置された。日本語科の開設を知らせる学内報『外大学報』43号では、「今年から新入生募集」という見出しの下に「この間日本語科の新設認可を申請してきた本大学では文教部から正式な認可を受け[1]、今年から新入生を募集することを決定した。募集する学生は40名で、日本語科では日本文学、日本史など日本に関する詳細な授業を実施することになる」と記されている。また、同紙面では、「日本語科新設を迎えて―虚妄の偏見意識から抜け出そう―」という見出しの下、下記のように日本語科開設の経緯と目的を述べている。

　　本大学では文教部から日語科新設の正式認可を得、今度の新学期から授業を実施することになった。本大学に日本語科が新設されるにあたって、<u>時期尚早だと主張する一部の層の執拗な意見があるのは残念だとしかいいようがない。</u>

　　4・19以前、自由党の統治下で出された政策の要点は反共、防日の強化であった。過ぎ去った日の歴史を遡って回想してみると、我々は当然防日しなければならず、反共にも隙があってはならない。

　　しかしながら日語科の新設とは、防日事情を度外視した革新であり、決して日本に追従する感染の態度ではない。<u>この国と国語を我々が知り、この国の実態と状態を批判するということは、我々の力を強く豊かにする方法であり、豊かな思想を正しく守っていくのに大いに役立つだろう。</u>

　　その上、語学は、どのような思想感情をも超越し、文化の究極的な目的に到達する特性を持つことは、闡明な事実だ。日語を習得するということは、恥ずかしいことだと躊躇するようなことではない。思うに日語科の設置は当然のことであり、もう昔から設置されるのが正しかった。今やっとその創設を見ることになったのは、むしろ遅いという感が先に

立つ。日語科新設を云々することは、ひとつのむなしい雑念に過ぎないと見ることは、何の得もない、頑迷、保守的で鎖国的な生活意識からくる的外れの考え方だろう。

　今日、東洋における日本の位置は、中国に習うことができない諸般の体制を備え、成長、発展しているのを直視すると、我々の現実と比べることができないありようだ。未だに我々は多くを吸収しなければならない段階におかれたまま、栄養枯渇の危機にある。傲然と生きてきた旧時代の習慣から脱皮しよう。日語だけではなく、我々は外国の全ての利点を得るために、現実の渦中でも堅固とした主観を保持しなければならない。その上で、外部の長所を真似ることもできるのであり、技術を学ぶこともできるだろう。そして、我々は我々なりのひとつの復興のための創造を構想することを怠ってはならず、国際舞台で脚光を浴びることができる力を育てるように、時代遅れの態度を捨てなければならない。（下線筆者）

　冒頭で目に留まるのは、日本語科の開設にあたって時期尚早だとする一部の執拗な主張があったということである。韓国外国語大学の日本語科は、賛否両論がある中、開設されたことが分かる。しかし、反対勢力に対して「残念だとしか言いようがない」、「頑迷、保守的で鎖国的な生活意識にからくる的外れの考え」など強い批判を表明していることに鑑みれば、少なくとも大学内では賛成派の勢力が大きかったか、日本語教育必要論が主張できるような環境があったと推測できる。1950年代に見られた文教部の日本語教育否定論から推し量れば、日本語科開設に反対する人々は、独立国家建設のために日本の影響力を排除するという李承晩政権の防日路線と連動し、韓国民族の精神が日本化する危険性を主張していたと考えられる。この記事では、そうした日本語教育否定論者を想定してか、防日政策は当然であると認めながら、日本語科設置は、それとは別の次元のものであり、日本に感化することではないと主張している。

　その上で、日本語教育は、日本を批判し、自国の力を強く豊かにするのに役立つとされる。ここでは、日本語教育否定論において想定された、日本語

教育によって民族意識を失う否定的な自国民像とは対照的に、日本語教育によって日本を批判的に理解し、自国の増強に資する国民が想定されている。こうした日本語教育がもたらす肯定的な結果とあわせて示されるのは、日本が発展しているのに比べて韓国は遅れているという現状認識である。実際、日本は 1950 年代半ばから空前の好景気に見舞われていた。

　日本は韓国に比べて発展しており、自国の増強のために日本語教育が必要であるという主張、旧時代の習慣からの脱却を訴える主張は、開化期に日本から近代的な思想や制度を学ぼうとした開化派の主張と類似している。ここには、近代化志向が底流しており、近代化のためには、旧時代的な考え方からの脱却が必要であるとされている。近代化は、日本語教育否定論者も志向していると考えられるが、彼らは近代化を主体的に行うために、言い換えれば国民意識としての主体性を確立するために、日本語教育を行ってはならないと主張していた。これに対して、韓国外国語大学は、「堅固とした主観を持たなければならない」と、国民意識としての主体性の保持に釘を刺した上で、日本を批判すること、自分なりの復興構想を確立することも強調している。これは、単に日本を模倣するのではなく、日本を批判的に理解し、自分たちなりのやり方で近代化を進めていこうということだと解釈できる。日本語教育は、究極的には自国の発展に資すると位置づけられているが、そのプロセスにおいて、批判的な視線、国民意識としての主体性の保持は、不可欠だということである。

　なお、1960 年代の韓国外国語大学のカリキュラムは、3 年次に文化部と実務外交部に分かれ、多様な選択科目が置かれていた[2]。初代教授となった朴成媛氏は、東京女子大学の国文学（日本文学）科の卒業生であり、卒業後、韓国で高校の教師をしていた。植民地時代には、国語（日本語）、国文学（日本文学）を専攻した学生は少なかったということである[3]。

　朴成媛氏は、日本語科の学生向けに『標準日本語教本一』を出版したが、これは東京日本語学校の長沼直兄の『標準日本語教本』を原本として、それに韓国語で注釈と解説を加えたものである。テキストの序文では、国語世代の日本語は簡単だという既成観念から、基礎を軽視し一足飛びに教えようとするのは、効果が上がらないとし、若い世代にとって日本語は厳然とした未

知の外国語であると断っている。このような認識があったからこそ、戦前外国語としての英語教育の教授法を日本語教育に取り入れ、主として宣教師、大使館員に対する日本語教育を行っていた長沼直兄の教科書を取り入れたのだと考えられる。朴成媛氏は、続編として、『標準日本語教本二』を出版しているが、この序文には、内容は長沼の『標準日本語読本』に加えて、日本の小学校の読本からも採択したとあり、「舌切りすずめ」、「さるとかにの話」などの説話、「くもの糸」などの小説も含まれていた。

また、韓国外国語大学日本語科は、開設当初から日本の天理大学との交流があり、天理大学の教授大谷森繁氏も日本語科で教鞭を執っていた[4]。

1.2　日本語科学生林氏の認識

次に韓国外国語大学の初代卒業生の1人である林氏(仮名)に注目したい。林氏は小学校の低学年まで日本統治下で教育を受けていた国語世代であり、1961年にソウル大学に進学して国文学を専攻し、韓国の近代作家を取り上げて卒業論文の準備をしていた。しかし、資料を調べていくうちに韓国の近代作家の大多数が日本へ留学していること、彼らの作品に日本のことがいろいろな形で反映されていることを知り、日本文学を勉強した方が韓国文学にも役に立つと考えた。そこで、1963年、韓国外国語大学の日本語科に編入したということである。そこでは日本から来ていた教授を通して、日本の文学史や古典にも接し、1965年11月、国交正常化を待って日本に留学した。林氏の叔母2人は、植民地時代に日本に留学しており、その2人からお土産でもらうお手玉や羽子板などに対する印象がよく、それが日本留学を決めたきっかけにもなったと語った。また、林氏自身、幼い頃、植民地支配下で日本語教育を受けた世代であるが、日本人の先生にかわいがられ、折り紙や鉛筆をもらったそうである。林氏の語りから、植民地支配下で受けた教育は必ずしも否定的な経験と解釈されるわけではなく、植民地支配下で行われた日本留学が、解放後の留学を促す動機づけとなる場合もあったことが窺える。

林氏は、日本的なものが韓国文学の中に入り込んでいるという現実認識に基づき、日本に留学して日本文学を学ぶことは、韓国文学の真相を究めるのに資すると考えていた。林氏にとって、日本語科進学、日本留学は、自分の

研究、ひいては韓国文学の研究を発展させるのにプラスの効果をもたらすことが期待されていた。日本語教育が自文化にプラスの結果をもたらすことを期待するという点においては、日本語教育が国家の増強に資するとした韓国外国語大学当局の認識と共通していると見ることができる。しかし、林氏の語りは、日本語学習者個人にとって、国家の発展に資するかどうかよりも、自分の研究に資するかどうかの方が重要であることを示していると考えられる。

1.3　日本語講習所の台頭

『日本語講習のための私設学院設立許可方針に関する質疑の件』(国家記録院管理番号 BA0254725)によると、1960年7月19日付で、ソウル特別市教育委員会教育監から文教部宛に、日本語講習のための私設学院の設立認可方針に関する質疑があったということである。これは、李承晩政権崩壊後、日本語教育必要論を公的に主張できるようになったことを示していると見ることができる。しかし、この問い合わせに対して、文教部長官は、下記のように返答している。

> 8月15日の解放後、わが国では日帝の日本語教育及びその通用が全廃されて今日に至ったばかりか、日本とはまだ国交が結ばれていない実情に照らし合わせて、本件の認可は時期尚早であると考えられる。

この回答は、各道の知事宛にも送られ、そこから各市区教育監に伝達された。

当時、韓国は、許政を国務総理とする暫定政権であった。7月29日に総選挙が実施され、8月23日に張勉を首相とする内閣の誕生を間近に控えた過渡的な段階においては、李承晩政権期の日本語教育否定論が踏襲されたと考えられる。しかし、第2共和国(張勉政権)が発足してしばらく経つと、ソウル市に無認可の私設日本語講習所が「雨後の筍」のように現れていた。

1961年3月11日付けの『朝鮮日報』では、「日語ブーム」、「講習所は超満員」、「李政権が崩れるといつの間にか」という見出しの下、4・19革命以

前には秘密裡に開設されていた日本語学校が、革命後 10 ヶ月の間に雨後の筍のごとく増え、英語学校に劣らず、幅を利かせていると報道されている。同紙によれば、ソウル市内の日本語学校数は 50 校にのぼるということである。当時、ソウル市内では認可された各種学校が 185 校存在し、そのうち外国語学校も含まれる人文系が 93 校、文理系が 48 校であったことに鑑みれば[5]、50 校という数は相当な数であったと言うことができる。また、『ソウル市教育委員会年報』(1960 年) によれば、1950 年代末から高等教育機関への入試準備のための学院が増え、その中でも特に英語学院への依存が高まっていたということであるが、その中で、入試に何ら関係のない日本語学校が盛況だったことは、注目に値する。

　また、同紙によれば、市教育委員会は、摘発した 12 か所の講習所に対して、3 月 6 日付で閉鎖するよう通告したが、全く効き目がなかったという。文教部は 2 月 6 日付でも「時期尚早」であるという理由で認可しないという方針を出しているので、市教育委員会としては認可することができないが、かといって取り締まるための法律もないため、放任するしかない状況であるという。この報道から、市民間では日本語教育必要論が相当高まっていたことが窺える。それでは、学習者はどのような目的で日本語を学んでいたのだろうか。

　1961 年 1 月 14 日付の『朝鮮日報』によると、20 代の男女に日本語学習の理由を尋ねたところ、「ラジオを聞くため」が 40%、「小説を読むため」が 40%、「翻訳をするため」が 5%、「留学のため」が 5% であったということである。また、1961 年 3 月 11 日付の『朝鮮日報』によると、受講生は、高・大学生を中心としたいわゆるハングル世代の若者で、男性よりも女性の方が多く、日本語を学ぶ理由としては本を読むためにが 80% であったという。受講生の大部分は、欧米の言語よりも簡単であり、旧世代がみな知っている日本語を学ぶことは、何ら悪いことではないと考えており、中には国交が正常化したときに一役買おうともくろんでいる者もあったということである。一方、教員の大部分は日本生まれの者か、日本に長期間滞在していた者であった。

　これらの新聞記事から、韓国社会では日本語のラジオ放送を視聴すること

ができ、日本の小説が流通しており、それらを理解するためといった新しい日本語学習に対するニーズが、ハングル世代の間で生じていたことが分かる。また、日本語を教えることができる日本語能力を備えた国語世代が日本語教師として活躍していたことも分かる。

2 日本語教育必要論出現の文脈

それでは、上述のような日本語教育必要論は、なぜ1961年になって公的空間に現れ、日本語教育が再開されたのだろうか。ここでは、まず、植民地解放後の韓国語の危機的状況が解消されたことと、李承晩政権下において日本の影響力の排除が試みられたものの、限界があったことを指摘したい。次に、張勉政権下における対日政策の変更が、日本語教育必要論出現の環境を用意したことと、世代交代を指摘する。

2.1 韓国語の地位回復と日本排除の限界

第4章で述べたように、朝鮮語学会は、他の民間組織と連携し、韓国語の地位回復に尽力し、文盲率の劇的な改善など、一定の成果を達成した。そして、その結果、朝鮮語学会が日本語排除の根拠とした、韓国語の危機という前提が解消したと考えられる。

しかし、その一方で、朝鮮語学会の熱意と努力にかかわらず、国語浄化運動はたいして効果をあげることができなかったことが、『ハングル学会50年史』(247ページ)でも指摘されている。『我々の言葉の取り戻し（우리말 도로 찾기）』で日本語の代わりに提示された韓国語に対しては、こじつけ的で理解しがたいといった批判もあがっていたという。これは、日本が西欧由来の新概念を取り入れた際に作られ、19世紀末に韓国に流入した漢字語までも排除の対象としていたからであり、そもそも排除の方針自体に無理があったからだと考えられるが、歴史的な言語接触の結果、韓国語に根を下ろした日本語とは、共存せざるを得ないという現実があったと考えられる。

制度や法律においても、植民地時代のものが残存していた。米軍政庁も大韓民国政府も、植民地時代の法律をそのまま用いたため、法律関係の分野で

は、日本語の文体、言い回し、用語などが残ることになった[6]。また、米軍政庁は法令第 6 号で、「教訓用語は朝鮮語とする」としながらも、「朝鮮語により相当の教訓材料を活用するときまで外国語を使用することも妨げず。」と定め、日本語の使用を容認していた[7]。そして、実際、日本語の教材を使った教育が広く行われていたという。安氏も林氏も、インタビューの中で、英語などの外国語を勉強するにも、日本の辞典を使わなければならなかったと述べていた。

排除し切れなかった日本残滓は、日本語だけではなかった。排日を掲げた李承晩政権でさえ、その支持基盤となっていた陣営は、植民地時代の日本の協力者であったし、官僚機構の中でも軍部や次官級以下の比較的若い世代は、日本の教育を受けた者で占められていた[8]。特に、経済政策において重要な役割を果たした者の多くは、植民地時代以来のテクノクラートであり、彼らは、日韓通商の再開、日韓貿易の拡大に積極的であった[9]。また、植民地時代の官僚出身者が高級官僚に占める割合は、朝鮮戦争を境に急増し、1953–58 年には 54％、1958–60 年には 75％になっていたという[10]。これは、長い間日本人が行政全般を独占するような植民地支配下におかれ、専門的な能力を持った韓国人の人材が決定的に不足していたことに起因するやむを得ないことであった。植民地支配が韓国に残した深い傷跡もまた、「切っても切れない日韓関係」を構築していたと言える。国家としての主体性を取り戻すために、日本的なものを一切排除するということは、現実的に不可能であったと言えよう。

2.2 張勉政権の対日積極策

次に、李承晩政権が倒れて張勉政権が誕生し、自由化・民主化が進むと同時に、対日政策が大幅に変更されたことを挙げなければならない。張勉政権は、李承晩政権の「防日」政策を一転させ、積極的な対日政策を展開した。韓日関係の改善は、1960 年 5 月 3 日に発表された政府の施政方針のひとつとしても掲げられている[11]。

張勉政権は、在日朝鮮人の北送問題によって中断していた日韓交渉を再開させ、1960 年 10 月から、第 5 次会談を開催させた。この会談では、請求権

問題に対する実質的な討議が行われた[12]。両国は、サンフランシスコ平和条約第4条の解釈や個人の補償問題をめぐって鋭く対立し、会談は急速な進展を見せることはなかったが、国交正常化に向けて日韓交渉が再開されたこと自体の社会的インパクトは大きかったと考えられる。

　経済政策においても、張勉政権は、貿易自由化を目指し、対日貿易に対する差別的待遇を撤廃する方針を発表した[13]。張勉政権は、外資の導入に関しても積極的な姿勢を見せ、李承晩政権と米国との長い交渉の末、1960年1月にようやく成立した外資導入法の一部を改正し、日本資本導入の可能性を開いた[14]。

　さらに、張勉政権は、韓日両国間の理解促進策として、日本人新聞記者の入国を許可した[15]。日本人新聞記者は、朝鮮戦争の間も国連軍従軍記者の資格で入国したことがあるが、韓国政府が入国査証を出すのは、植民地解放後初めてであり[16]、画期的な出来事であったと言えるであろう。それ以降もサッカー選手が初来韓を果たし[17]、商業界、生産業界の日本人の訪韓者が増大する[18]など人的交流が続いた。また、日韓の交通手段の整備は李承晩政権末期から行われており、1959年3月には釜山・博多間で定期船航行が再開されていたが[19]、1960年9月には、大韓航空と日本航空の間で航空路開設が合意された[20]。

　一方、人々の民主主義実現の要求を背負って誕生した張勉政権は、言論・集会の自由など基本的人権を保障し、地方自治制度を民主化するなど、民主主義の制度化を試みた。

　民主化・自由化の流れは、文化政策にも及んだ。政府は、映画に関して、これまで行われてきた官吏による検閲制度を廃止し、民間人による自律的なシステムを創設する方針を発表した[21]。また、文教部が映画輸入特恵「クウォーター」制を復活させたことにより、日本映画の輸入が事実上可能になった[22]。こうした日本映画も含めた外国映画の輸入自由化政策は、国内の映画関係者の反対が高まる1960年10月まで続くことになる[23]。

　日本から流入する文物に加えられていた様々な規制も緩和された。まず、日本からの書籍の輸入に関しては、前述のように、李承晩政権下では日本書の輸入には解放されていなかったICA（国際協同組合同盟）援助を、日本書

の輸入業者にも開放した[24]。この結果、援助の6割以上が日本書籍の輸入業者の手に渡り、特に自然科学分野の書籍に関しては無条件で輸入されるようになった[25]。また、ICA援助の利用によって日本書の価格が下落したため、日本の小説などが韓国の人々に広く読まれるようになった[26]。

　また、日本からのレコードの輸入も解禁になり、日本の歌謡曲に対する取り締まりも緩和された。すると、レコード会社が次々と日本のレコードの複製を行うようになり、日本の歌謡曲が街中で聞かれるようになったという[27]。しかし、これに対しては人々の反対が強まり、政府は再び日本のレコードの取り締まりに動き出すことになる[28]。

　以上のような対日積極策、民主化・自由化路線と呼応して、私設日本語講習所が認可されたと考えることができる。また、張勉政権による一連の日韓関係改善政策は、「国交がない」といった日韓関係に対する認識を成り立たせにくくしたと考えられる。さらに、張勉政権の政策変更によって、一時的であるにせよ、日本の大衆文化が流入したことは、それを摂取するための日本語の必要性を生んだと考えられる。

2.3　世代交代

　日本語教育必要論登場の理由として、植民地解放から16年が経ち、植民地解放後に韓国語で教育を受けたハングル世代が高等教育を受ける年齢に達したことも指摘しなければならない。新聞記事から推測できるように、ハングル世代にとって日本語は、学びやすい外国語であると同時に、本から情報を得るなど、自己の利益に資する言語であり、それが必要性を生んだと考えられる。

3　日本語講習所に対する取締りと反日言説

　自由化を進め、対日積極策をとった張勉政権は短命であり、1961年5月16日、朴正熙の指揮する軍事クーデターの前に倒れた。政権を奪取した朴正熙は、軍事革命委員会を国家再建最高会議に改称、自ら議長となり、治安維持と経済改善のためとして国家再建非常措置法を施行し、国民の言論・思

想を弾圧した。そして、1963年大統領選に出馬し、前大統領の尹潽善を破り、自らが大統領の座に就いた。

このように政権が変動する中で、文教部が日本語学校の規制に乗り出したことが『日本語講習に対する取締り』（国家記録院管理番号 BA0234979）という文書から分かる。文教部長官は、1961年12月22日、ソウル特別市教育委員会教育監、各道知事宛に以下のような書簡を送った。

1. 最近日本語会館（ママ）などで、将来大学を卒業しても日本語を知らなければ、受け入れられない時が訪れるという噂を流布させ、学生たちの多数募集をもくろんでいるという情報を入手した。
2. ソウル市内に散在する全ての無許可日本語講習所を取り締まり、上記の情報のような噂を流布する講習所経営者を厳重に罰するように。

ここには、日本語の必要性を主張する市民と、日本語教育の拡大を食い止めようとする韓国政府との対立が見られる。前述のようにソウル市教育委員会は、12か所の日本語学校に対しては閉鎖を通告し、学生募集の広告に対しては、時期尚早であるという警告を発した。しかし、閉鎖通告を受けた日本語学校は、その後も営業を続けていたということである[29]。また、1963年7月13日付の『朝鮮日報』（5面）で、韓国外国語大学が夏休み中に日本語無料講座を開設することが伝えられていたことから、市民間における日本語教育の必要性は依然として高かったと考えられる。

しかし、文教部は、日本語教育の拡大を阻止する措置を採り続けた。『法令例規』（国家記録院管理番号 BA0154741、246ページ）によると、1965年7月9日、文教部長官は、内務部長官と法務部長官に宛てて、「日本語私設講習所取り締まり協力依頼」という件名の書簡を送り、「近頃日本との国交が樹立し、国民の主体意識を確立するのによくない影響を及ぼしている」、「当部ではこのような日本語講習所を徹底的に取り締まるため別添のように各市、道教育監に関係機関と協力しこれを取り締まるよう指示したので、貴部が関係する機関に協力要請があった時は、積極的に協力できるように処置す

ることを願う」と依頼した。そして、同日、各市、各道教育委員会に対し、「近来日本との国交正常化を目前にして、無許可日本語講習所が急激に各地に設立され、国民の主体意識を確立するのによくない影響を及ぼしており、本部としてもこれの取り締まりに必要な協力を別添のように内務部と法務部の各部長官に依頼したところなので」、「貴委員会では関係地域の無許可日本語講習所を即時閉鎖するよう関係機関と協力し、取締りの徹底を願う」という文書を出している。ここでも1950年代後半の日本語教育否定論と同様に、日本語教育は、国民意識としての主体性を失うという否定的な結果をもたらすとみなされている。文教部にとって、日本語は、引き続き国民意識としての主体性と競合する文化要素であったと考えられる。

さて、池明観(1999)によると、張勉政権の一連の対日積極策に対して、『東亜日報』では、日本の経済侵略を呼び込む「売国的」な行為という批判の声が上がっていたという。また、1961年軍事クーデターによって誕生した朴正熙政権が、日韓会談の妥結のために動くと、朴正熙政権は日本の金を得ることによって権力の維持を図ろうとしているとして非難された。そして、1964年には、野党や知識人が日韓会談の即刻中止と日本の植民地支配に対する謝罪を要求する対日屈辱外交反対闘争委員会を結成し、それに学生も加わって大規模なデモ活動を展開した。当時、日本側の首席代表が日本の植民地時代は朝鮮に恩恵をもたらしたという主旨の発言をしたことは、日韓条約反対運動に油を注ぎ、この妄言をうやむやにしたまま、日韓協定の妥結を進めようとする韓国政府に対する非難の声がいっそう高まった。新聞報道において、日韓国交正常化の当為性自体が否定されていたわけではないが、それは日本の態度を改めさせた上でなされるべきことだと主張されていた[30]。しかし、朴正熙政権は、こうした反対勢力を軍と警察で抑圧して、1965年6月22日、日韓条約に調印したのである。

上で見た日本語学校に対する取り締まりは、日韓条約締結へと向かう中で、植民地支配期と何ら変わらない対韓認識を露呈させる日本政府に対する憤怒、商社をはじめとする日本の経済的進出に対する警戒心、日本に対して弱腰な朴正熙政権の外交に対する国民の非難が噴出するのと平行して、実施された。朴正熙政権は、国民の反対を押し切って日韓協定を締結し、日本か

ら経済援助を取り付け、国交を正常化した。しかし、その一方で、文教部は国民意識としての主体性の動揺を危惧し、国内では特に無許可の日本語学校を取り締まることによって、日本語教育を抑制していた。ただし、1965年11月18日付の『朝鮮日報』(8面)によると、文教部長官が私設日本語講習所を許可する方針であることを明らかにし、大学への日本語科新設も申請があれば認可を考えるなど、日本語教育に積極的な姿勢も表明していた。

　日韓の国交が正常化した後も、日本の北朝鮮政策に対する批判、日本の経済的進出や日本文化の流入に対する警戒が、相変わらず新聞紙面上に登場した[31]。また、次のように、国語世代の日本語使用を非難する記事も見られた。

　1965年6月27日付の『東亜日報』(7面)では、「公務員は日本語を使うな」という見出しの記事で、内務部長官が、国交正常化に伴って特に公務員は日本に対して主体性を持ち、毅然とした姿勢で望まなければならないと強調し、幹部級公務員は日本人と接する際、必ず国際語や通訳を通すよう指示したことが伝えられている。また、1971年9月2日付の『朝鮮日報』(5面)には、韓国倫理委員会が、「日本語の氾濫は、民族の魂を蝕む現象だ」と指摘し、韓日間の会談では必ず韓国語を使うことなどの対策を建議したことが報道されている。これらの記事から、国語世代が日本人とのコミュニケーションのために日本語を使用することがあったが、それは、国民意識としての主体性を欠く行為と見なされてタブー視されていたということが分かる。

　このように、1960年代は、日韓の国交が正常化したにもかかわらず、それは国民の意思に反した政治的な妥協の産物であったため、植民地支配の過ちを認めようとしない日本政府と、韓国政府の弱腰な対日外交に対する非難、日本の経済的進出に対する警戒心が根強く存在していた。そして、国語世代が日本語を使用することは、主体性のない行為であるとみなされていた。韓国政府も日本語教育の活性化には必ずしも積極的ではなく、日本語は、引き続き韓国人の国民意識としての主体性と競合する要素であるとみなされていたと言える。このような社会的雰囲気の中で、1961年以降、大学に新たに日本語関連学科が開設されることはなかった。

4 小括

　1961年、韓国外国語大学、国際大学、そして日本語学校で日本語教育が再開され、日本語教育必要論が公的空間に現れた。1950年代の日本語教育否定論において、日本語教育は、学習者となる国民の親日的感情の助長、日本の文化的支配の再来といった否定的な結果をもたらすと主張されたのに対し、韓国外国語大学は、日本語教育が、韓国よりも成長、発展している日本を批判的に理解し、自国を豊かにするのに役立つと主張した。

　「自国を強く豊かにすること」とは、近代化を意味すると考えられる。近代化を主体的に行うことは、開化期以来、韓国における最重要課題であったが、朝鮮語学会や李承晩政権が近代化を主体的に行うために、日本を排除しなければならないと考えたのに対し、韓国外国語大学は、近代化のためには旧時代的な考え方を克服しなければならないとし、既に近代化の進んだ日本から学ぶために、日本語教育が必要だと主張した。近代化を阻害しているものが自国内の旧時代的な考え方であると捉えるか、近代化の主体となるために日本を排除しなければならないと考えるかが、日本語教育必要論と否定論を分けていたと言えるだろう。

　また、日本語教育必要論と否定論を分けたのは、日本語教育が自国、自文化にどのような影響をもたらすかに対する予測であるということができる。日本語教育否定論は、日本語を習得することによって、国民意識としての主体性を失う自国民像をイメージし、日本による文化的な支配という負の結果をもたらすと予測していた。これに対して、日本語教育必要論は、国の発展に資するという肯定的な効果を予測するのであるが、日本語教育否定論がある以上、それに反論しなければならなかったと考えられる。この点、韓国外国語大学は、「堅固とした主観」の保持と日本の「実態と状態を批判」することを強調していた。それによって、国民意識としての主体性を確立した自国民が、日本の利点を取り込みながら自己をより強く豊かにすることができるのである。

　このような国語世代の日本語教育必要論に加えて、ハングル世代の間では、ラジオの視聴や読書という自己の興味関心を満たすための日本語教育の

必要性が生まれていた。また、国語世代の学生林氏も、日本文学の研究は、韓国文学研究の発展に役立つという認識の下、日本語科に編入した。日本語学習者は、施政者とは異なる日本語教育必要論を生成させており、個人の日本語学習においては、国の発展よりも、自己の充足感の方が重視されることを示していると見ることができる。

　日本語教育必要論の主張を可能にし、ハングル世代の日本語に対するニーズを生んだ要因として、韓国語が危機的状況を脱した反面、排除しきれない日本の存在も認めざるを得ない現状があったこと、張勉政権の対日積極策と自由化によって日本資本や大衆文化が流入したこと、そして、世代交代を指摘した。

　しかし、張勉政権の対日積極策による日本の文物の韓国への流入に対しては、すぐに警鐘が鳴らされた。また、クーデターで政権を掌握した朴正熙により、日韓協定交渉が再開されると、日本政府の妄言に対する憤怒、日本経済の浸透に対する警戒心、これらに主体性を持って対応しない韓国政府の低姿勢に対する非難が噴出した。また、国語世代が日本人との交渉において、日本語を使うことに対して、主体性の観点から、批判の声も上がった。このような反日、反日本語圧力がある中で、文教部は、少なくとも1965年7月までは、民間の日本語学校に対する取締りを行った。その後、11月には日本語学校や大学への日本語関連学科の開設を許可する方針を示すが、韓国外大、国際大学に次いで日本語関連学科を設ける大学は現れなかった。

注

1　当時の文教部長官は呉天錫である。彼は1919年青山学院大学中等部を卒業し、コーネル大学、ノースウエスト大学、コロンビア大学へと進学し、教育学の修士号、博士号を取得した。1932年に帰国し、韓国の民族教育のために尽力するが、日本の弾圧を受け、上海に逃亡。光復とともに帰国し、米軍政庁の文教部副部長を務めた。6・3・3・4制の教育制度の制定、ソウル大学の創立などに尽力し、教育連合会長、韓国教育会長、梨花女子大学校学院長を歴任して、民主党政権の文教部長官となった。

2　趙文熙「한국일본어교육사연구(韓国日本語教育史研究)」同徳女子大学校大学院日語日文学科日本語教育専攻学位請求論文、2005 年、493 ページ。

3　森田芳夫『韓国における国語・国史教育―朝鮮王朝期・日本統治期・解放後―』原書房、1987 年、230 ページ。

4　趙文熙、前掲 495–496 ページ。

5　『서울시教育委員會年報』、1960 年、106 ページ。

6　熊谷明泰「朝鮮語ナショナリズムと日本語」『ライブラリ相関社会科学　言語・国家、そして権力』新世社、1998 年、182–183 ページ。

7　稲葉継雄「米軍政下南朝鮮における国語浄化運動」『筑波大学地域研究』1(1983 年)、64 ページ。

8　李鍾元『東アジア冷戦と韓米日関係』東京大学出版会、1996 年、274 ページ。

9　同書、279 ページ。大田修「大韓民国樹立と日本―日韓通商交渉の分析を中心に―」『朝鮮学報』173(1999 年)、5 ページ。

10　李漢彬『社会変動과行政―解放後韓國行政의發展論的研究―』博英社、1968 年、119–159 ページ。李鍾元、前掲 275 ページ。

11　『朝鮮日報』1960 年 5 月 3 日。

12　李元徳「日韓請求権交渉過程(1951–62)の分析―日本の対韓政策の観点から―」『法学志林』93(1)(1996 年)、85–91 ページ。

13　『朝鮮日報』1960 年 5 月 4 日。

14　『朝鮮日報』1961 年 2 月 17 日。外資導入の適用範囲に関する「正常な外交関係を維持し友好通商航海条約を締結している国家」という条文から下線部を削除し、まだ友好通商航海条約を締結していない日本や西ドイツからの資本の導入を可能にした。

15　『朝鮮日報』1960 年 5 月 3 日。

16　『朝鮮日報』1960 年 5 月 15 日。

17　『朝鮮日報』1960 年 10 月 25 日。1960 年 11 月 6 日に行われる第 7 回世界選手権大会アジア地区第 2 次予選に参加するために韓国を訪れた。

18　『朝鮮日報』1961 年 2 月 7 日。

19　『朝鮮日報』1959 年 3 月 23 日。

20　『朝鮮日報』1960 年 9 月 7 日。

21　『朝鮮日報』1960 年 6 月 5 日。

22　『朝鮮日報』1960 年 9 月 11 日。

23　『東亜日報』1960 年 10 月 29 日。

24 『朝鮮日報』1960 年 6 月 5 日。
25 『朝鮮日報』1960 年 6 月 5 日。
26 『朝鮮日報』1961 年 3 月 11 日。
27 『東亜日報』1960 年 11 月 2 日。
28 『東亜日報』1961 年 2 月 19 日。
29 『朝鮮日報』1961 年 3 月 11 日。
30 磯崎典世「韓国ジャーナリズムの日本像」山内昌之・古田元夫編『日本イメージの交錯―アジア太平洋のトポス―』東京大学出版会、1997 年、31–32 ページ。
31 池明観『日韓関係史研究―1965 年体制から 2002 年体制へ―』新教出版社、1999 年、53–60 ページ。

第 6 章
日本語教育必要論の多様化
── 1972 年から 1979 年──

　1960 年、張勉政権は大学における日本語教育を公認したものの、日本語学校に対しては不認可の方針をとり続け、朴正熙政権に変わると、勢いを増す日本語学校に対して、民族の主体性に悪影響を及ぼすとして規制する措置をとった。ところが、1972 年 7 月 5 日、朴正熙大統領は、高等学校の第 2 外国語に日本語を加える日本語教育積極策を打ち出した。これは明らかな政策変更であったと言える。朴正熙大統領の命令を受けて、1973 年 2 月、文教部令第 310 号が公布され、日本語がドイツ語、フランス語、スペイン語、中国語に加えて、5 つ目の第 2 外国語となった。この結果、日本語が多くの高校生に学ばれるようになったばかりか、大学における日本語関連学科の開設にも拍車がかかり、1970 年代末までに、新たに 21 の大学で日本語関連学科が開設された[1]。また、1973 年、日本研究者が集まり、韓国で初めて日本研究を目的とする学会として、韓国日本学会が設立された。さらに、1978 年、日本語学、日本文学の研究者が中心となり、日語日文学会が設立された。高等学校への日本語の導入は、日本語教育や日本研究に正当性を付与し、活性化の契機となったと言うことができる。

　本章では、1970 年代の韓国における日本語教育をめぐる言説空間の全体像とその形成過程を理解するため、以下の 2 つの問いを設定する。ひとつは、なぜ韓国政府が、1972 年にこれまでの方針を転換し、日本語教育強化政策を発表したのか、あるいは発表し得たのかということである。韓国政府の意図を考察するために、大統領の発言を報道した新聞記事を、朴正熙政権の経済政策、教育政策、対日留学政策、対日外交政策と関連づけながら分析する。

　2 つ目は、日本語教育強化政策を韓国の人々がどのように受け止めたのか

ということである。これについては、まず、知識人の反応を、新聞記事、雑誌記事を史料として分析する。朴正熙大統領の日本語教育強化政策に対して賛否両論が沸き起こったことは、稲葉(1973)、金鐘学(1976)で報告されている。本章でも、先行研究で用いられているものと同じ史料を用いるが、どのような理由で日本語教育が必要だと主張されているのか、適合性についてどのような判断が下されているのかという観点から分析し直す。そして、日本語教育をめぐる知識人の議論が、教育課程及び日本語の教科書によって制度化されていったことを示すつもりである。また、高等学校における日本語教育開始後も、1975年1月、ソウル大学が入試科目から日本語を除外すると発表し、物議を呼ぶなど日本語教育をめぐる論争は続いたが(稲葉1976)、本章では、新聞・雑誌記事と1974年にソウルで行われた「韓国にとって日本とは何か」というシンポジウムの記録を史料とし、高校で日本語教育が開始された後の知識人の日本語教育に対する認識も跡づける。

　知識人の反応に加えて、本章では、当時の日本語学習者が、日本語学習をどのように認識していたのかに関して、1970年代に日本語学習を開始し、現在韓国の大学の日本・日本語関連学科で教鞭を執る12名を対象としたインタビュー・データの分析を行う。日本語学習者の学習動機については、金鐘学(1976)が、大学生500人、高校生380人を対象としてアンケートを行い、「社会生活に利する」が、大学、高校でそれぞれ53％、61.5％と最も高かったことを報告している。しかし、学習者が当時の社会的文脈において日本語を学習することをどのように認識していたかまでは分析されていない。本書では、1970年代の日本語教育をめぐる言説空間の全体像に迫るという目的から、日本人のインタビューアーに対する回想的な語りであるという限界はあるものの、インタビュー・データも史料として積極的に用いることにした。

1　日本語教育強化政策の決定過程

1.1　日本語教育強化政策

　1972年7月5日、朴正熙大統領は、経済企画院で開かれた月間経済動向

報告の席で、「外国との技術協力のためには外国語の理解が重要であるが、特に農業分野など似ている点が多い日本の関係書籍などを読むためにも、日本語教育が必要である」と発言し、「これからは、日本語もドイツ語やフランス語と同様に、教科課程の第 2 外国語に入れるようにせよ」と指示した[2]。

加えて、「今まで日本語を第 2 外国語に入れていなかったのは、日本との過去の関係のため避けていたようだが、そのような問題であるほど、主体性を基盤とした大韓民国国民の度量と能動性が必要である」と述べた。また、当時の文教部長官は、「これまでも日本語教育の必要性は切実であったが、国民の対日感情などを考慮し、開放を抑制してきた。しかし、両国間の正常な文化交流や技術、資本などの相互協力のため、政策転換の決定を下すことになった」と述べた[3]。

朴正煕大統領と文教部長官は共に、技術、資本など経済協力のために日本語教育が必要であると主張している。加えて、前者は特に農業分野における日本語の書籍からの知識の獲得のため、後者は文化交流のための日本語教育の必要性も指摘している。韓国政府はこれまで、日本語を民族の主体性と競合関係にあるとみなし、日本語教育は国民意識としての主体性によくない影響を及ぼすとして、抑制する立場を示していたことは前に見た通りである。これに対して、朴正煕大統領は、「主体性を基盤とした韓国国民の度量と能動性が必要である」と述べていることから、日本語教育が国民意識としての主体性に対してマイナスの効果をもたらすことは想定しておらず、むしろ主体的に日本語教育を選択せよと主張していると見ることができる。

それでは、なぜこの時期に韓国政府は、経済協力のための日本語教育の必要性を主張したのだろうか。また、日本語教育が国民意識としての主体性に悪影響を及ぼすというこれまでの日本語教育否定論から、なぜ、日本語教育強化政策に転換し得たのか。これについて、韓国政府の経済政策、教育政策、対日留学政策、対日外交政策を概観し、それらが日本語教育強化政策とどのように連動しているか考察する。

1.2　経済開発と日本語教育

1961 年 5 月 16 日、軍事クーデターによって政権を掌握した朴正煕は、張

勉政権の民主化・自由化路線を中断させ、再び権威主義体制を強化した。朴正煕政権は、その正統性の欠如を克服するために、経済建設に力を注ぎ、当初は、内包的工業化政策をとってアメリカにも日本にも依存せずに、内資の導入による重化学工業化を進めようとした。しかし、この政策は、アメリカの不支持や国内的な制約条件によって挫折を余儀なくされたため、国際分業に適応し、輸出を伸ばすことによって経済成長を図るという輸出指向型工業化政策に方針転換した[4]。これは、日本の資本と韓国の低賃金労働力を積極的に結合させ、両国の経済開発を進めるというアメリカの方針に添うものであった。

　韓国が経済建設を推進するにあたって、日本との経済協力や国交正常化が、常に問題となった。日韓国交正常化交渉においては、請求権問題が中心的な争点になっていたが、韓国が冷戦構造とアメリカの圧力という外的制約条件の下で、経済建設を目指し、輸出指向型工業化政策を選択していく過程で、経済協力方式という解決方法が検討されるようになった。そして、ついに1965年、野党や市民の反対運動を押し切って、日韓基本条約が締結された。

　日韓基本条約によって、韓国は以後10年間、日本から無償資金3億ドル、有償資金（公的借款）2億ドル、商業借款3億ドルの供与を受けることになった。これを機に、民間商業借款や直接投資といった日本からの資本流入、日本からの技術導入、対日貿易が増大した。1965年以降、日本から流入した多額の資金うち、無償資金は主に農林水産業振興に、公的借款は中小企業育成、社会間接資本拡充に商業借款は製造業育成に使用された[5]。そして、これらの資金の流入は、いずれも日本からの輸入拡大を促進した。グラフ1から分かるように、1965年以降、日本からの輸入が増大し続け、朴正煕政権が日本語追加の指示を出す1972年までの間、輸入総額に対日輸入が占める割合は、常に40%を上回っている。また、グラフ2、グラフ3が示すように、1965年以降、日本からの直接投資及び技術導入が活発化し、特に、日本からの技術導入は、継続的に非常に高い比重を占めていることが分かる。つまり、1965年以降、技術協力、資本協力のための日本語の必要性を主張し得るような日韓の経済関係が構築されていた言うことができる。

日本語教育強化政策がとられる1970年代前半に注目してみると、日本からの資金流入の増大はより顕著である。直接投資は、1973年、74年にピークに達している（グラフ2参照）。70年代に入って、直接投資が増大したのは、借款企業が不実企業化するなど、当時問題となっていた借款依存経済の行き詰まりに対する打開策として、政府が直接投資の導入促進に踏み切ったからである。韓国政府は、1970年、日本に地理的に近い馬山地区に輸入自由地域を開設し、日本からの直接投資を刺激した。日本国内でも特に労働集約的部門の中小企業は、国内労働コストの上昇に苦慮していたため、地理的にも近い韓国の安い労働力を利用することに積極的だった。そのため、中小企業の製造業部門を中心に、日本からの直接投資が押し寄せることになったのである[6]。このような日本からの資金の流入は、韓国の経済成長を支えると同時に、韓国の低コストの労働力と日本の資本とを結びつけ、日韓経済の垂直的な統合を構造化させることに寄与した。つまり、韓国経済と日本経済は、一種の運命共同体となり、それが日本語教育の必要性を生んだと言うことができる。

　さらに、こうした資金や技術の流入とあいまって、1965年以降、日本からのヒトの移動もまた活発化した。グラフ4は、日本人の韓国への出国者数を査証別に示したものであるが、1965年以降増加傾向にあった日本人の訪韓者数が、1970年から73年にかけて毎年、前年の2倍以上のペースで増加していることが分かる。また、その内訳を見ると、観光・その他と業務が圧倒的である。増大する日本からのヒトの移動は、韓国人と日本人の接触機会を増加させ、接触場面における日本語の必要性を生んだと考えられる。

　以上のように、国交正常化を機に、日本からの投資、技術導入が活発化し、経済協力のための日本語教育の必要性を主張し得る素地が形成されていた。特に1970年代前半には、韓国経済における日本の重要性が高まり、経済活動における日本語の必要性が説得力を持って主張され得る文脈が整っていたと言える。さらに、日本からの訪韓者数の増加に伴って、接触場面における日本語の必要性も生まれていたと考えられる。

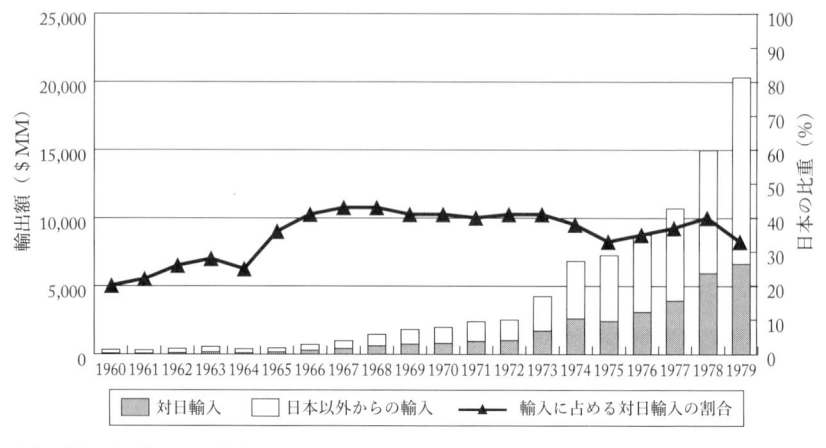

出典：『外国貿易概況』大蔵省主税局関税部調査統計課
グラフ1　対日輸入の推移

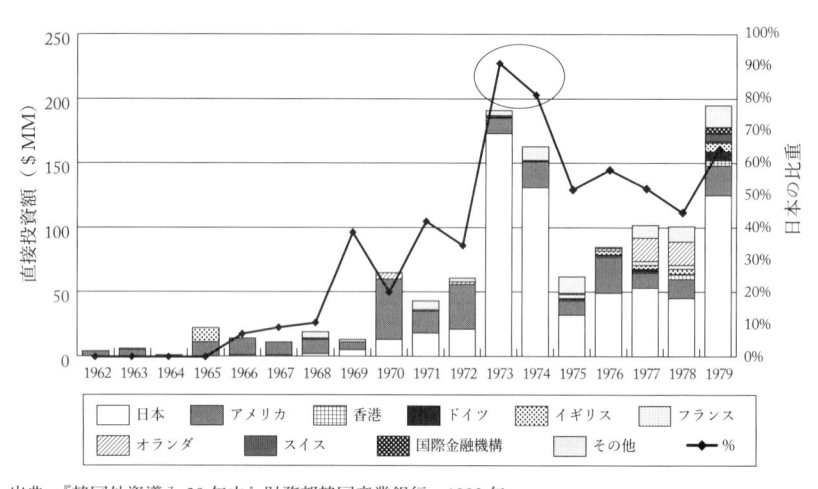

出典：『韓国外資導入30年史』財務部韓国産業銀行、1993年
グラフ2　相手国別直接投資の推移

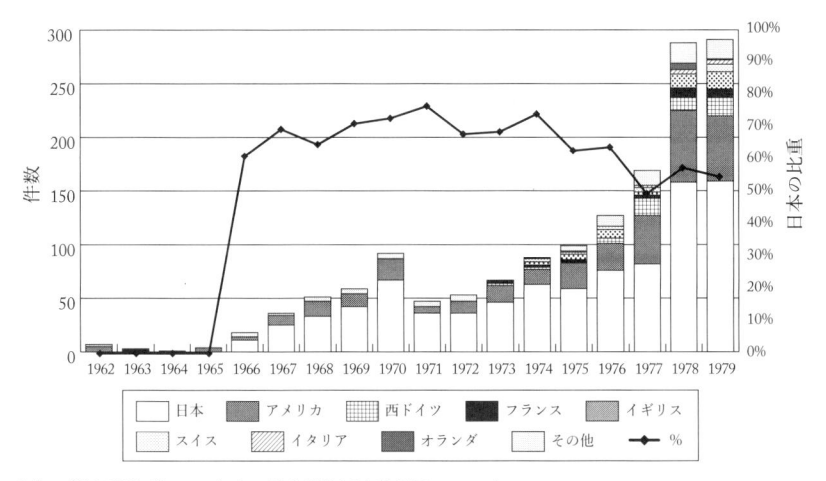

第 6 章　日本語教育必要論の多様化　137

出典:『韓国外資導入 30 年史』財務部韓国産業銀行、1993 年
グラフ 3　相手国別技術導入の推移

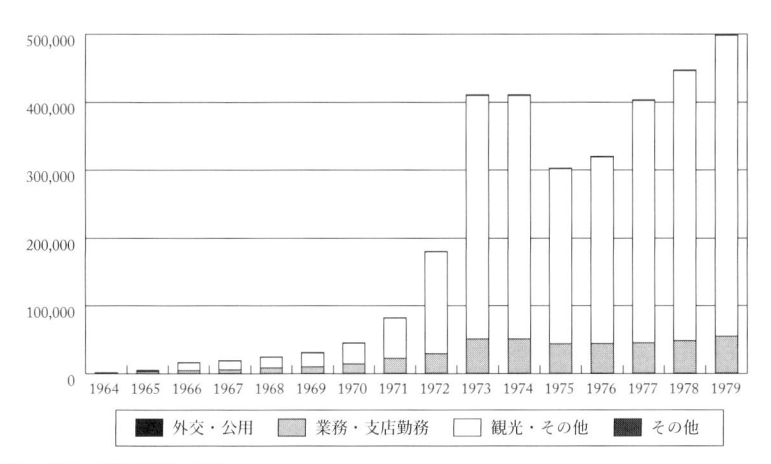

出典:『出入国管理統計年報』
グラフ 4　目的別日本から韓国への出国者数

1.3　経済開発と国民意識としての主体性の確立を目指す教育政策

次に、第3共和国の教育政策を概観し、その中で日本語教育強化政策がどのように位置づけられるか考察する。

1.3.1　経済開発と教育

朴正熙は、徹底した反共教育とともに、教育を通して経済開発に寄与する人材を育成することに最も力を注いだ。そして、それは、科学技術教育、実業教育を重視する政策となって具体化されたと見ることができる。

教育を経済成長と結びつけようという姿勢は、第3共和国（1963年から1972年）においてさらに強化された。朴正熙は1964年から66年にかけての演説で、「国民経済成長に寄与する教育」、「生産に寄与し、また、生産に直結」する教育の必要性を何度も訴えている[7]。また、経済建設に必要な精神を第二経済と呼び、教育を通してそれを涵養することの重要性を強調した[8]。そして、技術工養成を目的とする実業専門高等学校の設置（1963年）と一般大学の実業高等専門学校への転換の奨励[9]、韓国科学技術研究所（KIST）の設置（1966年）、科学教育振興法発布（1967年）、文教部科学教育局の新設（1967年）などの措置によって具体化した。

このように、朴正熙政権は、教育政策においても一貫して経済成長という目的を追及してきた。日本語教育もまた、韓国の経済開発のために緊密化した日韓経済関係に対処し、維持するという目的において、教育政策の方向性と軌を一にしていたと考えられる。

1.3.2　国籍ある教育

朴正熙大統領は、1968年、国民教育憲章[10]を発表した。これは、李承晩政権期の教育理念であった「公益人間」とは異なり、「我々の創意と協力によって国が発展し、国の隆盛は自己の発展の根本であることを悟り」という表現に見られるように、個人よりも国家を優先し、国家「建設に参与し奉仕する国民精神」の涵養を求めるものであった。また、国民教育憲章は、「我々は民族中興の歴史的使命をおびてこの国に生まれた。」という文で始まり、全体を通して国民意識としての主体性の高揚を謳っているが、「祖先の輝か

しい精神を今日に生かし」、「敬愛と信義に根ざした相互扶助の伝統を受け継ぎ」といった文言から分かるように、その源泉を伝統に求めている。朴正煕政権は経済開発を最優先しており、国家建設に奉仕するとは、経済成長に貢献することを意味すると考えられるが、それと同時に、伝統的な価値観も重視していたということである。国民教育憲章では、経済開発による近代化と伝統的価値観とを統合して、国民意識としての主体性を構築しようとしていると考えられる。このような形で、国民意識としての主体性の内容が、政府によって初めて具体的に示されたと言えよう。

国民教育憲章は、日本の教育勅語のように、全ての教科書に掲げられ、暗誦が奨励された。また、1973年、国民教育憲章に基づいて、教育課程が改訂され、国民学校と中学校に道徳と国史が新設された。道徳科の中学校の教科書『民主生活』を見ると、朴正煕政権が育成を目指した国民意識としての主体性がどのようなものか、より具体的に理解することができる。

中学校の道徳の教科書では、伝統的儒教倫理に則った思考や立居振舞が詳しく記載され、カンガンスウォルレ、ノルティギといった伝統舞踏や遊び、陶磁器文化などが紹介されると同時に、日本の侵略から国を救った「救国の士」として李舜臣、安昌浩、趙憲などが取り上げられている。しかし、その一方で、輸出の伸長や高速道路網の整備など韓国の近代化についても述べられ、工業・産業の発展育成を通じて国の隆盛を達成することが強調されている[11]。道徳の教科書でも、伝統的な文化を維持しながら近代化に邁進する国民の姿を強調し、さらに抗日という価値観においても国民意識の統合をめざしていると見ることができる。

また、『民主生活Ⅰ』の161ページには以下のような記述がある。

もし韓国人が西洋人の寸法に合わせて作られた洋服を着たらどうなるであろうか。同じ洋服といっても、韓国人の体に合ったものでなければならない。民主主義の理念にしても、それ自体は立派なものであっても、環境の異なる西欧の民主主義をそのまま韓国に移植することはできない。その理念と精神をわが国の実情に合わせて再構成した韓国的民主主義ないしは土着化された民主主義のもとではじめて、わが国は正しく発

展することができるのである[12]。

このような民主主義の「韓国化」の強調を、理想的な民主主義と独裁政治という韓国の政治的現実との乖離を覆い隠す役割を果たしていると批判する見方もある。しかし、これは、日本を模倣したり、「普遍的」とされる価値観をそのまま持ち込んだりするのではなく、あくまでも「韓国的」なものに再解釈して受け入れようという意思を強調していると見ることもできる。国民教育憲章で提示された韓国人像は、確かに政府にとって都合のよい国民像であったかもしれないが、これを単なる偏狭なナショナリズムの発露とみなすのは一面的過ぎると思われる。これは、他者の支配下におかれていた過去を乗り越えて、国民意識としての主体性を確立しようとする強い意思の現れであると見ることもできるからである。そして、日本語教育の観点から見れば、韓国政府は、国民意識としての主体性の確立を、教育によって担保することができたからこそ、日本語教育強化政策に踏み切ることができたと考えられる。

1.4 文化政策

国家建設に邁進した1950年代は、政府内に文化芸術業務を取り扱う部署はなく、文教部と外務部が分散的に業務を担っていた。韓国の文化政策史上、李承晩政権下では、文化保護法の制定（1952年）など国民国家形成過程における最小限の文化的な措置が取られたにすぎず、文化は主として国政の広報の手段として機能していた[13]。しかし、1961年、弘報部が発足し、1968年に文化広報部に拡大改編されると、民族文化芸術の再建、振興を促すための立法措置が相次いだ。朴正煕政権は、経済政策のみならず、文化政策にも積極的に取り組んだと言える。

朴正煕は1971年、大統領就任式で先代の光り輝く伝統と文化を継承、発展させ、文芸と学術の積極的創発で文化韓国中興に格別の支援を注ぐと発表した。そして、1972年、文化芸術振興法を制定し、民族中興と民族文化を強調しながら大々的な文化財の保存、復元作業を推進した。文化広報部では、韓国初の文芸中興長期計画の樹立が進められた[14]。朴正煕政権は、文化

政策においてまず、韓国の伝統文化の確認と再構築を行ったと言えるだろう。朴正熙政権下では文化財政上、文化財の予算が最も大きかったこともそれを裏付けている[15]。

このような国を挙げての文化財の保護、伝統文化の再構築は、国民意識としての主体性の強化に寄与したと推測できる。したがって、日本語教育強化政策に見られた民族の主体性への自信は、このような文化政策によって裏打ちされていたと考えられる。文化政策の強化は1970年代を通して続き、1979年、文化広報部は中央博物館の強化、国際交流局の新設といった発展的改編を遂げている[16]。

1.5 対日留学政策

朴正熙政権の経済開発路線と、1965年以降の日本との経済的な結びつきの深化は、韓国から日本への留学生の動向にも反映されている。韓国の留学生は制度上、大きく4つに分類できる。1つ目は、韓国政府が「正規留学生」と呼ぶものであり、自費か公費かにかかわらず、韓国政府の行う留学生試験に合格し、正規の留学生と認定された者である。植民地解放後、正規留学生の大部分はアメリカ留学生が占めており、第4章第3.3節の表8に示したように、1961年から1973年までの間に送り出された留学生のうち、アメリカへの留学生が6,398人で全体の85%を占めている。それに対して、日本は64人で1%にも満たない。しかし、1972年、日本語教育強化政策発表と時を同じくして、留学生選考試験に日本語が加えられ、日本留学への門戸が開かれることになった[17]。

2つ目は、日本政府招請の「国費留学生」であり、日韓国交正常化に伴い受け入れが始まった。第5章で取り上げた林氏は、国費留学生にあたる。表9に示したように、韓国人国費留学生の数も、日本語教育強化政策が発表される1972年を機に増加している。また、表10で国費留学生の専攻分野を見ると、工学、理学、農学といった自然科学系が圧倒的に多く、韓国政府の経済開発政策、農村振興政策が反映されていると見ることができる。

3つ目は、技術研修生である。技術研修生とは、国内で既に一定の高等教育を受けてマンパワーとなっている上級公務員が、招聘国政府あるいは国際

表9　国費留学生の推移

年度	人数
1965	5
1966	25
1967	25
1968	25
1969	25
1970	25
1971	28
1972	36
1973	42
1974	49

出典：文部省資料
馬越(1981: 235)より転記

表10　国費留学生の専攻分野(1965-1974)

専攻分野	人数	%
工学	54	(32.1)
理学	27	(16.1)
農学	20	(11.9)
医・歯・薬学	15	(8.9)
水産学	12	(7.1)
法・経・政治	11	(6.5)
教育学	11	(6.5)
文学	8	(4.8)
家政	3	(1.8)
体育	2	(1.2)
不明	5	(3.0)
合計	168	(100.0)

出典：日本国際教育協会『国費外国人留学生帰国者資料と名簿』(昭和49年度版)
馬越(1981: 236)より転記

機関などの公的な財政保障により一定期間海外で研修を行うために派遣されるものであり、韓国政府はこれを留学生のカテゴリーには入れていない(馬越1981: 232)。しかし、馬越(1981)が指摘するように、技術訓練生は1965年以降急激に増え、正規留学生を上回る数となっており、第3共和国の留学生送り出し政策を特色づけると考えられる。また、日本政府は技術研修生の受け入れに対して、資金及びプログラム提供などの面で協力しており、日韓両政府の協同の上に成り立っている制度だと言うことができる。したがって、ここでは技術研修生も広義の留学生として考察の対象とする。

　まず、技術研修生の送り出し先別の内訳を見ると、正規留学生とは対照的に、日本はアメリカに次いで2位であり、全体の23.5%を占めている(表11参照)。また、研修分野について見ると、日本の場合、鉱工業、農林水産が多く、教育が最も高いアメリカとは異なっている(表12参照)。ここからも、韓国政府は特に鉱工業、農林水産関係の技術や知識の獲得先として日本を重視しており、日本もそれに協力していたことが分かる。日本語教育強化政策発表の際の、農業分野の書籍を読むために日本語教育が必要であるという朴

表11　派遣先国別技術訓練生（1962-1973）

国名	留学生数	%
アメリカ	2,439	(26.4)
日本	2,174	(23.5)
西ドイツ	700	(7.6)
オーストラリア	492	(5.3)
英国	408	(4.4)
その他	3,034	(32.8)
合計	9,247	(100.0)

出典：韓国科学技術処『国際技術協力現況』(1951～1973)
馬越(1981: 233)より転記

正煕大統領の発言は、技術研修生の送り出し政策と合致している。

　第4に、政府の公認を受けずに非公式な方法で留学する私費留学生がある。第4章で取り上げた安氏もこれにあたる。表13に示したように、国費留学生、正規留学生といった公式なルートに乗らない私費留学生もかなりの人数に上っており、政府の意向とは関係なく、日本留学が連綿と続いていたことが分かる。

　このように、第3共和国では、特に鉱工業、農林水産の領域における知識、技術を獲得するため、日本に留学生を派遣する政策がとられたと考えら

表12　派遣先国・研修分野別技術研修生数(1962-1973)

	アメリカ	%	日本	%
鉱工業	492	(20.2)	519	(23.9)
農林水産	244	(10.0)	529	(24.3)
教育	660	(27.1)	200	(9.2)
交通・建設	162	(6.6)	189	(8.7)
保険・衛生	158	(6.5)	281	(12.9)
行政	510	(20.9)	292	(13.4)
社会福祉	80	(3.3)	55	(2.5)
その他	133	(5.5)	109	(5.0)
合計	2,439	(100.0)	2,174	(100.0)

出典：韓国科学技術処『国際技術協力現況』(1951～1973)
馬越(1981: 233)より転記

表13　私費留学生の推移

年度	人数
1968	496
1969	596
1970	675
1971	562
1972	555
1973	526
1974	624

出典：文部省『学校基本調査』
昭和43～49年版
馬越(1981: 237)より転記

れる。日本語教育強化政策において、農業関連の知識獲得に言及されたことは、このような留学生政策とも一致しており、それ故に説得力を持ち得たと考えられる。

　1965年以降、緊密化した日韓経済関係は、日本との資金、技術交流のために日本語教育が必要であると主張するのに十分な文脈を提供していた。また、自国の経済開発に資する日本語教育という位置づけは、当時の教育政策全体の方針とも合致していた。さらに、農業関連の知識獲得のための日本語教育という主張は、1965年以降の留学生の動向と合致するものであった。日本語教育強化政策は、朴正熙政権が最も重視した経済開発路線の延長線上に、教育政策、留学生政策とも合致して位置づけられるのであり、主張を支える社会的文脈が確保された中で、発表されたと見ることができる。

1.6　対日外交の強化

　1970年代前半は、冷戦の緩和と国際社会の多極化という国際情勢の変化を背景として、経済関係だけではなく、政治、文化交流などの分野においても、韓国にとっての対日外交の比重が高まっていた。1970年代後半、アジアにおける新秩序の形成が模索される中で、日本は世界第2位の経済大国となり、世界中の注目を集めていた。また、日本は1972年、中国と国交正常化を果たし、東アジアにおける存在感を強めていた。

　こうした状況をにらみながら韓国政府は、日本の対韓政策が友好協力関係の維持発展に基礎を置いており、その傾向は今後も続くと予測する一方で、日本が北朝鮮と経済、文化、体育などの分野で交流を拡大する傾向にあり、それが北朝鮮の平和攻勢を招くことを警戒していた。そこで、日韓の友好協力関係を強化し緊密化することによって、日本の対朝鮮半島政策における韓国の圧倒的優位を堅持すること、そして、日本と北朝鮮との接触拡大を抑制し、特に軍事力拡大に繋がるような経済支援を阻止することを目標として、日本との外交を重視することにした[18]。基本的な方向としては、大陸棚、海底電線といった懸案の問題の早期解決のほか、青嵐会[19]といった反北朝鮮的な団体に接触し、日本における韓国の支持基盤を広げること、対共産圏への接触などの分野において日本の立場と力量を活用することなどが掲げられて

いる[20]。

　このように、1970年代の国際情勢の変化、日本の経済力及び国際的地位の上昇に伴い、また、日本と北朝鮮との接触拡大に対する警戒心からも、韓国政府は対日外交を重視しており、日本国内における韓国支持基盤を拡大しようとしていた。日本語教育強化政策は、現実主義的な国際関係認識の下、韓国政府が日本との協力関係を積極的に維持していこうとする中で、実施されたと言うことができる。つまり、韓国にとって、経済面のみならず政治面でも日本との協力関係構築の重要性が増しており、それが、日本語教育強化の方針を支持していたと考えられる。

2　日本語教育をめぐる知識人の議論

　韓国政府の日本語教育強化政策に対して、国語世代の知識人の間では賛否両論が起こった。知識人たちは概ね日本語教育の必要性そのものは認めているが、植民地支配の苦い経験から、日本の経済的・文化的支配の再来を危惧する警戒心が根強かった（稲葉1973）。以下では、日本語教育の必要性・適合性がどのように判断されているか、彼らの主張に社会的文脈がどのように織り込まれているかという観点から、知識人の認識を分析する。

2.1　自国発展型必要論・現状追随型必要論

　稲葉（1973）も指摘するように、知識人たちの多くは日本語教育の必要性そのものは認めているが、彼らの議論を詳しく見ていくと、そこには2つの型が見られる。

　ひとつは、韓国の経済・科学・文化を育てるために、ひいては日本を凌駕するために日本語教育が必要であるとするものである。ここでは、日本語教育は将来の韓国の発展と日本の克服をもたらすと想定されている。また、その際に、日本は経済復興、文化発展を果たした国であるという認識が示されることが多い[21]。これは、日本から知識、技術などを獲得することによって近代化を達成しようとするものであり、自国発展型必要論と呼ぶことにする。第5章で見た韓国外国語大学の主張もこのタイプであると考えられる。

もうひとつは、1970年代に特徴的な主張であるが、現在の韓国社会における日本語の使用機会、実用性に鑑みて、日本語教育が必要であるというものである。この主張の妥当性は、グラフ1から4で見たような日本からの輸入、直接投資、観光客の急増という社会的文脈に担保されていると考えられる。これを、特に経済面での日韓関係の緊密化という社会的文脈の変化に呼応して構成されたという意味で、現状追随型必要論と呼ぶ。

　1970年代後半になると、論文集や学会誌に日本語教育に関する論考が掲載されるようになるが、そこでも、自国発展型必要論、現状追随型必要論が散見される。そこでは、日本は「どの国よりも密接な関係にある」「隣国」であることも強調されている。

2.2　日本語教育警戒論

　しかし、このような必要論は、単独で存在することは少なく、拡大が予測される日本語教育に対する警戒論を伴っている。次に、日本語教育警戒論の論理構成を見ていく。

　まず、日本語は、韓国語と似ているので学習者にとっては最も習得し易すく[22]、ドイツ語やフランス語に比べてはるかに実用的であり[23]、日本語の専門書の方が欧米の専門書よりも手に入りやすいため[24]、高校で日本語に人気が集中し、日本語教育が拡大すると予測される。そして、日本語教育が拡大すれば、学習者である高校生が日本語に染まり[25]、日本文化の模倣が広がる可能性があること[26]、また彼らの国家観が混乱したり[27]、民族の主体性を喪失したりすることになり[28]、最終的には日本の経済的、文化的植民地と化す可能性が高いこと[29]が憂慮される。ここでは、日本語教育の拡大は、民族の主体性を脅かし、日本による支配を導くという「弊害」が予測され、日本語を習得した否定的な自国民像が描かれている。ここでも、1960年代までの韓国政府の日本語教育否定論と同様に、日本語は民族の主体性と競合する文化要素であるとみなされている。同じ主張が今度は主体を変えて出現し続けたというわけである。では、このような警戒論が唱えられ続けたのはなぜだろうか。

　まず、このような警戒論は、外国語学習とは、言葉と同時に他民族の思考

や論理を学ぶことであり、それによって、人格が形成されるとする外国語学習観[30]に基づいている。そして、後で述べるように、1950年代、60年代の外国語の教育課程において、目標言語の文化の理解が、学習目標として重視されていた。外国語学習の目的として、コミュニケーション能力の獲得よりも異文化理解が重視される傾向があったと言えるだろう。また、異民族によって自国語を抑圧された経験を持つ韓国では、朝鮮語学会の日本語排除論に見られるように、言語＝民族の精神という言語ナショナリズムの言説が植民地解放後も強かったと考えられる。このような言語観、外国語学習観に基づけば、外国語学習によって異文化を理解し、自己の精神を豊かにすることができる反面、行き過ぎると自己の精神が目標言語の精神に取って代わられる可能性が出てくる。

　その上で、弊害が予測される根拠としては、韓国は日本に比べて経済・科学・文化が遅れているため、外国文化の影響を受けやすいこと[31]、学習者となる高校生は、日本の植民地支配を経験しておらず、精神的にも成長過程にあるため影響を受けやすいこと[32]が挙げられる。ここには、自国の経済的・文化的な脆弱性、ハングル世代の国民意識としての主体性に対する不安感が表れている。

　さらに、植民地支配下で国語として日本語教育を受けた知識人たちの日本語に対する複雑な心境が、日本語教育警戒論に底流していることも指摘しておかなければならない。1972年7月10日付の『東亜日報』に掲載された次のような作家の言葉は、彼らの「悲哀」を代弁していると言えるだろう。

　　幼少期から国語として学ばされた日本語は、学問をする上で絶対的な前提となっている。愛することも恨むことも尊敬することも軽蔑することも、ましてや絶縁することもできない外国の言葉を国語としなければならない状況で、その言葉で形成された意識を捨てることはできない。解放を迎えて、政治と同じように、学問と意識において日本語から解放されることは、簡単なことではないと感じた。加えて、私の悲哀は、ガンジーやネルーが英語圏で英語を学んだように日本語を学ぶことができなかったことに対する後悔、中国の魯迅が日本を学んだように日本を学ぶ

ことができなかった後悔に起因する。

　国語世代にとって、日本語は単なる外国語ではなく、韓国語、韓国文化と競合する文化要素であったと考えられる。国語世代の知識人にとって日本語は、強制的に学ばされ、無意識のうちに取り除けないほど自分の精神の中に深く根を下ろしてしまった言語である。彼らは、決して自発的とは言えない状況で結ばれた日韓条約により、日本の資本や文化商品が流入し、それに追随して日本語教育が行われるという現状に過去の経験を重ねたのではないだろうか。また、日本では軍国主義の残滓が散発的に現れる、日本は巧妙な方法で他民族の主体性を弱めようとする[33]といった現在の日本に対する不信感も警戒論では表明されている。それ故に、日本語の普及を通した日本による支配再来は、現実味を帯びていたと考えられる。

　韓国社会には、国語世代の日本語に対する複雑な感情、現在の日本に対する不信感、国家と民族の主体性に対する不安感が存在したため、日本語教育警戒論が主張され続けたと考えられる。

2.3　日本語教育限定論

　このように日本語教育の必要性を認めながらも、それが国民意識としての主体性を失った国民を生み出し、国家としての主体性をも脅かしかねないとすれば、そういった弊害を最小化するために何らかの手立てが必要である。その手立てのひとつとして挙げられるのは、日本の対韓政策に十分注意して、「韓国人としての確固たる態度と主体性を持っていれば、大きな問題はない」[34]という、学習者の主体性に対する期待である。日本語教育警戒論の根拠となっていたのが、学習者の国民意識としての主体性の脆弱性に対する不安感であったから、それを払拭すれば、警戒論は成り立たなくなるわけである。

　もうひとつの手立てとして挙げられるのは、現代において最も必要なのは西洋文化であるから、日本文化を知るための日本語教育の必要性は低く、もし必要だとすれば「日本人あるいは日本文化の短所を知らねばならないという警戒心に基づく」[35]としたり、日本語は、日本との経済関係の深化に伴っ

て使われるようになった実用的な言葉であり、主に日本に対してサービスを提供するために使われている言葉である[36]から、日本語は日本人との「接触を円滑にするための手段」としては学ぶ必要がある[37]、あるいは、日本語は国際語ではないから日本語学習は、科学技術書の読解や観光業に従事するためといった目的に限られる[38]としたりして日本語と他の外国語とを区別し、日本語教育の範囲を限定しようとする、日本語教育限定論である。日本語と韓国語の類似性も、総合力を育てるという点では日本語は効果がないという結論を導き、接触を円滑にするための 2,000 語で十分だというように、限定論を構成していた[39]。

以下で見るように、このような日本語教育限定論が、教育課程に反映され、制度化されていったと考えられる。

2.4　日本語教育限定論の制度化

韓国における最初の教育課程[40]は、1955 年 8 月 1 日に制定、交付されたが（文教法令第 46 号）、当時の外国語教育は英語、ドイツ語、フランス語、中国語の中から 1 つ、または 2 つを選択するとされていた。第 1 次教育課程のドイツ語の目標を見てみると、言語能力以外の事項に相当の比重が置かれており、ドイツ語によるコミュニケーション能力の育成より、ドイツ文化の理解が目標とされていたことが分かる[41]。中国語に関しても、中国及び中国文化の理解が第 1 番目の目標とされ、2 番目の目標として、中国文化の正確な理解に立脚した自文化の再認識、3 番目の目標として、韓中の文化交流が挙げられている。さらに、4 番目には、中国における外交、報道、軍事、留学などの活動と、中国学及び国学の研究のための中国語学習の必要性が指摘されている。このように、1950 年代は外国語学習の目標として、文化の理解が重視されていたと言える。

1963 年 2 月 15 日に制定、交付された第 2 次教育課程（文教法令第 121 号）では、中国語に関する記述に大きな変化は見られないが、ドイツ語、フランス語に関しては、目標言語文化の理解に加えて、目標言語文化との比較を通した自文化の理解と、目標言語話者に対する自文化の紹介が目標として加えられている。依然として、目標言語文化の理解が、外国語学習の主たる目的

とされているが、それと同時に自文化を客観的に理解することも目指されるようになったと言えるだろう。従来の教育課程に見られるような文化理解重視の方針は、日本語教育と相容れるものだったのだろうか。

　1974年12月31日に制定、交付された第3次教育課程（文教法令350号）において、日本語は、以下の点で、ドイツ語、フランス語、スペイン語と異なっている。まず、第3次教育課程は、目標、内容、指導上の留意点で構成され、内容について、他の外国語は（ア）読解、（イ）作文、（ウ）聴解と会話の順番で記されているのに対し、日本語は（ア）聴解と会話、（イ）読解、（ウ）作文の順である。他の外国語は書き言葉に重点が置かれているのに対して、日本語は、話し言葉に重点が置かれていると考えられる。なお、中国語は、第1次教育課程から会話及び聴解力が1番目に挙げられており、日本語と同様に話し言葉に重点が置かれていた。

　次に、目標として下記の3つが掲げられているが、そのうち、2つ目が他の外国語と異なっている。

（1）　標準的な現代日本語の基本語法を習得させ、聞き取り、読み、会話、作文の基礎的な機能を伸ばす。
（2）　日本人の生活とその国の文化、<u>経済</u>に対する理解を増進させ、国際的協調心と眼識を育て、われわれ自身の発展に寄与するようにする。
（3）　日本語を通して我が国の文化と現況に対する概略的な紹介ができる基礎的な能力を育てる。
　　　　　　　　　　　　　　　　　　　　　　　　　　　（下線筆者）

「経済」に対する理解という文言があるのは日本語だけであるが、これは、日本語教育が経済開発を通した近代化と深く結びつけられていたことを示していると考えられる。

　さらに、内容の下位項目として記述される言語材料についても、日本語と他の外国語とは大きく異なり、「我が国の文化や伝統及び社会、歴史、人物などに関する内容」、「我が国の経済発展に関する内容及びセマウル運動の模様」という文言が、日本語のみに見られる。日本語の場合、日本に関する情報を内容として扱うのではなく、韓国に関する情報を内容とすることが強調

されたのである。

　上述の教育課程(文教部令350号)が公布される前に、1973年に文教部令310号に依拠する日本語の教育課程が発表されているが、趙文熙(2005)によると、両者は目標、語彙数、素材などにおいて異なっている。

　まず、目標に関しては文教部令310号に依拠する日本語の教育課程(以下文教部令310号とのみ表記)には、「将来実業生活で日本語を有益に活用し、我々の経済発展に資することができる語学的な素養を育てる」、「日本の文化、経済などに対する理解を増進させ、国際的協調心を育てると同時に、我々自身に対する自覚を固める」、「幅広い専門的知識を備えるため全力で日本語で書かれた資料及び文献などを研究する態度を育てる」といった項目があり、日本語を実業生活や専門知識の獲得に役立つものと位置づけていた。しかし、1974年公布の教育課程(以下文教部令350号と表記)では、それらが削除され、目標が簡略化されている。

　また、文教部令310号では、日常使用語彙2500語程度、専門的技術用語300〜500程度とされているが、文教部令350号では、基本語彙2000語、専門的技術用語200語程度となっている。漢字に関しても、前者は当用漢字1850字の範囲内とされているのに対し、後者では当用漢字の範囲内でその一部を使用すると限定されている。語彙数、漢字数も制限されたと言える。

　さらに、素材に関しても大きな差異があり、文教部令310号では、素材は必須的な語学基礎材料以外に、日本の社会、文化、経済などを扱った材料を含め、実業専門教育の系列別特殊性を考慮し実業及び科学に関する内容を合わせて指導するとされているのに対し、文教部令350号では、前述のように、我が国に関する事柄を内容とすることが強調された。

　このように、1973年の時点では、日本語は「実業」や「科学」、「専門知識」と結びつけられ、それに応じて学習語彙数も設定されており、日本の社会や文化も学習内容とされていたと考えられるが、1年間の間に、目標と語彙を限定し、韓国に関する事柄を内容とする方向に変更された。教育課程によって、日本語教育の目的や内容を制限する日本語教育限定論が制度化され、日本語教育を通して国民意識としての主体性を強化する方針が示されたと言え

よう。
　では、次に教育課程に基づいて編纂される日本語の教科書の内容を見ていく。当時、日本語の教科書は国定教科書であり、1種類のみであった。なお、教科書の目次、課のタイトルは、本書巻末に付録として添付した。
　高等学校の日本語の最初の教科書として1973年『日本語読本　上』が出版された。編者は日本語教育研究会であり、著者であるイ・ユンギョン(이윤경)、イ・ボンボク(이봉복)、パク・ソンウォン(박성원)、チョン・キジョン(전기정)、チョン・ジェイン(정재인)、ミン・ソンフン(민성흥)は、韓国外国語大学をはじめとする大学で日本語教育に携わる教員である。次いで、1975年『日本語読本　下』が、やはり大学で日本語教育に携わる教員であるキム・ウヨル(김우열)、チェ・チャンシク(최창식)、ムン・スンヨン(문승연)によって編集され、出版された。
　『日本語読本　上』は、目次からも分かるように、前半部では日本語は主として文型提示のために用いられており、内容は日常生活が中心となっている。また、第34課のタイトルが日本となっており、日本の国土と工業化について記述されているが、それ以外は「わが国」、「むくげの花」、「韓国の季節」、「ハングル」、「李舜臣将軍」、「太極旗」、「セマウル運動」といったタイトルが並んでいることからも分かるように、39課中13課が、韓国に関する事柄を内容としている。韓国に関する内容としては、日本の侵略から韓国を守った人物、年中行事、歴史文化が残る町の様子など韓国の歴史、伝統に加えて、インフラ整備や政府の植樹計画、セマウル運動、経済発展といった韓国の近代化に関する事柄が多く取り上げられている。前に見た道徳科の教科書と同様に、韓国の伝統的な文化要素と抗日の歴史、近代化志向とを描くことが、日本語の教科書においても行われていると見ることができる。
　『日本語読本　下』でも同様の傾向が見られ、日本に関しては、ひらがなの成り立ち、近代日本の生け花の特徴、戦後の経済復興が取り上げられているに過ぎない。その一方で、韓国に関しては、光化門の歴史、日本の林羅山にも影響を与えた朱子学者、李退渓、文禄の役(壬辰倭乱)における四冥大師の活躍など歴史的な人物、建造物に加えて、造船業の発達、医療技術の発達、高速道路の建設、農業の近代化、遠洋漁業といった近代化を着々と進め

る韓国の様子も全31課中16課にわたって取り上げられている。また、李退渓の教えや生け花が朝鮮半島から日本に伝わったことも記述されていた。

このような教科書の内容から、『日本語読本』において日本語は、韓国の歴史的な人物や伝統文化と近代化の様子を伝え、国民意識としての主体性を鼓舞する媒介語となっていると見ることができる。文教部は教科書編纂にあたって、我々の素材、自慢できるものを謳う文章によって主体性を硬く保つという方針を示しているが[42]、それが実現されたと言えるだろう。

その後、教科書の改訂が行われ、1979年から韓国日語日文学会編集の『高等学校日本語 上・下』が国定教科書として使用されるようになった[43]。教科書の著者は、パク・キテ(박희태)、ウォン・ヨンホ(원영호)、チェ・ヨンスク(최영숙)、ホ・チョウ(허초)、ミン・ソンフン(민성흥)、チョン・キジョン(전기정)であり、やはり大学で日本語教育に携わる教員が中心となって編纂された。

『高等学校日本語 上』の特徴として、まず、「これはつくえです」、「ここにしんぶんがあります」、「活用のある言葉(Ⅰ)(Ⅱ)(Ⅲ)」、「動詞の音便」といった課のタイトルから分かるように、日本語の文型や文法規則の説明を内容とした課が増えたことが挙げられる。特に初級の段階においては、日本語の文型や文法規則を習得することが、重視されるようになったと見ることができる。それ以外は、「わたしのうち」、「先生と学生」、「としょかん」、「買い物」、「ぼくの一日」といった日常生活が内容の中心であるが、それに加えて、セマウル運動、韓国の季節、韓国の果物の名産地、平和統一といった韓国に関する内容が見られる。しかし、日本に関する事柄が内容として提示されることはない。ただし、第36課の「訪問」では、韓国人が日本人恩師の家を訪問するという設定で、初めて接触場面が提示された。日本人＝先生、韓国人＝学生という設定は対等な人間関係ではないかもしれないが、日本人との対話のための日本語が提示されたのは、大きな変化である。

『高等学校日本語 下』のタイトルを見ると、「栄養素」、「動物の冬ごもり」、「さけのさとがえり」といった自然科学が内容として取り上げられるようになったことが分かる。また、「雨ニモマケズ」、「泣いた赤おに」のように、日本の昔話、日本文学も取り上げられていた。そして、日本に関する情

報としては、韓国文化が日本文化に影響を与えたことに対する日本人の認識が深まっている（下第18課）、神田は本が安く買える（下第20課）、お七夜、お宮参り、七・五・三、成人式などの行事（下第22課）が挙げられていた。一方、韓国に関する内容としては、世宗大王の業績、韓国の古代文化、近代化したソウルの様子、経済発展が取り上げられていた。『日本語読本』に比べて、日本に関する内容が増えたわけではないが、韓国に関する内容を提示する課が課の総数に占める割合は、41％から13％へと大幅に減少した。また、『高等学校日本語　下』でも、韓国人が日本人の友人に電話をかける場面と手紙を書く場面が取り上げられており、日本語は、日本人との対話のための媒介語としての機能を果たしている。

　このように、1973年時点の国定教科書では、日本語は主として国民意識としての主体性を確立させる道具として扱われていたが、6年後の1979年には、その傾向が弱まり、日本語は文法規則を説明する機能、日本の文学作品や説話を表現する機能、日本人との対話のための機能も果たすようになったと考えられる。しかし、日本に関する情報を内容とする課が課の総数に占める割合は、どちらも4％程度と低く、日本語は日本文化を理解するための道具として、機能しているとは言えない。日本語教育における日本文化の取り扱いについては、『人文系高等学校教育課程解説』（1975年）で下記のように記述されている[44]。

　　外国語教育においては、文化的（教養的）価値と実用的価値を追及するが、前者に重きをおいてみると、言語はその国の民族の魂を盛る器というべく、精神的に同化され、心酔することがなくもない。この点をわれらは十分に警戒しながら、多極化した今日の国際社会で、日本との善隣外交をひろげ、互恵平等の原則に立脚し、文化、経済、外交面で密接な協力体制を維持発展するための一つの手段として、言語学的技能を養うのに意義があると考えられた。かくて、日本語教育の目的は、日本の文化、伝統の理解受容に重点をおくよりは、むしろ実用的価値を重要視し、経済活動に貢献する手段として学び、われらの矜持をいかし、われらの文化伝統の正しい紹介、伝達とわれらの意思を訴える力を養うのに

重点が置かれた。(下線筆者)

　ここでは、外国語教育の目的は、異文化理解と実用的な道具の獲得に二分され、日本語の場合、国民意識としての主体性の喪失を避けるために、後者に重点を置くことが主張されている。これは、日本語教育を、経済関係の緊密化に対処するための実用的な範囲、ないしは経済発展に寄与する範囲に限定し、「道具」として学ぶという日本語教育限定論と一致しており、そこにおいては、日本文化の理解は軽視されたと考えられる。そして、日本語教育限定論を教科書編纂の上で具体化した結果、日本に関する情報が非常に少なくなったと考えることができる。

2.5　関係改善志向型必要論

　日本語教育が経済面での日韓関係の緊密化に存在を保証され、自国の経済発展に資するものとされて実施される中で、日本問題について検討し、将来の展望を開くことをめざして、1974年3月、ソウルで総合シンポジウム「韓国にとって日本とは何か」が開催された[45]。このシンポジウムは、政治・経済、文化・伝統、文学・芸術の三分科会に分かれ、大学教授や研究所所長、新聞論説員など韓国人知識人が参加し、日本人大学教授をオブザーバーとして招いて行われた。このうち、政治・経済及び文化・伝統分科会の議事録において、日本語教育に関する言及が見られる。

　政治・経済分科会では、まず、なぜ今日本を論ずるのかについて意見が交わされるが、その内容は次のようにまとめることができる。

　　脱冷戦時代の不安定な国際情勢の中で、日本は、強大な経済力を持って台頭してきた。しかし、軍事力増強が進められていることや、政府と財閥の癒着に鑑みれば、将来再び軍国主義化する可能性も否定できない。また、植民地支配の罪や分断体制への道義的責任に対する反省がないだけではなく、「等距離外交」と称して分断体制を維持させるような政策をとっている。しかも、韓国民族を軽視するような日本人もある。このような日本には不信感を抱かざるを得ない。しかし、日本は韓国が関係

を持ち続けなければならない国である。また、韓国人がこれまで日本を積極的に知ろうとしなかったことも事実であるから、日本という存在について議論しなければならない。

続いて、参加者8人は、以下のような現状認識を示す。

現在日本は、経済一元主義的な思考方式で、徹底して資本の論理に従い、極めて怜悧で現実主義的な対韓政策を展開している。そして、資本の論理に基づく対韓政策は、公害や労働者の搾取といった様々な社会問題を、韓国でも生じさせている。しかし、韓国は問題があると知りつつも、日本資本を受け入れざるを得ない。このような悪循環によって、経済関係だけが肥大化し、様々な「毒素」をもたらしていると同時に、文化交流、国民と国民の間の精神的交流が妨げられている。

日本の経済進出や日本人観光客の増大がもたらす様々な弊害については、当時の新聞も報道していた。例えば、1975年8月14日付の『東亜日報』では、韓国の地価や賃金の低さ、税金の免除、労働争議の禁止、公害に対する規制の甘さなどが、日本の企業進出の呼び水となっており、そのために日本ではもはや存在できなくなった斜陽産業や公害企業が韓国に進出し、韓国の中小企業を圧迫しているばかりか、公害を撒き散らしている、と批判している。また、激増する日本人観光客や長期滞在者に関しては、そのマナーの悪さや買春目的の観光を批判し、現地妻の問題も取り上げていた。

日韓経済関係の緊密化の負の側面は、広く知られるようになってきたということができるが、シンポジウムでは、このような現在の「不健全」な日韓関係を改善するために、特に両国の知識人間の交流が必要であると主張される。彼らは、侵略史なども含めた学問的研究を通した交流によって、国民どうしの相互理解が進むことを期待する。そして、このような相互理解、学問的相互研究の基盤となるものとして、言語学習の必要性が主張された。

一方、文化・伝統分科会においても、日韓両国民がアジアの一員としてお互いを理解しあわなければならないとされ、その近道は「良心的な学者の接

触」であり、お互いの言語を理解することだと主張される。そして、若い世代の相互理解のために、韓国の大学では日本史学科を、日本の大学では韓国語講座を開設することも提案された。この分科会の参加者が国史学者ないしは国語学者であるためか、韓国は、古代以来文化的に日本に優越していたが、軍事的・技術的フレームが支配原理となった近代化の過程に乗じた日本帝国主義によって国家が断絶されるという不幸に陥ったことを、日本側が認識し、優越感を棄て韓民族とその文化を尊重する態度をとることが、将来の円満な日韓関係のために不可欠だという主張も繰り返されていた。

　このように、このシンポジウムでは、現在の経済中心の日韓関係を問題視し、それを改善するために両国民の学問的研究と対話を通した相互理解が必要であるとし、その基盤として日本語教育を位置づけた。ここでは、日本語教育が、相互理解の促進を通して既存の日韓関係を改善する役割を担うことが期待されていると考えられる。したがって、これを関係改善志向型必要論と呼ぶことにする。ただし、シンポジウムでは、日本人による韓国語学習、韓国研究も必要だとする相互主義の原則が主張されたことも付け加えておかなければならない。また、ここで文化理解や対話の主体とされているのは、主として研究者ないしは大学生であり、高校生ではない。したがって、関係改善指向型必要論は、日本語教育限定論とは相反するものではないと考えられる。

2.6　ソウル大学入試事件と英語優先論

　1975年1月4日、ソウル大学入試管理委員会委員長、金哲洙氏は、「今年、ソウル大学の入試から日本語科目は除外され、来年もやはり日本語は除外する」と発表した。金氏は、その理由として、①ソウル大学に日本語科がなく、出題する教師がいないこと、②学問上、日本語を第2外国語として扱うのは難しいこと、③日本に対する国民感情がまだ良くないこと、という3点を挙げた[46]。この発表に対して、日本語教育を行ってきた高校は、強く是正を求め、文教部も、「入試に関することは大学の権限に属するため、どうすることもできない」としながらも、大学側に日本語を入試科目に含めるよう、強く要請した[47]。ところが、文教部の強力な要請にもかかわらず、ソウル大

学は方針を修正せず、同年8月、日本語を第2外国語の科目から除外したまま入試要綱を発表した[48]。そして、多くの国立大学、及び私立大学もソウル大学の措置に追従し、日本語を試験科目としないと発表したのである[49]。

　この出来事を機に、日本語教育の必要性に対する議論が再燃した。その大部分は、前に見たものとほとんど同じ論理構成であるが、以下のように日本語教育自体を否定するような主張も表れた。

　そのひとつは、欧米の文化が日本よりも進んでおり、日本文化はその模倣か複製に過ぎないという前提に立ち、日本語よりも英語を学んだ方が、韓国の発展に資するとするものである[50]。日本を介した「歪んだ西洋観」ではなく、欧米文化を直接摂取すべきだということである。「日本語を通して欧米文化の成果を吸収する結果になれば、それは日本の二番煎じを食べて生きていくことであり、したがって、(中略)日本が受容した範囲から抜け出すことができない」[51]という。もうひとつは、「他のアジアの国々では英語を使って日本と取引している」のであるから、「日本の経済力の浸透を背景に取引や会話のため日本語が必要であるという考え方は清算すべきである」[52]として、日韓関係の緊密化に伴う現状追随型必要論を否定するものである。

　これらの議論において、日本語は英語と競合する言語とみなされ、英語の習得こそ優先されるべきであると主張されている。したがって、これを英語優先論と呼ぶことにする。しかし、韓国の教育制度において、英語は第1外国語であり、中・高校では必須科目となっているため、本来は第2外国語である日本語と競合するはずはない。それでも英語学習を強調しなければならないほど、日本語教育は拡大していたのだろうか。

　1973年には、日本語教育を実施した高校は約130校で、全体の約14%であったが、1975年8月8日付の『東亜日報』によると、日本語を選択した高校が300校に上るということであり、同年8月25日付の『東亜日報』では、高等学校における日本語学習者数がドイツ語学習者数に次いで、第2位になったと報じている。また、1975年までの間に、日本語関連学科を開設した大学は15校に上った[53]。さらに、1973年8月15日付の『朝鮮日報』(4面)では、市中に日本語学校が増加し、職場でも日本語教育が行われていると報道され、同年6月28日付の『朝鮮日報』(4面)では、全国経済人連合会が英

語及び日本語学習を日課として行っていると報道している。

　このように、日本語教育は教育機関、職場で急速に広まり、特にビジネス界では英語と同等の位置を占めるようになったと見ることができる。このような日本語教育の勢力の拡大を背景として、「ソウル大学が日本語を採択すれば、高等学校に日本語ブームが起こりやすく、それに伴って、日帝の残滓がまだ消えていないわが国が再び日本の文化的植民地になる恐れが大きい」[54]という警戒論が高まったと考えられる。植民地解放後の韓国において、日本語は国語でも第1外国語でもなく、第2外国語でなければならなかった。その住み分けを明確化したのが、英語優先論であったと見ることができる。英語優先論は、日本語を韓国語ではなく、英語と競合する文化要素とみなすことによって、第2外国語としての日本語の地位を固めたのではないだろうか。

3　日本語学習者の必要論と国民意識としての主体性

　このように、高等学校では、国民意識としての主体性の確立に重点を置きながら、経済開発、経済活動に役立つ道具として日本語を学ぶという日本語教育限定論が制度化され、日本語教育が急速に普及した。そして、国語世代の知識人の間では、自国発展型必要論、現状追随型必要論、警戒論、日本語教育限定論に加えて、関係改善志向型必要論、英語優先論も主張されていた。それでは、このような言説空間で実際に日本語を学んでいたハングル世代は、日本語学習についてどのように認識していたのだろうか。インタビュー・データから彼らの認識を探る。

　まず、彼らの日本語学習開始理由を見ていくと、表14に示したように6つに分類できる。1つ目は、入った高校が日本語を選択していたからというもので、自分の意思とは無関係に日本語学習が始まったと語られるケースである。高校から日本語を学び始めた3名のうち2名がこれにあたる。残りの1名は、3ヶ国語から1ヶ国語自分で選択できたということであり、日本語が他の外国語に比べて易しそうだったから選択したと答えた。3つ目は、高校の先生、家族など国語世代から、日本語を学べば将来仕事を探す上で役に

表14 日本語学習開始理由(1970年代)

理由	人数	具体例
意志とは無関係	2	仕方なくっていうか、やらざるを得なくやったという感じですね(田)
易しそう	1	3つ(ドイツ語、フランス語、日本語)の中では日本語が一番やさしいかなと思ったからなんです(柳)
国語世代の勧め	3	私の好きな先生、高校時代の先生から日本語勉強する必要があるだろうというお勧めで選んだだけ(白) 将来、私みたい父みたいな世代が全部いなくなるから、日本語専門にやっても将来のためにいいんじゃないのって勧められて(池)
将来性に対する期待	1	1971年に大学紹介の雑誌にこれから有望な学科として漢方医学科と日本語科が取り上げられた(申)
新奇性	3	一回生ということが魅力的でそれで入った(沈) その当時日本語は一般化されていない時期だから、魅力があって(鄭)
日本に関する興味・関心	2	大きなきっかけは親戚ですね。親戚というのは、母の弟です。兄弟2人でしたが、1人が日本に行ったんですから。それで、家で自然にですね、日本に関する話聞いたんですが、まあいい話ですね。興味がわくような、それで(韓)

立つといった勧めを受けたことにより、日本語学習が始まったというものであり、4つ目は、マス・メディアの報道などを通して日本語を習得すれば将来役に立つという期待感を持ったというものである。これらは、現状追随型必要論が、日本語学習者に受け入れられていたことを示している。そして、5つ目は、学科の新奇性に惹かれたからというものであり、6つ目は、日本在住経験のある親戚ないしは教師から、日本に関する話を聞き、日本に対する興味・関心を持ったというものである。

このように、協力者の多くは、国語世代の助言や教育制度といった外部の影響によって日本語学習を開始しており、最初から明確に自分にとっての日本語の必要性を認識していたわけではない。しかし、新奇性、将来に対する期待に現れているように、日本語を習得すること、ないしは日本語を習得した将来の自己に対する漠然とした期待感を持つ学習者もあったと解釈できる。他方、日本に対する興味・関心に見られるように、身近な日本滞在経験者が、日本に対する興味・関心を喚起し、日本語学習へと誘っていたこと

も明らかになった。この時、学習者が耳にしているのは、隣に住んでいた日本人がとても親切だったというような具体的なエピソードを含む体験談であり、日本人や日本社会に対する親近感や憧れが形成させるような内容である。日本人や日本社会との接触経験を持つ国語世代の人々も、日本語教育必要論を生成し、日本語学習を促していたと解釈できる。しかしながら、新聞・雑誌記事において、個人レベルの日本人との接触経験や繋がりに基づいた日本語教育必要論が出現することはなかった。当時の韓国社会において、このような必要論は、私的領域でのみ出現することができたのかもしれない。

　一方、自分の意思とは無関係に日本語学習を始めた場合でも、日本語学習が進むにつれて、自分にとっての日本語の必要性が意識化され、動機づけが内在化されていくことが語りから窺えた。以下に典型的な語りを示す。

河：(韓国の大学では)夏目漱石だったり、『潮騒』、島崎藤村とか、近代小説を読んで、おもしろいなと思って、1回は行ってみたいなと思って、それで留学したんです。

金：ちょうどまたたまたま日本の中学校の学生と文通やっていて、結局それがきっかけになって大学での専門になったと(笑)ということです。

白：大学の1年生の時から日本語の劇をやっていたんですね。日本語で劇をやる、そういうサークルがあって、でそこに参加していたら、どんどん日本語のことが、日本語の構造のことが知りたくなって、4年生の時に初めて劇の指導をしたんですけれども、台本のせりふのアクセントとかイントネーションとか勉強しないといけない、でそれができないと、劇のせりふとしては感情が観客に伝わらないだろうという、で音声のことを勉強し始めたんですよ、独りで。で、勉強すればするほど面白くなってきて、これを生涯の職業にしようということで、留学を決めたんです。

柳：(高校で)ほんとにこう他の科目よりいい点数を取ったんですね、日本語が特に。それでその時、興味を持って、専門的に勉強しようかなと思ったんです。

河氏は、日本語学習をきっかけとして日本の小説を読むようになり、それが自分の興味関心の対象となったと解釈できる。また、金氏は、学生対象の英字新聞の文通募集欄で日本人学生の名前を見つけて英語で文通を開始したということであるが、高校における日本語学習開始と前後して始められた日本人学生との文通が、大学の日本語学科への進学を促したと解釈できる。これらの語りから、日本の文物との接触経験、日本人との接触経験が日本に対する興味関心を喚起し、日本語学習を動機づけていることが分かる。また、日本の文物や日本人との接触による日本に対する興味関心の生起は、日本語学習開始に先立つ場合もあるが、日本語学習開始後にも起こっていることも確認できる。一方、白氏は、日本語の音声に対する興味関心が内発的動機づけへと変化しており、柳氏は日本語によって自己効力感を得ていると解釈できる。このように、日本語学習者は、日本語学習の継続に伴って、Deci and Ryan（1985）の自己決定理論[55]で指摘されているように、動機づけを内在化させており、日本語を自分自身に資する言語として認識するようになったと考えられる。

　前述のように、国語世代の日本語教育をめぐる議論においては、民族の主体性の保持が焦点化されていた。しかし、学習者の回想においては、日本語学習が自分自身に利益をもたらすかどうかが焦点化されていると言える。したがって、学習者は民族の主体性からは比較的自由に日本語学習を選択していたと考えられる。

　しかしながら、1970年代の韓国には、日本語学習を奨励するような雰囲気はなく、特に、1970年代前半は、田中首相による植民地支配を肯定化する発言に加えて、日本資本の流入に伴う韓国人労働者の搾取と公害の拡散、妓生観光などが批判され、日本政府は暴力的な朴正熙軍事政権を支えながら、韓国国民の抑圧に加担していると報道されていた[56]。また、朝鮮総連系の在日韓国人文世光による大統領狙撃事件に対する日本政府の態度に対しては、大々的な反日デモが起こった。新聞では、日本との経済関係緊密化による「対日貿易逆調」、つまり対日貿易赤字も重大な問題として取り上げられ、日本側が是正措置をとらないことを批判していた。

　このような反日感情の矛先は、日本語学習者にも向かっていた。多くの協

力者が、バスの中など公の場では日本語の教科書を開くことができない、文世光事件の時は学内で肩身の狭い思いをした、「なぜ日本語を専攻するのか」という質問を受けたというような経験をしている。つまり、学習者を取り巻く環境は、国民意識としての主体性を強く意識させるものであり、それは反日を帯びていた。以下の語りは、このような環境の中で日本語を専攻することに対する複雑な心境を表している。

沈：その日本語を習うことに対して回りからのちょっと冷たい、冷たい視線とか。あのミーティング[57]というのがあるんですよ。出ると相手がいつも聞くんですね。何で日本語を勉強するか。・・いつも言われるんですね。だから日本語に対する、新しい学問だっていう魅力も少しはあるんだけれど、日本に対する悪い感情から抜けられない引け目、その２つが両方複雑に混ざって、うーん、だからなんていうの、堂々と日本語科だっていうことがいえないそういう雰囲気もあったんです。(「・」は１秒間の沈黙を表す)

　学習者は、このような反日本語教育的な圧力にどのように対処していたのだろうか。沈氏は、なぜ日本語を勉強するのかと聞かれると、「日本は私たちの競争相手でしょ。だから相手を良く知って、勝つためには良く知ることだから」と答えていたという。これは、日本を敵対勢力と位置づけることによって、韓国人としての自分の立場を明確化し、日本語を学習しても国民意識としての主体性は失われないことを示す言表であると考えられる。韓国人日本語学習者の間で、日本に勝つためには日本についてよく知らなければならないという、いわゆる克日論が生成されていることは、稲葉(1976)、西岡(1986)などでも指摘されているが、これは、日本語が民族の主体性と競合するという認識が歴史的に構築された韓国社会において、国民意識としての主体性の保持が日本語教育実施の鍵となっており、学習者も決してそこから自由ではいられなかったことを示していると考えられる。
　また、協力者自身も、歴史教育やマス・メディアの報道を通じて、否定的な日本イメージを持っていたと語っていた。そして、自己内にある反日感情

に対しては、日韓関係の諸問題や歴史的関係と日本語を勉強することは別の次元のことだと考えるという態度がとられていた。ここには、韓国内に広がる反日言説からは自由に日本語学習を行おうとする学習者の姿を見ることができるように思う。

4　日本側の日本語普及支援

　この章の最後に、1970年代から開始された、日本政府による日本語教育支援活動を概観しておく。

　1968年、国民総生産が米国に次いで2位になるまで成長した日本は、世界各国から知的関心の対象とされる一方で、批判、摩擦にもさらされることになった。こうした中で、文化交流、外国人に対する日本語の普及や日本語教育の振興の必要性に対する認識も高まり、1972年、国際交流基金が設立された。基金は設立当初、米国に重点を置いた事業を行っていたが、韓国に対する文化交流事業や日本語普及支援活動も行うようになった。また、国際交流基金設立に先立って、在韓日本大使館では、1971年7月30日、在韓日本広報官室を開設した。

　1973年に実施された2週間の研修プログラムである「海外日本語講座成績優秀者研究会」には、参加者59人中韓国人6人が参加した。また、7週間の研修である「海外日本語講師研修会」には54人中、韓国人教師22人が参加した[58]。韓国からの参加者が多いことから、日本政府が高校での日本語教育が開始されたばかりの韓国に対する教員研修を重視していたことが分かる。これらの研修には、その後も継続的に韓国からの参加者があった。

　また、国際交流基金は、1975年、日本から日本語教育専門家として韓国研究者を韓国の大学に派遣した。さらに、出版助成、日本語教材援助、寄贈などの物質的支援も行っていた。1979年1月14日付の『朝鮮日報』(7面)では、清州大学の日本語教育を支援するために日本政府が1500万円を援助する計画があると報じられた。また、5章で取上げた林氏も、日本語関連学科の教員になった後、国際交流基金や他の日本の民間団体から、教材の寄贈や講座開設の援助などを受けたということである。

このように1970年代前半から、日本政府は韓国における日本語教育の支援に積極的に乗り出すようになった。

　このような日本側の日本語教育支援事業が、韓国人日本語教師及び日本語学習者に日本人や日本社会との直接接触経験をもたらし、それが日本語教育必要論を生成させたり、日本語学習の動機づけとなったりしていたことが、インタビューに現れていた。例えば、日本から派遣された専門家は、韓国の大学で韓国人教員と学問的な交流を行うと同時に、日本語の教科書編集の支援も行ったが[59]、4章で取り上げた安氏は、派遣専門家との間に生涯にわたる友人関係を築いたという。そして、その経験に基づいて、日本人と交流し、お互いに理解しあうための日本語教育の必要性を強く訴えていた。第8章と第9章で詳しく述べるように、日本人との個人的な接触経験は、交流・相互理解型必要論を生起させているのであるが、国際交流基金の支援事業もそれに一役買っていたということである。また、上で取り上げた沈氏は、国際交流基金の招待で日本を訪問し、現実の日本を見たことから、日本に対する良い印象を持つようになり、留学を決心したと語っていた。これは、日本側の支援事業が、日本語学習に対する動機づけを高め、学習の継続を促したことを意味している。

5　小括

　1972年、朴正熙大統領は、日本との経済交流のため、また農業をはじめとする日本の書籍を読むために日本語教育が必要であるとし、高等学校の第2外国語として日本語を導入すると発表した。第5章で見たように、1960年代、文教部は、民族の主体性に悪影響を及ぼすとして、特に民間の日本語学校による日本語教育の拡大を取り締まっていたことに鑑みれば、これは大きな政策転換であったと見ることができる。朴正熙大統領も「主体性を基盤とした大韓民国国民の度量と能動性が必要」であると言明しているが、本章では、まず、朴正熙政権が、対日外交に対する国民の厳しい非難にさらされながら、なぜ日本語教育強化政策をとったのか、検討した。

　朴正熙政権は、その政治的正統性の欠如を克服するためにも、経済開発に

よる近代化に全力を傾けた。そして、輸出指向型工業化政策をとり、経済協力方式によって請求権問題を解決して、日韓基本条約を締結した。その結果、日本から大量の資金や技術が流入することになり、緊密な日韓経済関係が構築された。特に1970年代前半には、日本からの直接投資も増大し、日本企業の進出に伴って、訪韓する日本人ビジネスマン、観光客も増加した。また、国交正常化以降、日本政府招聘の国費留学生、韓国政府が派遣する技術研修生という形で、鉱工業、農林業を中心として多くの留学生が日本に送り出されていた。このように、1972年時点では、経済交流、知識獲得のための日本語教育強化の必要性を主張し得る社会的文脈ができあがっていたと考えられる。

　また、朴正熙政権は、国民教育憲章の発布（1968年）、国籍ある教育をスローガンとする教育政策を通して、国民意識としての主体性を強化し、韓国国民を作り出すことにも尽力した。朴正熙政権が創出しようとしていた韓国国民とは、伝統的価値観を備えると同時に近代化を志向する国民である。朴正熙大統領は、文化政策も重視し、文化財の保存と韓国伝統文化の復元を推進した。このような民族文化振興策も、国民意識としての主体性の強化に資するものだったと考えられる。日本語教育強化政策は、教育政策、文化政策による国民意識としての主体性強化と並行して採用されたため、民族の主体性の問題を克服することができたと考えられる。

　しかし、日本語を高等学校の第2外国語とするという政府の決定に対しては、論争が沸き起こった。本章では、新聞・雑誌に発表された知識人たちの議論を分析した。その結果、韓国の発展と日本の克服のために日本語教育が必要であるという自国発展型必要論、既に緊密化した日韓経済関係に対処し、実際の経済活動に参加するために日本語教育が必要であるとする現状追随型必要論に加えて、日本語を学習する自国民の主体性の喪失と日本の文化的支配の再来を危惧する日本語教育警戒論が主張されていた。母国語を抑圧される経験をした国語世代の知識人の複雑な心理と、言語は民族の精神であり、外国語教育とは異文化の思考様式の受容を伴うという外国語学習観が、国民意識としての主体性に対する強い懸念を構成したと考えられる。そして、国民意識としての主体性を保持するため、日本語を経済活動の「道具」

ないしは、自国の経済開発に資する範囲で習得し、学習者の国民意識としての主体性を揺るがす可能性のある日本文化との接触はできるだけ避けるという日本語教育限定論が主張された。この日本語教育限定論が、日本語の教育課程、教科書を通して制度化されていったと見ることができる。

　本章では、1975年に公布された『人文系高等学校教育課程解説』、1970年代に出版された日本語の国定教科書の内容を分析し、日本語の場合、教育内容として韓国の伝統文化と近代化の様相が選択されていることを示した。当時の教科書において、日本語は主として、国民意識としての主体性を強化するために必要な韓国像を提示する機能を果たしていたと見ることができる。

　紆余曲折を経ながらも、高校での日本語教育が始まると、それは実業系高等学校を中心に急激に広がり、日本語学校、職場などにも拡大していった。このような日本語教育の拡大に対して、ソウル大学が入試科目から日本語を除外すると発表したのをきっかけとして、英語優先論が主張された。本章では、英語優先論を、第1外国語としての英語、第2外国語としての日本語という住み分けを明確にしたものと解釈した。

　さらに、1974年に行われた「韓国にとって日本とは何か」というシンポジウムでは、経済偏重の日韓関係を学問的研究による交流、相互理解によって改善する必要があり、そのために日本語教育が必要だという関係改善志向型必要論も主張されていた。経済面における日韓関係の緊密化が、現状追随型必要論に正当性を与える源泉にもなっていたのは前に述べた通りである。しかし、同じ社会的文脈を前提としていても、現状追随型必要論と関係改善志向型必要論とでは、その解釈のし方に違いがあると言える。つまり、前者は、緊密な日韓経済関係を維持、促進すべきだとし、そのために日本語教育が必要だとしているのに対し、後者は経済中心の日韓関係を「不健全」だとし、それを改善するための人的交流の基盤として日本語教育を位置づけている。これは、同じ社会的文脈が、異なって解釈され、異なる必要論を生み出していたということであり、「経済関係の深化が日本語教育を促す」という通説も、その内実は多様であったことを示していると見ることができる。同様に、韓国語と日本語の類似性は一見、日本語教育を促進させそうである

が、類似しているため総合的思考力の発達には役に立たないというように、限定論の根拠にもなっていた。

　このように、国語世代の間で日本語教育をめぐる議論が活発化する中で、多くのハングル世代が日本語学習を開始していた。本章では、回想的なインタビュー・データを用いて、当時の日本語学習者の認識を探った。その結果、ハングル世代の学習者は、教育制度の影響を受け、あるいは国語世代の現状追随型必要論を受容して、日本語学習を開始していたことが分かった。しかし、それだけではなく、身近な国語世代の韓国人による日本・日本人との直接接触経験が、日本に対する興味関心を引き出し、日本語学習へと誘う場合もあったことが明らかになった。個人間の日韓関係が、日本・日本人に対する肯定的なイメージ形成を介して、日本語教育必要論を生成させているという言表は、当時の韓国社会では、公的空間には登場し得なかったと考えられるが、実際には起こっていたということである。また、国際交流基金による韓国の日本語教育支援事業によって日本人、日本社会と直接接触したことが、日本語学習の動機づけとなっていたことも、インタビュー・データから明らかになった。さらに、自分の意思とは無関係に日本語学習が開始された場合も、日本語が自己に資する言語とみなされ、動機づけが内在化することによって、日本語学習が継続されていた。学習者にとって、日本語が自分の個人的な利益に資するかどうかが、日本語学習を行う上で重要視されたと言えるだろう。

　しかし、当時の韓国社会では、反日本語教育的な圧力が強かった。これに対して学習者は、日本に勝つためには日本を知る必要があるという克日論を形成し、国民意識としての主体性を顕示していた。また、日本語学習者は、個人の内面にも、日本に対する否定的な感情を抱えていたが、それに対しては、日本語学習とはあえて結びつけないとして棚上げしていた。

　このように日本語学習者は、国語世代が構築した言説空間の影響を受けながらも、自分なりの日本語教育必要論を生成していたと見ることができる。それが、その後どのように変化し、言説空間にどのように還元されるかは、第9章で詳しく見ていくことにする。

注

1 韓國日語日文學會『韓國의日本語教育實態―日本語教育機関調査 1998～1999 年』による。
2 『朝鮮日報』1972 年 7 月 6 日。『東亜日報』1972 年 7 月 6 日。
3 『朝鮮日報』1972 年 7 月 7 日。
4 木宮正史「韓国における内包的工業化戦略の挫折」『法学志林』91(3)(1994 年)。
5 金子文夫「日韓関係の 20 年」『経済評論』34(6)日本評論社(1985 年)、36–38 ページ。
6 同書、38–39 ページ。
7 李星熙『朴正熙大統領執権下の教育政策とその教育理念研究』江原大学校教育大学院教育行政専攻修士論文、1994 年、15–16 ページ。
8 同書、16–17 ページ。
9 同書、49 ページ。
10 馬越徹『韓国現代教育研究』(高麗書林、1981 年、324 ページ)に日本語訳が掲載されている。
11 馬越(1981)は、中学校の道徳の教科書『民主生活』の内容を分析し、そこに描かれる韓国的人間像の特徴として、①「礼節」人間、②「国籍」人間、③「伝統」的側面、④「変革」的側面、⑤「反共」人間を挙げている(馬越、前掲書 17–40 ページ)。
12 馬越、前掲書の 11 ページに日本語訳されて記載されているものを転記した。
13 박광무『한국문화정책론』김영사、2010 年、150 ページ。
14 同書、155–157 ページ。
15 同書、142–146 ページ。
16 同書、139 ページ。
17 『일본 유학생 파견에 관한 방침』1972 年、韓国外交通信部史料館、分類番号 756.1JA、登録番号 5444。
18 『한국의 대일본 외교정책』1973 年、7–8 ページ、韓国外交通信部史料館、分類番号 721.1JA、登録番号 5741。
19 1973 年に民主党内で結成された組織であり、日中国交正常化に反対の立場を示していた。中川一郎、藤尾正行ら 31 名。
20 『한국의 대일본 외교정책』1973 年、8–10 ページ、韓国外交通信部史料館、分類番号 721.1JA、登録番号 5741。
21 1972 年 7 月 7 日付『東亜日報』、金光植「日本語採択の歴史的背景」『韓』21(1973 年)、12 ページ。李福淑「外国語研究の正しい姿勢とその問題点―特に日本語の場合を中

心として─」『成均』30(1977年)、成均館大学校、66ページ。文和政「日本語教育に対する小考」『論文集』11(1978年)、清州大学校、247ページなど。
22 『朝鮮日報』1972年7月7日。
23 『朝鮮日報』1972年7月7日で韓国外大の教授の談話として紹介されている。
24 『東亜日報』1972年7月7日。
25 『朝鮮日報』1972年7月7日で韓国外大の教授の談話として紹介されている。
26 『東亜日報』1972年7月10日。
27 『東亜日報』1972年7月7日で高校教師の談話として紹介されている。
28 全海宗「日本語教育に対する我々の姿勢」『韓』21(1973年)、3–10ページ。
29 金光植「日本語採択の歴史的背景」『韓』21(1973年)、14–15ページ。
30 李文遠「外国語教育の当面課題」『韓』21(1973年)、29ページ。『東亜日報』1972年7月7日。
31 『東亜日報』1972年7月7日。
32 『東亜日報』1972年7月7日で高校教師の談話の談話として紹介されている。
33 全海宗、前掲7–8ページ。
34 金光植、前掲15ページ。『東亜日報』1972年7月7日。
35 全海宗、前掲6ページ。
36 『東亜日報』1972年7月7日。
37 全海宗、前掲6ページ。
38 金光植、前掲17ページ。
39 金海宗、前掲9ページ。
40 教育課程とは、文教部令で定められ、法的拘束力を持つ価値規範であり、日本の学習指導要領に相当するものである。
41 李德奉「고등학교제2외국어과교육과정변천과정」『人文科学研究』4(1998)、78ページ。
42 朴順萬「日語教育과高校用日本語読本」『出版文化』91(1973年4月)7–11ページ、大韓出版文化協会。
43 1977年当時、日本語は第2種図書(検定)の対象だったが、2冊の本が検定の申請をしたものの、合格しなかったので、1種図書として編纂された(趙文煕「한국일본어교육사연구」同徳女子大学校大学院日語日文学科日本語教育専攻　学位請求論文、2005年、346ページ)。
44 森田芳夫『韓国における国語・国史教育─朝鮮王朝期・日本統治期・解放後─』(原書

房、1987年、431–432ページ）に日本語訳が掲載されている。ここではその一部を抜粋した。
45 これに先駆けて東京で「日本にとって韓国は何か」というシンポジウムが開催されている。
46 『朝鮮日報』1975年1月5日、『東亜日報』1975年8月25日。
47 『朝鮮日報』1975年1月5日。
48 『朝鮮日報』(7面)1975年8月5日。
49 『東亜日報』(7面)1975年8月8日。
50 『朝鮮日報』1975年8月9日、『朝鮮日報』1975年8月13日、『朝鮮日報』1974年5月21日。
51 『朝鮮日報』1975年8月9日。
52 『朝鮮日報』(2面)1975年8月9日。
53 韓國日語日文學會、前掲による。
54 『東亜日報』1975年8月25日。
55 自己決定理論では、外部から強制されてやらされている状態から、外部の価値観や行動規範を自己の一部として統合し、自らやりたくてその行動をしている状態、つまり内発的動機づけの生起に至るまでの段階を、自己決定の水準が高まる段階として示している。(Deci, E. L. and Ryan, R. M. *Intrinsic motivation and self-determination in human behavior*, New York: Plenum, 1985)
56 池明観『日韓関係史研究―1965年体制から2002年体制へ―』新教出版社、1999年、62ページ。
57 学生どうしの集まり、コンパのこと。
58 金賢信『異文化間コミュニケーションからみた韓国高等学校の日本語教育』2008年、ひつじ書房、37ページ。
59 初代派遣専門家の梅田博之氏の談話による。

第7章
日本研究型必要論の登場
―1980年代―

　朴正煕政権が権威主義的体制の下で行った経済開発によって、韓国経済は、「漢江の奇跡」と呼ばれる急激な成長を遂げ、世界の注目を集めた。対日貿易においても、1970年代前半には繊維産業で日本を圧倒し、70年代後半には造船、建設などの重化学工業において日本を脅かし始めた[1]。しかし、経済成長は、外資依存体質の深化、財閥の肥大化、貧富の格差の深刻化などの問題も生み出していた。そして、韓国経済は、1979年の第2次石油危機を契機に失速し始めた。また、朴正煕政権は、「維新体制」下で大統領に権力を集中させ、反政府勢力に対して強硬措置をとってきたが、高まる不満を抑えることができず、側近の勢力争いも絡んで1979年10月、とうとう大統領の暗殺で幕を閉じた。

　朴正煕暗殺により、崔圭夏国務総理が大統領代行、後に第10代大統領となった。ここに学生運動や労働運動が一気に噴出する「ソウルの春」が起こった。しかし、これに危機感を覚えた全斗煥を代表者とする新軍部は、クーデターを起こし、光州で起こった大規模な民主化デモを弾圧して（光州事件）政権を握った。

　全斗煥政権は、「維新体制」の「正の部分」、つまり反共安保国家体制と経済成長の継承をめざした。しかし、1979年の第2次石油危機を契機に韓国経済は失速し、80年代前半には、マイナス成長、インフレ、国際収支危機のトリレンマに苦しむことになった[1]。このような苦境への対策の一環として、全斗煥政権は、日本に公的公的借款導入を要求した。この交渉は難航したが、当時、対ソ強硬論を唱えるレーガンがアメリカ大統領に就任したことも有利に働き、1983年、韓国の安全保障に寄与するという名目で中曽根首相から40億ドルの政府借款を受けることになった。しかし、対日輸入や日

本からの直接投資は低迷していた[2]。

　1985年のG5におけるプラザ合意を契機に顕在化したドル安、原油安、国際金利安の三低現象は、韓国経済を好転させた。輸出主導型の重化学工業化が進み、韓国経済は、1986年、高成長、国際収支安定、物価安定のかつてない好パフォーマンスを達成した。そして、1986年から88年にわたって二桁成長を記録するという好成績を収めた[3]。それに伴い、日本からの輸入や直接投資も回復した[4]。しかし、重化学工業品を日本に依存し、工業製品を生産するための部品と素材を日本から輸入しなければならないという韓国の産業構造は依然として変わらなかったため、対日貿易では巨額の赤字を計上していた[5]。

　一方、これまでの経済発展を背景として、韓国社会では、中間層が人口の3割を超えるほど成長し、全斗煥政権への不満を募らせていた[6]。また、社会の多元化、様々な勢力の自律化に伴い民主化を求める運動は、拡大強化されていった。そして、1987年、警察の拷問によるソウル大学生の死亡事件をきっかけとして、反政府民主化運動がピークに達し、6月29日、盧泰愚による民主化宣言が発表された。それ以降、韓国は民主化に向けて進んでいくことになる。

1　日本語教育の拡大

　このような社会的文脈の中で、日本語教育は拡大を続けた。高等学校では、1986年に日本語を選択した学生が、ドイツ語を抜いて1位になった[7]。表15に示したように、日本語教育は依然として実業系高校を中心として普及しているが、1987年、全体では第2外国語履修者の4割以上を日本語学習者が占めるようになった。また、大学でも1980年から1989年までの間に、新たに33校で日本・日本語関連学科が開設された（表16参照）。専門大学[8]でも、1972年、啓明専門大学の観光学科に日本語が必須科目として導入されたのを皮切りに、1970年代を通して、7つの専門大学で観光科、観光通訳科、航空運航科が開設された。1981年には、5つの専門大学で日本語科が開設され、1980年代末までには、合計20の日本語関連学科が開設さ

表 15　1987 年の高等学校第 2 外国語学習者実態

	ドイツ語		フランス語		スペイン語		中国語		日本語		合計
人文系	577,688	(44.5)	321,073	(24.7)	10,869	(0.8)	9,312	(0.7)	379,758	(29.2)	1,298,700
実業系	26,107	(5.7)	16,947	(3.7)	916	(0.2)	10,534	(2.3)	403,515	(88.1)	458,019
全体	603,795	(34.4)	338,020	(19.2)	11,785	(0.7)	19,846	(1.1)	783,273	(44.6)	1,756,719

千守城(1989)より転記

表 16　日本・日本語関連学科設置大学数の推移

	1960–1969	1970–1974	1975–1979	1980–1984	1985–1989	1990–1994	1995–1999
日本・日本語関連学科開設大学数	2	11	10	29	4	15	21
日本語関連学科設置専門大学数		2	5	15	5	15	7

出典:『韓國의日本語教育實態』韓國日語日文學會、1999 年

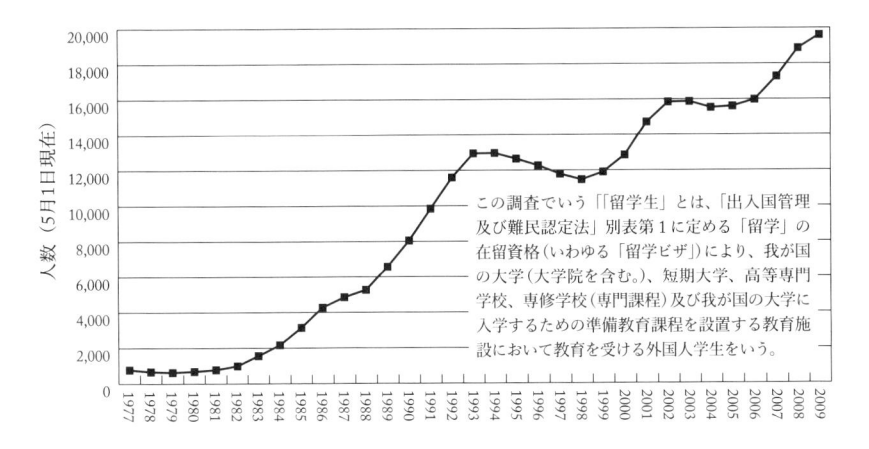

グラフ 5　韓国人日本留学生数

出典:文部科学省、日本学生支援機構調べ

れた(表 16 参照)。

　高校、大学といった教育機関だけではなく、企業内でも日本語教育が行われるようになり、1982 年、三星グループ内に設置された研修院で日本語の集中コースが始まったのを皮切りに[9]、現代、大宇、金星、コーロンといった大企業で、日本語のコースが開設された。また、1981 年から KBS テレビで日本語講座が始まった。1980 年代、日本語教育は社会教育としても拡大したと言うことができる。さらに、韓国政府の留学緩和政策と、日本政府が

1983年に打ち出した留学生10万人計画とがあいまって、1980年代を通して日本への留学生も増大した（グラフ5参照）。

このような日本語教育の拡大に伴って、日本語教育をめぐる言説空間は変化したのだろうか。本章では、当時の日本語教育に関する言表を、それと関連が深い領域である、外国語教育政策、日韓文化交流の実態、日本に対する言表と合わせて分析し、日本語教育の発展を支えた言説空間の構造を示す。

まず、次節では、日本語教育発展の外枠となったと考えられる全斗煥政権下の外国語教育強化政策、留学緩和政策を概観し、「国際化」というキーワードの下に、「実用性」を重視した外国語教育、地域研究活性化の方針が打ち出されたことを示す。そして、それぞれ1981年、1988年に公布された高等学校の日本語の第4次教育課程、第5次教育課程を分析し、日本語教育が他の第2外国語と同等に扱われるようになったと同時に、意思疎通能力の育成が重視されるようになったことを示す。加えて、第4次及び第5次教育課程期に出版された日本語の教科書の内容を分析し、教科書における日本語の機能が、どのように変化したか示す。

次に、学会誌、論文集に掲載された日本語教育関係の論考、及び『朝鮮日報』の記事の内容を分析し、知識人の日本語教育に対する認識を示す。そして、日本との文化交流の実態と、日本に関する新聞報道を概観し、日本語教育をめぐる言説との関連性を考察する。

最後に、1980年代に日本語学習を開始し、韓国の日本・日本語関連学科で教鞭をとる教員7名に対するインタビュー・データから、彼らが当時、日本語学習をどのように認識していたのか分析し、1970年代との差異を検討する。

2 国際化に備える教育

全斗煥政権は、発足当初から、留学に対する規制を緩和し、外国語教育強化の方針を打ち出した。そして、1980年代後半になると、「国際化に備える教育」として、国際理解教育、学生・教師間の交流及び学術交流、国際・地域研究、海外の同胞に対する教育、外国語教育が重視され、具体的な戦略が

示されるようになった[10]。ここでは、韓国政府とその関連機関が、留学、外国語教育、地域研究をどのように認識し、どのような措置、戦略提案を行ったのか概観する。

2.1 留学緩和措置

　第5共和国政府は、1981年8月12日大統領令第10438号で、海外留学に関する規則を改正し、海外留学への門戸を開いた。これは、専門的知識を持った優秀な人材の養成を促進し、学問の国際競争力を高め、先進諸国の学問と科学技術を導入することに目的があるが、国際化・自由化の時代的要請と国民の要望に応えたものでもあった[11]。主要な改善内容は次の通りである。

　まず、これまでは留学希望者が必ず受験し、合格しなければならなかった留学資格試験が廃止された。また、これまでは大学に2年以上在学した者だけが留学を許可されていたが、大学在学以上の学力を所持しているか、高等学校を卒業した者で、成績が優秀な者にも留学が許可されるようになった。そして、芸術・体育及び自然科学の分野で秀でた能力を持つ者には、よりいっそう留学機会を拡大する措置をとった。加えて、男子の場合、これまでは兵役を終えたか、免除された者のみに留学が許されていたが、国内の大学に在学中であれば、大学生は24歳、大学院生は26歳まで兵役を延期し、兵役の前に留学ができるようにした。さらに、留学旅券について旅行国の明示制度を廃止して韓国と国交がある国家ならばどの国でも留学できるようにし、旅券の有効期間も最長3年から5年に延長しただけではなく、留学期間の延長が必要な場合、現地での延長ができるようにした。そして、海外に1年以上居住し、外国語学校に在学中の者は、特例措置として合法的に留学していると認めるようにした[12]。

　このような留学制度の緩和措置に伴って、日本へ留学生が増加したことはグラフ5で見たとおりである。

2.2 外国語教育強化政策

　文教部は1981年、外国語教育強化法案を発表した。外国語教育の必要性が高まっている背景としては、今日、世界がほとんど時差のない同一生活

圏となり、経済活動や政治活動の領域だけではなく、生活情報の交換など個人の知的生活から日常生活に至るまで、外国語の知識が生活必需品のようになっていることが指摘される。そして、韓国の場合、特に、競争が熾烈な国際化時代に対処することができる有能な国際的見識を持った人的資源を確保し、輸出志向的な経済体制を先導し、先進西洋文明、外国文化の長所を受容して韓国の民族伝統文化を正しく継承・発展させることが課題であるとされた[13]。

　このような文教部の方針は、1986年に文教部の委嘱を受けて韓国教育開発院が行った研究報告でよりはっきり示される。『国際化に対備する教育戦略』という報告書のタイトルに示されているように、1980年代半ばからは、「国際化」という時代的な変化を大前提として、それに能動的に対処していくことがめざされていたと言える。ここでの国際化とは、「科学文明の発達で世界がひとつの文化圏を形成し、地球全体がひとつの『村』という概念に変貌してきており、それに伴って民族や国家という概念の垣根を越えてひとつの共同体として国際交流が頻繁になっている」[14]現状であるとされる。そして、このような時代において、国家のためのみならず、個人の生活のためにも外国語教育が必要だとされるのである。

　また、こうした一般的な必要性に加えて、韓国の地政学的及び経済的特殊事情により、積極的な対外活動が要請される点でも、それを支える外国語教育の強化が必要であるとされる。地政学的な特殊性とは、韓国が自由・共産両陣営に対置する境界線に位置している中で、国際社会が米ソの二極化構造から多極化構造へと変化してきていることである。これに対処するために、韓国の政治外交活動も米国だけではなく、他の国家を含めて対象国家の幅を広げ、関係をより密接にしなければならないとされる。一方、経済的な特殊性とは、貿易が韓国の経済を支えているということであり、国際競争力を高めなければならないということである[15]。

　このような認識の下、教育課程及び教科書の開発、外国語の学習・教授方法の改善、有能な外国語教師の養成などに力が注がれた。また、1984年にはドイツ語、フランス語、日本語、スペイン語の4ヶ国語を専門的に教える外国語高校がソウル大元高校内に開校した[16]。

それでは、国際化時代に対処する外国語教育とはどのように行われるべきなのだろうか。ここで強調されるのは、「技能学科のひとつとして教育しなければならないという点」であり、実用性に力点を置くということである[17]。つまり、実際の対話場面、日常生活場面で外国語が使えるようにするということであるが、先の第3次教育課程において、日本語科の目標とされた実用的目的が、まさにこれにあたると考えられる。これは、総合的思考力や教養を高めるという外国語教育の「教養的な価値」を軽視することを意味するわけではないが、国際化に対処するという大きな目的の中で、外国語のコミュニケーションの道具としての側面が注目されるようになったものと考えられる。第6章で見たように、第3次教育課程までは、外国語は異民族の思考様式そのものであると考えられ、それを学ぶことが外国語教育の正当な目的とみなされていたのであるが、国際化時代の到来に伴って、「道具」として学ぶことの重要性が注目されたことにより、外国語教育観自体が変容したと考えられる。その結果、外国語教育全体の目標が、第3次教育課程における日本語教育の目標に近づいてきたというわけである。

2.3　地域研究の活性化

　国際化時代に備えて、他の国家または地域に対する正確で豊富な情報資料を確保するために、地域研究強化の方針も掲げられ、大学に付属する既存の地域研究機関を選別して支援するなど具体策が提示された[18]。この結果、釜山大学校の日本問題研究所をはじめとして、啓明大学校の日本文化研究所、東国大学校の日本学研究所、嶺南大学校の韓日文化比較研究所などの付設が相次いだ。

　また、国際舞台で活動する地域の専門家を育成するため、関連学科の設置を奨励するのとあわせて、既存の外国語学科の教育課程に語学に加えて、その国の政治、経済、社会、文化的背景、国民の考え方と行動様式などを総合的に把握できるような科目を拡充するという方針も出された[19]。後で見るように、1980年代は、日本語教育の必要性が、日本研究の必要性とあわせて主張されるが、それは、政府による地域研究の活性化方針と一致していたと見ることができる。

3　変質する高等学校の日本語教育

　第2節で論じたような外国語教育強化の枠組みの中で制定された教育課程において、日本語教育の位置づけは、どのように変化したのだろうか。

3.1　第4次教育課程

　高等学校の第4次教育課程は、文教部ではなく韓国教育開発院で研究、開発され、教育課程審議会で審議された後、1981年12月31日に文教部告示第442号として告示された[20]。これに伴って、日本語を含む第2外国語の教育課程も大幅に改定されることになった。第6章で見たとおり、第3次教育課程において日本語は、ドイツ語をはじめとする他の外国語と文言や記述順序が異なっていた上、特別な条件が付されていたが、第4次教育課程では、外国語間の差異が解消された。日本語は、他の第2外国語と同等に扱われるようになったことが、第4次教育課程における大きな変化である。以下では、第4次教育課程の構成と内容を詳しく見ていく[21]。

　まず、教育課程の構成は、1. 目標、2. 内容、3. 指導及び評価上の留意点の3部分から成り、2の内容の下位項目として(1)言語技能、(2)言語材料が示される形式で統一された。また、言語技能の順番は、日本語以外の外国語が第3次教育課程における日本語の順番にあわせるという形で、(ア)会話と聴解、(イ)読解、(ウ)作文という順序に統一されていた。政府の外国語教育強化政策では、実用性、つまり目標言語話者との意思疎通能力を身につけることを重視していたが、それが第4次教育課程における会話や聴解といった音声言語優先を導いたと考えられる。日本語は既に第3次教育課程において実用性重視を先取りしていたため、第4次教育課程において他の外国語と一致したと考えられる。

　次に、教育目標について詳しく見てみよう。日本語科の目標を示すと以下の通りである。

　　日本語の使用能力を育て、日本人の文化を理解させることによって、
　　我々の文化の発展に寄与させる。

1) 日常生活や一般的な話題に関する簡単な言葉を聞き、話し、読み、書く能力を育てる。
2) <u>日本人の生活及び文化に関して幅広く理解する。</u>　　　（下線筆者）

この文言も、ドイツ語、フランス語といった他の第2外国語と全く同じである。また、第3次教育課程の解説に見られたような、日本語に対する留意事項も見られないことから、日本語も、他の外国語と同様に文化理解を重視した「教養的な目的」を持って学ぶ言語として認められたと言える。

さらに、第3次教育課程では、「言語材料」について日本語のみ、できるだけ韓国の文化や歴史、風土に関する材料、経済開発に関する材料を使うように明記されていたが、第4次教育課程では、そのような文言はなくなり、次のように統一された。

（1）日本人の生活と我々の日常生活及び文化発展に関するものを選択し、正しい価値観の形成に役立つようにする。
　・学校の生活に関すること
　・日常の家庭生活に関すること
　・その他社会生活の周辺に関すること
（2）文の形式は会話体、小説体など多様に選定し、内容構成においては、次の事項に留意する。
　・学生の興味、必要、知識水準などを考慮し、学習動機を誘発すること
　・内容が正確で実用的であること

このように第4次教育課程においては、日本語を経済開発、経済活動に役立つ実用的な目的に限定して学び、日本語教育を通して国民意識としての主体性を強化しようという日本語教育限定論は放棄され、日本語は他の第2外国語と同様に制限なく教育しようという方針が示されたと見ることができる。

3.2 第 5 次教育課程

　第 5 次教育課程は、第 4 次教育課程と同様に、韓国教育開発院による基礎研究、試案作成を経て、1988 年 3 月 31 日に公布された。第 5 次教育課程も、第 4 次教育課程と同様に、第 2 外国語全てにわたって文言が統一されており、日本語に対する特別な留保は見られない。日本語を特別視せず、ひとつの第 2 外国語とみなす態度が定着したと言うことができる。第 5 次教育課程は、構成面、内容面において、第 4 次教育課程と大きな違いはないものの、意思疎通、つまりコミュニケーション能力の育成という目標が全面的に掲げられ、それに基づいた教授法、評価がより具体的に提示されている点が、特徴的である。以下、第 5 次教育課程の内容を詳しく見ていく。

　まず、第 5 次教育課程の構成は、第 4 次教育課程のものをそのまま引き継いでおり、1. 目標、2. 内容、3. 指導及び評価上の留意点の 3 部分に分かれ、2. 内容の下位項目として、(1)言語技能と(2)言語材料が置かれている。また、第 4 次教育課程と同様に、(1)言語技能の下位項目として、(ア)聞き取りと会話、(イ)読解、(ウ)作文がこの順番で置かれており、引き続き、音声言語が重視されていると言える。

　教育目標に関しては、まず、「外国語による意思疎通能力を育て、外国の文化を理解することによって、我々の文化の発展に資するようにする」という外国語科全体の目標が掲げられ、その後に個別に外国語ごとの目標が記されている。異文化理解による自文化の発展が目標とされている点は、以前と変わりがないが、「意思疎通能力」という言葉が使われたのは、第 5 次教育課程が初めてであり、外国語によるコミュニケーション能力が重視されるようになってきたことが分かる。日本語科の目標は下記の通りである。

1) 日常生活や周辺の一般的な話題に関する易しい言葉を聞いて理解し、簡単な対話を行うことができるようにする。
2) 日常生活や周辺の一般的な素材に関する平易な文章を読んで理解し、書くことができるようにする。
3) 日本語を使用する国民の生活様式と考え方を幅広く理解させる。

この目標は第 2 外国語すべての間で共通である。第 4 次教育課程では、「聞き、話し、読み、書く能力を育てる」というように 4 技能を並列的に扱っていたが、第 5 次教育課程では「聞く」「話す」と「読む」「書く」を分離して、前者を一番先に掲げていることから、音声言語が重視されていると言える。

次に、言語材料については下記のように記載されている。

① 日常生活や一般的な話題の中から素材を選択し、言語の 4 技能の指導、及び正しい価値観の形成に資するようする。
　・個人、家族、学校、社会生活に関するもの
　・趣味、娯楽、運動など余暇生活に関するもの
　・季節、風習、地理、歴史、芸術など文化の理解に役立つもの
② 文章の内容においては次の事項に留意する。
　・学生の興味、必要、知識水準などを考慮し、学習動機を誘発できるようなものにする
　・正確で実用的なものにし、特定の分野に偏らないようにする

この文言も、第 2 外国語を通して統一されており、第 4 次教育課程より具体的な記述になっている。また、「言語の 4 技能の指導」という文言が加えられていることから、外国語学習における技能獲得の側面が、より強化されているということができる。

言語の 4 技能は、指導及び評価上の留意点においても真っ先に掲げられていることから、第 5 次教育課程において、最も重要視されていた事項であると言える。さらに、指導上の留意点では、単語や構文を自然な文脈で提示すること、意思疎通中心の練習を多く取り入れること、文法説明はなるべく行わないこと、正確性よりも意志伝達を重視すること、視聴覚教材を十分に利用することなどが掲げられており、文法中心の言語知識を教える外国語教育から脱皮し、コミュニケーション能力重視の外国語教育へ移行することをめざしていると言える。

3.3 教科書における日本語の機能

　以上のように、教育課程において、日本語の位置づけは、他の第 2 外国語と同等になり、音声言語を重視し、目標言語文化の理解も目標とするように統一された。また、80 年代後半に発表された第 5 次教育課程では、意思疎通能力の育成をめざす方針が打ち出された。それでは、こうした教育課程の変化を反映して、日本語の教科書はどのように変わったのであろうか。

　1970 年代に出版された 4 冊の教科書は、国定教科書であったが、第 4 次教育課程期になると、日本語の教科書は、検定教科書となった。これは、申請資格を持つ者が、自由に教科書の執筆を申し込み、執筆上の注意点にしたがって、教科書を作成し、審査を受けて出版するという制度である[22]。1980 年代以降も、大学の日本・日本語関連学科の教員が中心となって高等学校の日本語の教科書の執筆を行っているが、日本語の教科書は、教育課程で示された方針の枠内に留まりながらも、執筆者の日本語教育に対する考えを反映していると考えられる。

　民族の主体性の保持を重視する日本語教育限定論を反映した第 3 次教育課程では、できるだけ韓国の文化や伝統、経済開発に関する内容を素材とするとされ、教育課程解説では、日本文化の理解は重視しないとされていた。そのため、1973 年に出版された日本語の国定教科書『日本語読本』でも、日本に関する情報はほとんど取り上げられず、あたかも道徳科の教科書のような内容であった。『日本語読本』において、日本語は主として、国民意識としての主体性を強化するために用いられていたと言うことができる。1979 年に改訂された日本語の教科書では、韓国に関する情報量は減少し、僅かながら日本人と韓国人との接触場面も取り入れられていたが、依然として日本に関する情報は僅かしか提示されていなかった。

　このような内容が、日本語が他の外国語と同等に扱われるようになった第 4 次教育課程以降、どのように変わったのだろうか。日本に関する情報の提示量は増えたのだろうか。また、意思疎通能力の育成に初めて言及された第 5 次教育課程期の教科書では、それを反映して、日本人との接触場面が提示され、日本語は主として日本人との対話のために用いられる言語として位置づけられるようになっただろうか。このような観点から、教科書の内容を分

表17-1　分析対象教科書一覧①

教育課程	出版年	執筆者	書名	出版社
第4次	1984	김효자	日本語上	志学社
	1985	(キム・ヒョウジャ)	日本語下	志学社
	1984	박희태他1名	日本語上	金星教科書
	1985	(パク・キテ他1名)	日本語下	金星教科書
	1984	김우열他2名	日本語上	時事英語社
	1985	(キム・ウヨル他2名)	日本語下	時事英語社
	1984	이봉희他1名	日本語上	教学社
	1985	(イ・ボンヒ他1名)	日本語下	教学社
	1984	김학곤他1名	日本語上	韓林出版社
	1984	(キム・ハッコン他1名)	日本語下	韓林出版社
第5次	1990	오경자他1名	日本語上	東亜出版社
	1990	(オ・ギョンジャ他1名)	日本語下	東亜出版社
	1990	손대준他1名	日本語上	寶晋斎
	1990	(ソン・デジュン他1名)	日本語下	寶晋斎
	1990	김우열他1名	日本語上	博英社
	1990	(キム・ウヨル他1名)	日本語下	博英社
	1990	김봉택他1名	日本語上	天才教育
	1990	(キム・ボンテ他1名)	日本語下	天才教育
	1990	김효자	日本語上	志学社
	1990	(キム・ヒョウジャ)	日本語下	志学社
	1990	이인영他1名	日本語上	金星出版社
	1990	(イ・インヨン他1名)	日本語下	金星出版社
	1990	박희태他1名	日本語上	金星出版社
	1990	(パク・キテ他1名)	日本語下	金星出版社
	1990	이현기他1名	日本語上	進明出版社
	1990	(イ・ヒョンギ他1名)	日本語下	進明出版社

析していく。

　第4次教育課程期(1981年から1987年)には、1984年から1985年にかけて5種類の検定教科書が、それぞれ上下巻に分かれて合計10冊出版された。また、第5次教育課程期(1988年から1995年)には、検定を通過した8種類の日本語教科書が、それぞれ上下に分かれて合計16冊、出版された。日本語の教科書の著者、出版社などの一覧表は表17-1に示す。表に示した著者は、高校の日本語教師であるキム・ハッコン、日本大使館の研究員であるキム・ウヨルを除き、全て大学で日本語教育に携わる教員である。なお、韓国日語日文学会の調査によると、第4次、第5次教育課程期ともに、パク・キテ編の教科書が最も広く使用されていたということである。パク・キテは、

当時韓国外国語大学日本語科の教授である。

　まず、各教育課程期ごとに、教科書において日本に関する情報がどのくらい提示されるのか分析した。その結果、グラフ6に示したように、第4次教育課程期の教科書では、韓国に関する事柄を内容として含む課は全体の15％なのに対し、日本に関する事柄を内容として含む課は、全体の13％であった。これは、第3次教育課程期の教科書と比べると大幅な増加である。

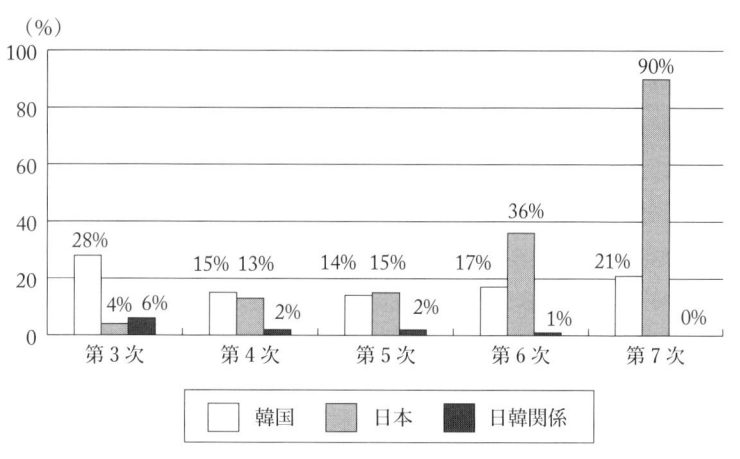

グラフ6　日本／韓国に関する情報の提示頻度

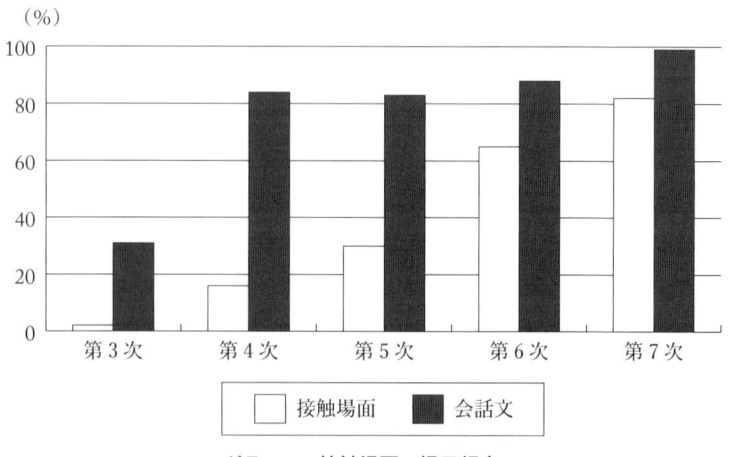

	第3次	第4次	第5次	第6次	第7次
韓国	28%	15%	14%	17%	21%
日本	4%	13%	15%	36%	90%
日韓関係	6%	2%	2%	1%	0%

グラフ7　接触場面の提示頻度

	第3次	第4次	第5次	第6次	第7次
接触場面	—	約16%	約30%	約65%	約82%
会話文	約31%	約84%	約82%	約88%	約99%

また、第5次教育課程期になると、日本に関する情報を内容として含む課は、15％となり、韓国に関する情報を含む課の割合、14％をわずかではあるが上回った。第4次教育課程以降、素材に関する留保が解消され、「日本文化を理解する」ことも目標に含まれたことが、教科書の内容にも反映されたものと考えられる。教科書において日本語は、日本に関する事柄を提示する機能も果たすようになったと言える。しかし、韓国に関する情報も、日本

表18　韓国に関する情報の内容

	国家・民族					日常生活関連情報						土地・風土	
	国家	民族統一	近代化	産業	歴史	ソウル・オリンピック	年中行事	食べ物	住まい	交通	その他生活情報	町の様子・観光地	風土・気候
第3次	2 (5%)	4 (11%)	10 (27%)	4 (11%)	5 (14%)		1 (3%)					3 (8%)	3 (8%)
第4次			4 (10%)			1 (3%)	3 (8%)	2 (5%)		2 (5%)		10 (26%)	4 (10%)
第5次			2 (3%)	2 (3%)	3 (4%)	4 (6%)	4 (6%)	3 (4%)	3 (4%)		2 (3%)	9 (13%)	8 (12%)
第6次			2 (3%)	2 (3%)	1 (1%)		8 (11%)	3 (4%)	1 (1%)	2 (3%)		16 (23%)	6 (8%)
第7次							4 (9%)	7 (16%)		2 (5%)	3 (7%)	14 (32%)	

	社会			文化財			その他				合計
	高校生	社会	スポーツ	大衆文化	伝統芸能	遺跡・建造物	韓国語	文学・逸話	韓国の中の日本	韓国人論	その他	
第3次		1 (3%)			1 (3%)	1 (3%)	1 (3%)		1 (3%)			37
第4次					2 (5%)	1 (3%)	2 (5%)	1 (3%)	1 (3%)		3 (8%)	39
第5次	3 (4%)	5 (7%)	1 (1%)		1 (1%)	4 (6%)	3 (4%)	1 (1%)		4 (6%)	5 (7%)	67
第6次	2 (3%)	1 (1%)	1 (1%)	1 (1%)	8 (11%)	3 (4%)	3 (4%)	1 (1%)	8 (11%)	1 (1%)		71
第7次					5 (11%)	5 (11%)	1 (2%)	1 (2%)	1 (2%)			44

（　）内は合計に占める割合

に関する情報と同量程度提示されており、依然として、日本語は韓国に関する情報を提示する機能も果たしている。

　韓国に関する事柄として何が取り上げられているのか詳しく見ていくと、近代化や産業、歴史上の人物が中心だった第3次教育課程期の教科書とは、異なる様相を見せている。表18に示したように、第4次教育課程期、第5次教育課程期の教科書でも、近代化、歴史に加えて、ソウル・オリンピックが取り上げられている。ソウル・オリンピックは、韓国の国際的地位の向上を象徴する出来事であり、近代化や産業などと同様、国民意識としての主体性の強化を狙ったものと考えられる。また、伝統芸能や遺跡など韓国の文化財も引き続き取り上げられている。一方、第4次教育課程期以降、土地・風土が取り上げられる割合が増え、内容が多様化している。

　また、表19で、韓国に関する事柄が教科書においてどのように提示されているのか分析した結果を見ると、第4次教育課程期以降、接触場面において、韓国人が日本人に説明したり、日本人が感想を述べたりする形で提示されるようになっていた。第5次教育課程期の教科書は、意思疎通能力の育成が重視されるのに伴って、接触場面の提示頻度が増えたため（グラフ7参照）、その傾向がいっそう顕著である。これは、教科書において韓国に関する事柄が、接触場面における話題となっていることを示している。

　日本人登場人物による韓国の事柄についての発話内容を見てみると、「世宗大王の偉大さを知った」（オ・ギョンジャ下17課）、「オンドルは気持ちが良くて大好きになった」（イ・ヒョンギ下6課）など、韓国の文化を高く評価している。ここにおいて日本語は、日本人が韓国文化を理解し、尊重してい

表19　韓国に関する情報の提示方法

	本文(韓国人による独話・話者不明の会話を含む)	韓国人による説明	在日韓国人による言及	日本人による言及	練習	総計
第3次教育課程	37　(100.0)					37
第4次教育課程	26　(66.7)	7　(17.9)	2　(5.1)	4　(10.3)		39
第5次教育課程	20　(29.9)	20　(29.9)		27　(40.3)		67
第6次教育課程	22　(31.0)	26　(36.6)		23　(32.4)		71
第7次教育課程		18　(40.9)		20　(45.5)	6　(13.6)	44

（　）内は合計に占める割合

表20　日本に関する情報の内容

	戦後復興・近代化	年中行事	衣服	住まい	食べ物	その他生活情報	マナー	慣習	交通	町の様子・観光地	風土・気候	高校生	日本人全般	日本人の歴史認識
		日常生活情報								土地・風土		日本人		
第3次	2 (25%)	1 (13%)								1 (13%)				1 (13%)
第4次	9 (23%)	2 (5%)	1 (3%)	2 (5%)			2 (5%)	1 (3%)		3 (8%)	3 (8%)		1 (3%)	2 (5%)
第5次	13 (20%)		4 (6%)		1 (2%)	2 (3%)	2 (3%)	2 (3%)		3 (5%)	7 (11%)	4 (6%)	2 (3%)	5 (8%)
第6次	43 (24%)	2 (1%)	5 (3%)	10 (5%)	8 (5%)	4 (2%)	8 (5%)	3 (2%)		16 (9%)	6 (3%)	4 (2%)	5 (3%)	2 (1%)
第7次	50 (19%)		13 (5%)	14 (5%)	8 (3%)	8 (3%)	14 (5%)	16 (6%)		20 (8%)	8 (3%)	22 (8%)	4 (2%)	

	社会問題	歴史	スポーツ	大衆文化	伝統芸能	建造物	着物	日本語	文学・説話	日本の中の韓国	言語行動	個人の認識の変化	その他	合計
	社会		娯楽		文化財									
第3次					1 (13%)			1 (13%)		1 (13%)				8
第4次	2 (5%)				3 (8%)	3 (8%)		2 (5%)	1 (3%)				2 (5%)	39
第5次	7 (11%)				2 (3%)	1 (2%)		5 (8%)			1 (2%)		4 (6%)	65
第6次	13 (7%)	1 (1%)		1 (1%)	16 (9%)	7 (4%)	4 (2%)	6 (3%)	4 (2%)	1 (1%)	3 (2%)	1 (1%)	4 (2%)	177
第7次	19 (7%)	1 (0%)	6 (2%)	3 (1%)	19 (7%)		7 (3%)		1 (0%)		24 (9%)	1 (0%)	1 (0%)	262

（　）内は合計に占める割合

ることを示す機能を果たしていると見ることができる。

　次に、日本に関してどのような情報が提示されているか見ていく。表20に示したように、第4次教育課程期の教科書で日本の情報として取り上げられているのは、年中行事や、衣食住、習慣など日常生活情報、土地・風土が中心である。教育課程に言語材料として、日常生活に関する事柄を扱うと記載されているため、それにしたがって編集されたものと考えられるが、当時の高等学校の日本語教育において扱うべき文化の内容は、外から観察可能な

様式や行動が中心となっていたことが分かる。しかし、日本人は、相手に気を遣ってはっきりものを言わないということ(言語行動に分類)を本文で記述した課がひとつだけあり(キム・ハッコン下18課)、日本人の言語行動の背景にある思考様式も、高校生に伝えるべき内容として認識され始めたことを示していると言える。また、最近の日本人は日本文化に対する韓国文化の影響を正しく認識するようになった(パク・キテ下24課)、歴史を歪曲する日本人がいる(キム・ハッコン下22課)といった記述(日本人の歴史認識に分類)もあった。

第5次教育課程期になると、年中行事、日常生活情報、土地・風土などに加えて、高校野球、部活動といった日本人高校生の生活(高校生に分類)、宗教問題、大都市東京の問題など現代日本社会に関する内容(社会に分類)が、より多く取り入れられるようになる。また、第4次教育課程期の教科書と同様、迷惑をかけたと思うとすぐ謝るといった日本人の言語行動を取り上げている課が僅かながらあった(キム・ヒョウジャ上19課)。そして、特筆すべきは、3冊の教科書(キム・ヒョウジャ下12課、パク・キテ下17課、キム・ボンテ下16課)で、日本人の登場人物によって、韓国文化の日本文化への影響が語られ、2冊の教科書(オ・ギョンジャ下第19課、イ・ヒョンギ下第21課)で、日本の侵略史について日本人の登場人物が反省の弁を述べる場面が取り入れられたことである(日本人の歴史認識に分類)。これらの教科書で日本語は、日本人が韓国人の歴史認識に対する共感を示す道具として機能していると言える。

なお、グラフ6では日韓関係として示したが、韓国は大陸の優れた文化を日本にもたらしたという記述が、第4次教育課程期の3冊の教科書(キム・ハッコン下、パク・キテ下、キム・ヒョウジャ下)、第5次教育課程期の4冊の教科書(キム・ヒョウジャ下、パク・キテ下、ソン・デジュン下、キム・ボンテ下)で見られた。韓国文化の優位性も、日本語の教科書の内容として取り上げる必要があると考えられていたことが分かる。

次に、教科書に提示された接触場面について詳しく見ていく。グラフ7に示したように、接触場面が提示されている課が課の総数に占める割合は、第4次教育課程期の教科書では、まだ20%に満たない。さらに、そのほとんど

表21 第5次教育課程の教科書の接触場面

編者 (出版社)	教科書名	基本設定	接触場面が提示される課の割合	話題 日	話題 韓
イ・ヒョンギ 他1名	日本語上	16課までは日本人女子大生が父の仕事のため韓国に滞在し韓国人家族と交流、17課以降は韓国人高校生が訪日	88%	3	3
	日本語下	日本人女子大生が韓国に滞在し韓国人家族と交流	100%	7	10
キム・ヒョウジャ (志学社)	日本語上	韓国人高校生と日本人大学生の会話	22%		
	日本語下	高校生どうしの会話	11%	1	2
オ・ギョンジャ他1名 (東亜出版社)	日本語上	登場人物の属性不明	38%	1	1
	日本語下	登場人物の属性不明	45%	4	2
ソン・デジュン他1名 (寶晋斎)	日本語上	登場人物の属性不明	17%		
	日本語下	登場人物の属性不明	48%		
イ・インヨン他1名 (金星教科書)	日本語上	登場人物の属性不明	10%		
	日本語下	登場人物の属性不明	5%		
パク・キテ他1名 (金星教科書)	日本語上	父の友人の日本人が訪問	9%		
	日本語下	友人どうしの手紙	30%	1	
キム・ボンテ他1名 (天才教育)	日本語上	日本人が自分の息子を韓国人の先生に紹介	5%		
	日本語下	接触場面なし	0%		
キム・ウヨル他1名 (博英社)	日本語上	登場人物の属性不明	24%		
	日本語下	接触場面なし	0%		1
合計				17	19

が登場人物の属性が分からない会話であった。第5次教育課程期になると、接触場面を提示している課は、全体の30％にまで増えた。しかしながら、教科書を個別に見ていくと、接触場面を80％以上含む教科書は2冊のみであり、(イ・ヒョンギ上下)10％に満たない教科書が6冊(キム・ボンテ上下、キム・ウヨル下、イ・インヨン上下、パク・キテ上)もある。また、表21に示した通り、イ・ヒョンギの教科書は、韓国に滞在する日本人家族と韓国人家族との交流の深まりを、ストーリー仕立てで描いているのに対し、その他の教科書では、山田、金などの名前が出てくることから、日本人と韓国人との会話であることは分かるものの、登場人物の属性や関係、場面が全く分からない会話文も多く含まれていた。このように、全体的に見ると、日本語は接触場面において意味のあるコミュニケーションを行う言語としては機能していないと言える。

　以上の分析から、第3次教育課程期ほどではないものの、日本語の教科

書において、国民意識としての主体性の強化が追求される傾向は続いていたと言うことができる。しかし、その一方で、日本語は日本に関する事柄を提示するための言語としても機能するようになった。さらに、接触場面において日本語は、お互いの文化について情報交換をする機能、日本人が韓国の文物を評価し、尊重したり、韓国社会で一般的な歴史認識に対する共感を示したりする機能を果たし始めていた。ただし、日本人と韓国人の意味のあるコミュニケーションの場面を提示した教科書はまだ少なく、全体として、日本語が日本人との関係構築や相互理解のための道具として機能しているとは言いがたい。

4 日本研究型必要論

次に、新聞・雑誌記事を対象として、知識人の日本語教育に対する認識を分析する。ここで分析の対象とする史料について、まず、日本語教育について語る主体が変化したことを指摘しなければならない。1970年代までは、大学における日本語教育が始まったばかりということもあり、日本語教育に携わらない国語世代の知識人が日本語教育について語った史料が大部分であった。しかし、70年代から80年代にかけて多くの大学及び専門大学で日本・日本語関連学科が開設されたのに伴って、日本語教育に携わる教員が増え、彼らが論文集などを通して日本語教育について主張する機会が増えたと考えられる。ここで分析の対象とする8つの論考のうち7つも大学ないしは高校で日本語教育に携わる教員によって書かれたものである。

彼らの議論の中で特徴的なのは、従前の自国発展型必要論、関係改善志向型必要論に加えて、日本を客観的に知るために、ひいては日本研究のために日本語教育が必要だとする日本研究型必要論が主張されているということである。その典型例として、黄聖主氏の論考「日本語教育の必要性と当面の課題」を取上げ、その論理構成を詳しく見ていく。

日語日文学科の副教授である黄氏の主張の骨子は、韓国が日本の先進的な産業技術を学び、日本に劣勢だった過去から離陸して世界に向けて跳躍するために、また、両国間の望ましい将来のために、日本に関する全ての分野を

幅広く研究し、理解しなければならず、それは、今から日本語を研究しようとする若い世代の任務であるということである。黄氏は、韓国が世界に飛躍するためには、日本を乗り越えなければならず、そのための近道は、日本語を学び、日本を理解することであるとする。ここでは、自国の発展及び日韓関係の変革が目指されているが、そのために日本研究の必要性を強調している点が特徴的である。1970年代の自国発展型必要論は、技術や知識の獲得を、関係改善志向型必要論は、日韓知識人間の学術交流を強調していた。これに対し、日本語を習得し、日本研究を行うことによって、韓国が日本を乗り越え、世界に飛躍することができるとするこの考え方を、日本研究型必要論と呼ぶことにする。日本研究型必要論は、次のような要素で構成されている。

　まず、黄氏は、天然資源を持たない韓国は、世界に向かって跳躍するために、優秀な人材を育成しなければならず、そのために実用的な外国語の習得が切実な課題であるとする。つまり、黄氏は、国家の躍進に資する人材は外国語教育によって育成されるという認識を持っている。このような外国語学習の位置づけは、競争が熾烈な国際化時代に対処していくことができる有能な人的資源を確保するために、外国語教育を強化するという全斗煥政権下の外国語教育強化政策と一致するものであり[23]、当時の韓国社会の公的空間では説得力を持つものだったと言えるだろう。

　それでは、日本語は有能な人材育成という外国語教育の目的にかなう言語だろうか。政府が外国語教育強化政策において最も重視しているのは英語である。この点、黄氏は、日本語の国際性を強調する。日本は、アメリカに劣らないほどの高度の産業工業技術を持っており、貿易網と投資範囲も世界の隅々まで普及している。そのため、日本語も英語に劣らず、世界の至るところで使用され、多くの国で若者が争って日本語を学習し研究対象としているという。この日本語観は、1970年代に日本語教育限定論者や英語優先論者が主張した、日本語は国際語ではないという認識とは異なっている。経済大国としての日本の地位が定着し、世界中で日本語学習者が増えているという変化が、この主張を支えていると言えよう。

　また、黄氏は、一衣帯水、唇と歯といった比喩を用い、日韓が離れること

ができない宿命にあることを強調する。それにもかかわらず、国交正常化以来、日本語を学び日本旅行をしながら、うわべだけ日本を理解する韓国人は増えているかもしれないが、日本を本当に知るための緻密な研究には関心を持たず、日本に対しては学術的に等閑視されてきたと主張する。そして、その原因として、国語世代が変化する日本を旧時代的な感覚で認識し、ハングル世代にまで自分たちの表面的な日本理解をまるで生きた知識のように誇張し、進路指導をおろそかにしてきたからだと指摘する。黄氏は、国語世代の多くは、植民地時代に対してノスタルジーを感じる一方で、日本と日本人に対して漠然とした反感を持つという矛盾した意識を持っていることもその背景にあるとする。その結果、日本では韓国の古代史で学位を取得する学者がいるのに、韓国ではまだ日本史を専攻して学位を取る者が１人も出ていない。世界に躍進するためには日本を踏み台としなければならず、その近道が日本研究であるならば、この「落伍性」は直ちに克服しなければならないというのである。

切っても切れない日韓関係は、日本語教育の必要性を主張する際にしばしば言及される現状認識であり、李福淑「わが国の大学で実施されている日本語教育に対する認識度の調査研究」でも、蘆美林「日本語教育に対する小考」でも同様の主張が見られる。そして、だからこそ、数ある外国語の中でも日本語教育が重要であるという結論が導かれる。

また、反日感情、国語世代の対日認識は、克服しなければならないものとされる。李福淑は、これまでは反日感情が日本研究にまで妙な距離感を感じさせていたとし、より冷徹で明晰な日本観を土台とし、正確で多角的な日本研究をしなければならず、それに先立つのが日本語教育だと主張している。また、李鳳姫「日本語教育に関する一考察(1)―韓国人の立場から―」では、国語世代の日本語教師が、日本語を外国語として把握していないことを問題視している。

つまり、日本とは運命共同体でありながら、これまで学術的な研究がなされてこなかったを反省し、国語世代の対日認識を乗り越えて、ハングル世代が主体的に日本研究を行う必要があると訴えていると言える。

さらに、黄氏は、若い世代に向けて、古代の長期間、韓民族は日本民族を

指導する立場にあり日本人と親しかったことや、李朝時代の通信使の輝かしい活躍について述べ、このような長期にわたる友好関係にかかわらず、やや短い不幸な史実だけが大きく伝えられていることは遺憾であると主張する。これまでもしばしば、日本語教育の必要性を訴える際に、かつて韓国が日本に進んだ文明を伝えたことが引き合いに出されていた。また、前節で見たとおり、高等学校の日本語の教科書でも、韓国がかつて大陸の優れた文化を日本に伝えたことが、内容とされていた。このように韓国文化の優位性を強調するのには、2つの役割があると考えられる。

　ひとつは、民族的矜持を喚起し、国民意識としての主体性を強化するのに役立つということである。李相溙「日本学研究のための方法論―日本語教育分野を中心として―」は、対象国家に対する友好と愛情は目標言語の熟達に役立つが、盲目的な崇拝は文化的従属関係に陥らせるとし、大学の教科課程において、「日本の中の韓国文化」という講座を通して、韓国文化の優位性を確実に認識させることを提案している。高校の教科書における韓国文化の優位性への言及も、学習者の国民意識としての主体性への配慮だと考えられる。もうひとつは、不名誉な植民地時代を長い日韓関係史の一部分として相対化させることである。それによって、日本語教育は再び日本による支配をもたらすのではなく、日本を乗り越え、かつてのような友好と協力の関係を構築するというプラスの効果をもたらしうるという主張の妥当性が増すと考えられる。

　以上のように、1980年代には、日本語教育に携わる知識人によって、日本研究のために日本語の習得が必要だとする日本研究型必要論が主張されるようになった。ここでは、日本研究は、日本の克服と韓国の躍進という国家レベルの目標を達成すると想定されている。この主張は、国際化に備えて、外国語の習得と外国に関する研究を重視する政府の教育政策の枠組みに合致していたと考えられる。そして、日本の経済成長に伴う日本語の国際的地位の上昇、切っても切れない日韓関係、日本研究の落伍性は、日本語教育に基づく日本研究の必要性に説得力を与えていたと見ることができる。また、日本研究型必要論は、韓国文化の歴史的優位性に言及することで、日本語教育の必要性を訴える際に問題化されてきた国民意識としての主体性にも配慮し

ていた。

　日本研究型必要論に加えて、80年代後半からは、教育環境上の問題点、日本語の指導上の問題点、教授技術、カリキュラム案に関する論稿が目につき始める。これは、ひとつの外国語として日本語をどのように教えるかという点に関心が移ってきたことを示していると考えられる。この傾向は1990年代に入ると一層顕著になる。

5　日韓文化交流と対日報道

5.1　日韓文化交流

　『한・일문화교류일반(韓・日文化交流一般)1978–79』(外交通商部史料館登録番号11601/13522、分類番号754.1)によると、1970年代末から、日韓両政府間で文化交流に関する協議が活発に行われるようになったことが分かる。日韓の文化交流は日本語教育に大きな影響を及ぼすと考えられるので、ここで韓国政府の日韓文化交流の方針と実際の日本文化の流入状況に触れておきたい。

　国交正常化以降、1967年から日韓定期閣僚会議が行われるようになったが、日本側は、その席で再三、日本映画の輸入と興業所有権の保護を要請していた。しかし、韓国側は、日本と第三国との合作映画及び日本の文化映画[24]の輸入は許可するものの、興業映画全般に対しては、韓国文化の脆弱性と国民の反日感情に鑑みて、難色を示していた[25]。また、日本側が、日韓文化交流協定の締結を要請していたのに対し、韓国側は、日本からの文化の流入を「純粋文化芸術」に制限したいとの思惑から、消極的であった[26]。韓国政府は、これまでも日本の文学作品、出版物には制限を設けず、民間の自由な流通に任せていたが、1980年代に入ると、能(1983年)、文楽(1985年)、歌舞伎(1988年)など日本の伝統芸能を紹介する事業も行うようになった[27]。しかし、韓国政府は、レコード、映画といった商業性の強い大衆文化、「日本色が強い日本文化」の流入には極めて否定的であり、対日感情、主体性を脅かさない範囲に日本との文化交流を制限したいと考えていたと思われる。また、社会主義思想が日本から入ってくることも警戒していた。

ところが、韓国政府の意に反して、1980年代に入ると通信技術の発達により、非公式な日本の大衆文化の流入が活発化していた。まず、日本の歌謡曲の浸透を防ぐことは難しく、学生の間で流行していたようであるが、カラオケ機器の登場がそれに拍車をかけることになった[28]。また、1984年のNHKの衛星放送開始と共に、これまで南部沿岸地域でのみ受信可能だった日本のテレビ放送が、韓国の広い地域で受信されるようになった[29]。さらに、日本の漫画も、1980年代初めからコピー本として登場し始め、特に青少年の間でたいへんな人気を集めていたという[30]。このように公的には禁止されていながらも入ってくる日本文化は、後で見るようにハングル世代の日本語学習に影響を及ぼしていた。

韓国政府も、日本との文化交流協定締結に難色を示す一方で、日本との友好関係の維持・発展を重要視しており、そのために、研究機関の設置、共同研究、広報活動を通して、日本側の歪んだ韓国史観、韓国に対する偏見を是正する必要性を認識していた[31]。また、未来の両国親善の基盤を固めるために、特に青少年による人的交流には積極的であり、大学生間の交流の拡大を日本政府に要請していた[32]。このように韓国政府が、日韓の人的交流を積極的に支持していたことは、大学などによる日本への短期研修や学生間の交流といったプログラムの実施を後押ししていたと考えられる。

5.2 日本に関する新聞報道

それでは、韓国社会における対日言説は、どのように変化したのだろうか。『東亜日報』の記事を分析した池明観(1999)によると、全斗煥政権期は、金大中拉致事件に対する日本政府の対応、対日貿易赤字、歴史教科書の問題、在日韓国人に対する差別問題、藤原文相の「妄言」などが取り上げられ、日本に批判的な報道が繰り返されていた。また、カラオケ、衛星放送を通した日本大衆文化の流入、日本書籍、日本製品の氾濫が否定的に捉えられ、日本警戒論が展開されていたという。しかし、その反面、中曽根首相の公式訪韓、天皇の公式謝罪は新しい韓日関係の始まりとして好意的に報道され、在日韓国人の人権回復に尽力する日本人の姿も報道されるなどの変化も見られたという。全般的に対日批判報道が多く、特に日本の大衆文化の流入に対し

ては警鐘が鳴らされていたものの、これまでとは異なる日本人像、新しい日韓関係のイメージも徐々に形成されつつあったと言うことができる。

　さらに、『朝鮮日報』の記事から、日本語がどのように認識されていたか探ってみると、流暢な日本語を話し、日本の流行歌を歌う年配の人々、日本から客が来ると日本語で対応することを自慢に思う人への批判が寄せられていた(1984年9月29日『朝鮮日報』6面)。また、韓国語に浸透した日本語を取り除く努力も続けられており、1983年5月29日付の『朝鮮日報』(2面)では、保険業界で日本語の用語をそのまま使っていることに対し、主体性喪失という印象を与えかねないと判断し、韓国語に直すことにしたと報道されている。同年5月31日付の『朝鮮日報』(11面)でも、文教部が日常生活で使われている難しい漢字語、日本語、外来語など6800字を韓国語に直して使わせるように啓蒙することにしたという報道がある。このように、少なくとも国語世代の日本語使用、ないしは植民地時代に定着したと思われる日本語に対しては、引き続き厳しい視線が向けられていたと言えるだろう。日本語が外国語のひとつとして位置づけられる一方で、主体性に競合する文化要素として見る見方も残っていたということである。

　また、磯崎(1997)によると、1980年代の新聞に「克日」というテーマが現れ、『朝鮮日報』では、1983年1年間に渡って、「克日の道―日本を知ろう」という記事が連載されたという。日本を客観的に研究しなければならないという雰囲気が、韓国社会内で醸成されていたと見ることができる。

6　日本語学習者の認識

　それでは、このような社会的雰囲気の中で日本語学習を開始した学習者は、日本語学習についてどのような認識を持っていたのだろうか。1980年代に日本語学習を開始し、現在韓国の大学の日本・日本語関連学科に所属する教員8名のインタビュー・データから当時の学習者の認識を見ていく。1980年代に日本語を学び始めたコーホートの特性として、大学在学中に、激しい民主化運動を目の当たりにしていることが挙げられる。彼らの語りの中には、日本に留学して初めて光州事件の真相や全斗煥政権の情報操作を

知ったというエピソードが繰り返し出てくる。この点、崔氏は、1989年に高校で日本語学習を開始したが、学生時代に民主化運動を経験していないため、1980年代に日本語学習を開始したグループには含めなかった。

　まず、日本語学習開始理由を見てみると、表22に示したように、1970年代と同様、先生や家族の勧め、自分が通った高校がたまたま日本語を選択していたというように、自分の意志で日本語学習を始めたわけではないケースが多い。しかし、教師志望も1名見られることから、1973年に高等学校で日本語教育が開始されると同時に、大学に日本語教育学科が開設され、大学の日本語関連学科を卒業して高校の日本語の教員になるという進路が定着し、日本語学習の将来性が確保されていたことが窺える[33]。また、1970年代は、日本在住経験のある身近な他者が日本に対する興味・関心を喚起し、日本語学習に繋がったケースが見られたが、孫氏の場合、日本人との直接接触がきっかけとなっている。これは、文通という形ではあるが、日韓市民間の交流が、日本語学習を促したことを示している。孫氏は、日本のアイドルにも興味を持ち、非公式なルートでカセットテープや雑誌を入手していたが、そこから日本は先進国で韓国よりも明るいというというイメージを持ったという。そして、日本語を勉強してみたい、日本に行ってみたいと思ったと語った。非公式に流入した日本の大衆文化が、日本語学習を促したケースで

表22　日本語学習開始理由（1980年代）

理由	人数	具体例
意志とは無関係	2	たまたま入った高校の第2外国語だった（李）
国語世代の勧め	3	（高校の）フランス語担当の先生が、好きでちょっと相談に乗ったら、フランスは遠いから、近い日本や中国、日本語や中国語がいいだろうというアドバイスで（盧） 植民地時代が終わって、日本語ができる人たちは年寄りの人たちということで、世代交代ですか、それが、ちょうどそういう時期じゃないかと家族から言われて（金）
教師志望	1	英語より日本語の方が教師になる時間があまりかからないという、その考えで、選んだ（張）
日本に対する興味・関心	1	（中学生の時、日本人の男の子と文通していた）ペンパル、手紙の中で日本の街とか、またあのお正月のいろいろな風習とか書いてあって、あ、やっぱり日本はどんな国だろう行ってみたいなと、関心を持つようになった（孫）

ある。

　また、最初は自分の意思とは関係なく日本語学習が始まった場合でも、1970 年代と同様に、日本語学習の継続に伴って、自分にとっての日本語の必要性を認識するようになることが確認できた。辛氏は、日本語学科進学時は、日本語を勉強したいと思っていたわけではなかったが、学年が進むにつれて、日本の専門家になって、大学の教員になりたいと思うようになったということである。これは、80 年代になると、韓国社会において日本研究がひとつの学問領域として認知されるようになり、日本語教師も一定の社会的地位を持った職業と捉えられるようになっていたことを示していると考えられる。辛氏は、大学の日本語関連学科の教員になることを目指して日本に留学するが、日本で大学院に進学するときの心境を、以下のように語った。

辛：国を何とかしたいと思っていたんですね、特に私は。先進国にしたいと考えていたから、頭がそういう韓国的なシナリオのね、ある、強い性格だったかもしれない。それで、えー日本に行って、絶対日本に負けたくないという気持ちがいっぱいだったんですね。絶対日本に負けたくない、日本は韓国より進んでいるから、第 2 第 3 の先進国だから、日本のいいところ学んで韓国をよい国にしたいという、そういう気持ちを携えて。だから私が当時勉強したのも、日本が知りたいというか、知らないといけないですね。知りたい気持ちいっぱいだった。その中で特に韓国で、韓国という国に役立つ勉強しなきゃいけないと思った。そういうことで領土問題が出てきた。竹島日本の領土と言ってるでしょ。韓国は（韓国の）領土と言ってるでしょ。で、それをだから、当時は韓国は当たり前のように韓国の領土だと思っていた。で日本は日本領土だと言っているから、これはやっぱり植民地の韓国支配と同じだと、その延長だと思っていたんですね。これやっぱり徹底的に調べて、でやっぱ日本がね、こう、日本が領土支配をやめさせないといけないと、そういう気持ちで勉強していたんですね。(中略)そういう問題意識があるから、一生懸命やってね、面白かったんですね。そういう問題意識なかったら勉強あまり面白くなかったんじゃないかな。ある意味で刺激になって勉強で

きたんじゃないかなと。面白く勉強しました。

　この語りから辛氏は、大学の教員になるという個人的な目標を持つ一方で、日本を知ること、日本について研究することによって、韓国に役立ちたいと考えていたことが分かる。これは、日本研究型必要論と通じるものであり、辛氏が国民意識としての主体性を強く持っていたことを示している。
　他方、盧氏は、次のように、短期的な日本滞在経験が、更なる日本語・日本研究、日本留学を促したことを語った。

盧：学部3年の時の冬休みに、つまりその時、日本語研修っていうんですかね、日本語学研修のチャンスがあって、その大学から奨学金をもらってその経費で日本語の研修を1ヶ月くらい、行った、その時大宮というところに行ってきたんですけれども、それがきっかけになりましたね。まあ面白かったので、さらに日本語がさらに面白くなったので、あと日本の生活を経験してみて、卒業してからも日本に来て、できれば大学院で勉強したいというような、それを考え始めたというか。冬休みに日本に行ってきてから、4年に上がって、4年に上がってからはずっともう卒業してからは日本に行きたいと、そういうことばかり考えましたね。

　このように、1970年代と同様に、日本滞在経験が、日本に対する興味関心を刺激し、留学に繋がっていたと言うことができる。
　それでは、当時は孫氏や盧氏のように日本や日本の大衆文化に対する興味関心を堂々と主張できるような環境であっただろうか。1970年代の日本語学習者は、日本語学習自体に対する周囲の批判的な視線を感じていたが、1980年代に日本語学習を開始した今回の協力者は、そのようなことはなかったと語った。ただし、1名の協力者（孫氏）は、音楽喫茶で日本の歌謡曲をリクエストしてかけてもらったところ、他の客に「なんで日本の歌を聞かなきゃいけないんだ」と文句を言われたという友人の経験談を語った。この語りから、日本の大衆文化に興味関心を持っていること自体が、否定的に評価される可能性があったと推測できる。

また、交流プログラムの一環として、協定校から来た日本人学生を案内していた時、他学科の学生から「親日派！」となじられたという経験を持つ協力者（朴氏）もあった。朴氏はその時の様子について、次のように語っている。（Ｉは筆者）

朴：うちの○○大学は、日本の皇太子さんが通ってるところってどこだっけ？〈Ｉ：えーとー〉学習院、学習院大学と結んだんですよ、協定を。で学習院大学の学生たちと交流したんだけど、たまたま来たのね、うちの学科。その時哲学科の学生だったんだけど、いきなり私を見て「裏切り者」って言ったの。「この裏切り者」って。えー、「チンイルパ（親日派）」とかあるじゃない。〈Ｉ：ええ、ええ〉日本と親しいその仲間たちっていう漢字の。「チンイルパたち」と言って、びっくりしました。だからあの子はよく分かってないなって。日本を敵を知ろうとしたら、その言葉を知って、その国の人たちを仲良くした方が一番分かりやすいじゃない。
Ｉ：敵を知ろうとしたら？
朴：前もって敵というか、その国のことをよく勉強しようと思ったら、まずその国の言葉を勉強しろって言ってるじゃないですか。で言葉を勉強したら、中に入って、その人たちと接して、もっと日本を知れば日本のこと分かるじゃない。
Ｉ：あー、それを単純に
朴：単純に「チンイルパ」と言われたらものすごく腹が立って。よしこのやろう何言ってるんだ、まだ足りないんだって。まだ考え方が浅いって思いました。

　この語りから、日本人との日本語による個人的な交際には、批判の目が向けられることがあったと推測される。また、日本について学び、日本人と交際することを批判された場合、やはり1970年代と同様に、克日論が形成されていた。
　克日論形成のエピソードは、当時のKBSの日本語講座の担当教師によっ

ても語られている。それによると、日本との外交摩擦がひどくなると、日本語講座を中断しろという抗議の電話を受けたそうである。それに対して、「日本に勝つためにも日本語を教えて日本を知ることが望ましいのではないか」と答えたということである[34]。

このように、1980年代の学習者にとって、日本語教師になる、日本研究者になるという目標が、日本語学習の必要性を形成していたと言える。これは、韓国社会で日本語がひとつの外国語として認められるようになり、日本語教師のような仕事が、社会的ステイタスを持つようになったことを示していると考えられる。また、当時の日本語関連学科の教員が、日本語教育を日本研究のためと位置づけていたことも、学習者が日本語を専門領域のひとつとみなし、その習得、研究に意義を見出すような環境を整えていたと考えられる。また、70年代と同様に、日本滞在経験が、日本留学のきっかけとなる一方で、日韓文化交流の活発化に伴い、日本人との直接接触、日本の大衆文化の摂取が日本語学習を促していたことが確認された。しかしながら、当時の韓国社会において、日本の大衆文化や日本人との日本語による交際に対しては、否定的な視線が向けられることもあった。反日本語教育的な圧力に対して、協力者は、克日論を形成していた。

7 小括

全斗煥政権は、輸送技術、通信技術の発達により、ヒトやモノ、情報の国境を越えた移動が活発化し、世界がひとつの村のようになっているという現状認識の下、こうした国際化に備える教育という基本方針を掲げた。そして、政治・経済活動においてだけではなく、個人の知的生活、日常生活に至るまで外国語が必要となっているという現状認識の下、特に外国語の実用的な側面に光を当てて、対話や情報収集の道具として使える外国語の教育を重視した。また、韓国が輸出立国であることや韓国の地政学的な位置に鑑み、地域研究を活性化する措置をとった。

こうした中で開発された第4次教育課程では、全ての外国語において音声言語を重視する方針が示されると同時に、日本語のみに付されていた韓国の

伝統、近代化を素材とするという条件も解消された。日本語は、ひとつの第2外国語として位置づけられるようになったと考えられる。また、第5次教育課程では、意思疎通能力の育成が外国語教育全体の目標として掲げられた。

一方、日本語教育に携わっていた大学教員の間では、日本研究型必要論が生成されていた。これは、今や経済大国となった日本と韓国が切っても切れない関係にあるという現状認識の下、日本研究がなおざりにされてきたことを反省し、韓国が日本を乗り越え、世界に躍進するために日本研究が必要であり、そのために日本語教育が必要であるという主張である。この主張は、韓国政府の地域研究活性化方針とも合致しており、説得力を持っていたと考えられる。また、新聞紙面上でも「克日」が特集されており、日本を韓国にとって重要な外国とみなし、客観的に日本を見ようという雰囲気が広がっていたと推測される。

1980年代、新聞紙面上では、中曽根首相の公式訪韓、天皇の公式謝罪などが肯定的に報道され、新しい韓日関係のイメージが形成され始めていた。また、韓国政府も日本との友好関係の維持・発展を重要視しており、限られた範囲ではあるが、文化交流事業を実施し、特に人的交流には積極的であった。

しかしながら、日本の文物全てが歓迎されたわけではなく、禁止されていたにもかかわらず非公式に流入する大衆文化は、日本による文化的植民地化を招くとして警戒されていた。また、韓国語の中に入り込んだ日本語の残滓を韓国語に置き換える運動も継続されていた。日本語をひとつの外国語として見ようとする動きがある一方で、植民地支配下に入り込んだ日本語は、商業性の強い大衆文化と同様に、民族の主体性と競合する要素であるとみなされていたと考えられる。さらに、1970年代ほどではないが、日本人との交流活動が「親日派」となじられるなど、日本語学習に対する圧力があったことも、インタビューから明らかになった。

このように民族の主体性が日本からの大衆文化の流入において問題とされる状況が続く中で、日本語教育においても国民意識としての主体性の保持努力が引き続きなされていたと考えられる。日本研究型必要論者も、日本語学習者に古代韓国文化の優秀性を伝えなければならないと主張していた。ま

た、1980年代に出版された日本語の教科書においても、ソウル・オリンピックをはじめ韓国の近代化に関する内容、韓国古代文化の優秀性などが取り上げられていた。

　しかし、日本語の教科書では、接触場面が増えたこととあいまって、食べ物や住まいなど韓国の日常生活に関することが話題となり、それらを韓国人の登場人物が説明したり、日本人が高く評価したりする会話が提示されていた。また、植民地支配に対する反省の意を表明する日本人が登場する教科書もあった。教科書において日本語は、韓国の事柄について韓国人が日本人に説明する道具として、また、日本人が韓国文化に対する理解や共感を示す道具として機能するようになったと言える。さらに、日本の事柄に関する情報を提示する課も増え、日本語は日本に関する情報を提示する道具としても機能するようになったと見ることができる。

　一方、ハングル世代の中には、日本研究者あるいは日本語教師になることを目指して、日本語を学習する者も出てきた。これは、韓国において、日本語がひとつの第2外国語としての地位を確立し、日本研究がひとつの学問領域として認知されるようになったこと、日本研究型必要論がハングル世代に受容されていたことを示していると考えられる。また、日本人との直接接触や日本大衆文化との接触が、日本語学習の動機づけとなっているケースも見られたが、ここには、政治、経済から、人、文化へと交流の領域が拡大した日韓関係が織り込まれていると見ることができる。しかしながら、韓国社会における反日本語教育的な圧力、反日感情は消えたわけではなく、それらに対しては、1970年代と同様に克日論を形成させて国民意識としての主体性を顕在化させていたことも分かった。

注
1　金子文夫「日韓関係の20年」『経済評論』34(6)（1885年）、41ページ。
2　『外国貿易概況』大蔵省主税局税関部調査統計課。『韓国外資導入30年史』財務部韓国産業銀行、1993年。

3 朴一『韓国NIES化の苦悩―経済開発と民主化のジレンマ―』同文館、1992年、88-89ページ。
4 『韓国外資導入30年史』。
5 朴一、前掲書、93-95ページ。
6 森山茂徳『韓国現代政治』東京大学出版会、1998年、121ページ。
7 千守城「韓国における日本語教育の位相」『日本研究論叢』3(1989年)慶星大学校日本問題研究所、48-53ページ。
8 1964年に開設された実業高等専門学校が前身。1970年に高校卒業後の進学先として、2から3年の年限で教育を行う専門学校となる。1979年に専門大学と改称(李昌秀(「大學國際化時代에있어日本語教育의實際및方向性에관한研究―專門大學日本語教育을中心으로」)『日本學論集』3(1995年)、108-109ページ)。
9 阿部五郎「韓国三星人力開発院の日本語教育の歩み―外国語生活館における日本語集中コースの変遷―」『高大日語教育研究』2(1998年)、144ページ。
10 『국제화에 대비하는 교육전략』한국교육개발원』、1987年。
11 張英烈「海外留学制度와 그実態」『문교행정』7(1982年)、文教部、24ページ。
12 同書、25-28ページ。
13 金炳哲「外国語教育의課題와展望」『문교행정』11(1982年)、文教部、87ページ。
14 『国際化に対備する教育戦略』107ページ。
15 同書、107-108ページ。
16 『朝鮮日報』(10面)1983年10月28日。
17 金炳哲、前掲88ページ。
18 『국제화에 대비하는 교육전략』142ページ。
19 同書、141-142ページ。
20 金賢信『異文化間コミュニケーションからみた韓国高等学校の日本語教育』ひつじ書房、2008年、132-135ページ。
21 『高等学校教育課程解説』文教部、ソウル、1992年、韓国教育部のホームページ(http://www.kncic.or.kr/index1.html)からダウンロード。以下の教育課程からの引用はすべてこの資料の翻訳による。
22 教科書編纂、発行の過程は金賢信、前掲書、139-140ページに記されている。
23 金炳哲、前掲87-91ページ。
24 教育映画、科学映画など啓蒙的な映画の総称。1920〜30年代のドイツで盛行。
25 『한・일본문화교류일반, 1978-79』外交通商部史料館、登録番号13522、分類番号

754.1JA、76–80 ページ。
26 同書、29–40 ページ。
27 林夏生『戦後日韓文化関係の歴史的変化―韓国における日本大衆文化開放問題をめぐって―』東京大学大学院総合文化研究科国際関係論専攻修士学位論文、1996 年。
28 同書。
29 同書。
30 金玉吉『日本大衆文化에관한研究』慶熙大学校教育大学院日語教育専攻修士論文、2000 年、31 ページ。
31 『한・일본문화교류일반 1978–79』2–3 ページ。
32 同書、42–44。
33 金賢信、前掲書、122 ページによれば、1982 年現在、高等学校の日本語教師の約 45％は、師範大学の卒業生である。
34 木槿會『구름따라세월따라』영강사、2006 年、103–104 ページ。

第8章
交流・相互理解型必要論の台頭
―1990年代―

　韓国が民主化を果たしたことは、韓国社会と日韓関係に大きな変化をもたらした。そこで、本章は、民主化以降の韓国社会及び日韓関係の変化を概観することから始める。その後で、1990年代以降、日本語教育が国内の教育機関のみならず、企業においても活発に行われるようになり、拡大の一途をたどったことを統計資料や新聞記事などを用いて示す。次に、日本語教育をめぐる言説空間を見ていくが、章のタイトルにも示した通り、日本人との交流、相互理解のために日本語教育を行うという交流・相互理解型必要論が、教育課程に登場し、言説空間を占めるのが、1990年代の特徴である。本章では、交流・相互理解型必要論が、社会的文脈の変化や国民意識としての主体性の確立と連動しながら台頭してきたことを示す。また、日本語教育における日本文化の取り扱いが、重要なテーマとなってきたことも指摘する。最後に、1990年代に日本語学習を開始し、現在、韓国内の大学の日本・日本語関連学科で教鞭をとる教員8名へのインタビュー・データから、当時の学習者がどのような認識を持っていたのか分析し、それらがどのように形成されたのか考察する。

1　民主化以降の韓国社会と日韓関係

　1987年12月の大統領選挙を経て誕生した盧泰愚政権は、「新軍部」の影響力を抑えると同時に、南北対話路線を打ち出して、中・ソと国交を樹立するなど分断体制に挑み、労働運動の活性化容認、福祉政策の実施など、一連の民主化政策を行った。また、1988年に行われたソウル・オリンピックを契機に、海外渡航を自由化した。これに伴って、グラフ8に示したように、

(人)

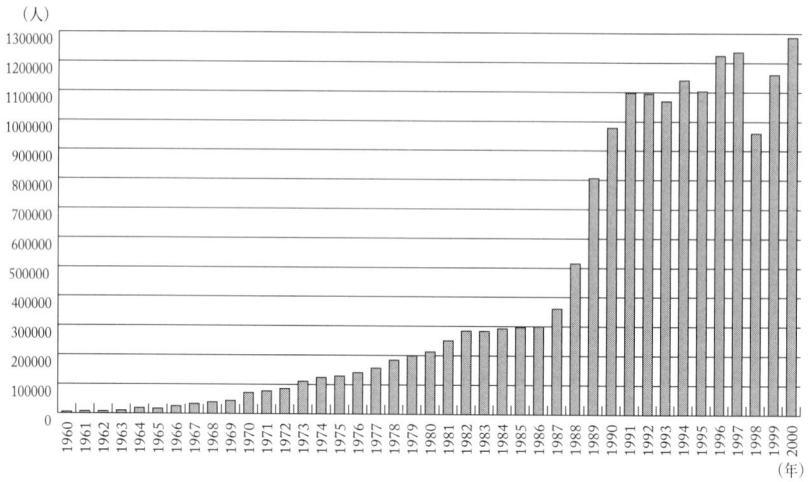

出典:出入国管理統計

グラフ 8　韓国からの日本への入国者数

日本への入国者数が急増し、その結果、韓国人が日本人と直接接触する機会が増大したと考えられる。

　日韓市民間の交流が、韓国国内でも活発化していたことは、新聞報道からも窺える。1993 年 8 月 27 日付の『朝鮮日報』(19 面)によると、89 年からソウル教育大学付属小学校と日本人学校とが、夏休み学生交流会を開き、ゲームなどを行っているということである。交流会では、韓国人 1 名と日本人 1 名が組になってゲームなどを進め、言葉は通じなくても身振り手振りなどで意思疎通を図っており、お互いの家庭を訪問するほど仲良くなる子どもたちもあるということである。新聞報道は、この活動を、国際化時代を生きていく未来の主人公に国籍を超えた友情を固め、視野を広げるのに役立つと評価している。また、1997 年 2 月 27 日付の『朝鮮日報』(42 面)では、大学と職場で日本語を習得した主婦が、ソウル市が募集したボランティアの観光ガイドに応募し、日本人観光客を案内して好評を博していることが報道された。また、1998 年 1 月 26 日付の『朝鮮日報』(26 面)では、駐在員の家族として東京に滞在し、日本人に韓国の言葉や文化を教えるボランティア活動を行っていた韓国人が、韓国を訪問した日本人たちを案内するなど、友好関係

を深めていることが、「私たちのようにお互いに助け合ったら、両国政府間の難しい問題も簡単に解決できるのではないか」という韓国人の言葉と一緒に紹介されている。

このように、民主化以降、日韓のヒトの移動が活発化し、日韓の交流の担い手として、個人が活躍するようになってきたと考えられる。また、韓国市民が日本人と日本語で対話することが、否定的に報道されることはなく、むしろ日本語を習得したことが評価され日本人との交流を歓迎する声が、強くなってきたことが窺える。

日本人観光客については、1991年12月26日付の『朝鮮日報』(23面)で、総督府の建物を改造して作った中央博物館に多くの日本人観光客が訪れていること指摘し、日本人が我が国を統治していた時代を反芻させる場に転落するのではないかという憂慮が表明されていた。しかし、1998年5月4日付の『朝鮮日報』では、「韓国の観光特需を牽引しているのは日本である」という韓国観光教育院院長の発言が紹介され、90年代後半になると、日本人観光客を積極的に呼び込み、満足度を高めようとする様々な動きが報道されるようになる。デパートや高級ブランド店での日本語対応と販売努力[1]、州、道、区による日本語のガイドブックや地図の配布[2]、温泉やサウナなどの情報を日本語で提供するサービスの実施[3]、民族博物館における日本語の案内板設置[4]などである。2002年のワールドカップ共同開催を控えて、日本人観光客に対する歓迎ムードが広がると同時に、日本語によるサービスの提供が活発化したことにより、日本語能力を備えた韓国人が活躍できる場が広がったと憶測できる。

民主化政策の一環として、文化政策における規制緩和も進んだ。例えば、1986年、映画法の改正によって映画社の設立が許可制から登録制に変更された[5]が、1987年には、外国映画の輸入が自由化されて、社会主義国の映画も含み、年間200から300本もの外国映画が、韓国国内で上映されるようになった[6]。また、1987年以降、輸入される外国の書籍や雑誌などに対して厳しく行われていた検閲も大幅に緩和され、社会主義の書籍も含めてほとんど制限なしに入ってくるようになった[7]。自由化の波は日本の大衆文化にも及び、盧泰愚大統領は1988年、日本の新聞社との会見の席で、「今の韓国

の状況は、日本の音楽や映画などの大衆文化を十分受容しうるものである」と述べた。また、李秀正文化相は1992年、「ロシアや東欧、中国の文化まで受け入れている状況で、日本文化だけに門戸を閉ざしているのは好ましくない」との考えを明らかにした。しかし、日本の大衆文化が直ちに開放されたわけではなく、日本映画の輸入に関しては「外国映画を輸入せんとする者は、文化部長官の推薦を得ねばならない」という規定の下に、盧泰愚政権下では禁止されていた[8]。また、日本人による公演や日本語による歌唱は、まだ自由に行うことはできなかった。

　日本の大衆文化の開放が本格化するのは、金泳三政権期である。1993年に誕生した金泳三政権は、経済的民主化をはじめとする民主化・自由化路線をいっそう進めると同時に、「世界化」というスローガンを掲げ、日本に対しては「未来志向のパートナー関係に発展させる」というスタンスで積極外交を展開した。そして、日本大衆文化に対する規制緩和を進め、1993年の大田世界博覧会における日本デーの公演では、植民地解放後初めて、政府によって日本人歌手による日本語での歌唱が許可された。また、1994年1月には、孔魯明駐日大使が、韓国においては非公式な流入による日本文化との接触が主であるという現状に鑑み、「良質な日本大衆文化については、段階的に選別して公式に受け入れ、日韓両国の文化交流と相互理解を本格的に推進すべき時期に来ている」との発言を行った[9]。そして、1994年4月、韓国政府は日本の大衆文化輸入の3段階の開放案を発表するに至った[10]。日本大衆文化の段階的開放は、1998年に誕生した金大中政権において実施に移され、第1次開放では漫画の全面開放と、4大映画祭受賞作及び日韓共同制作の映画の開放が実施された。1999年の第2次開放では、開放対象の映画が増え、席数制限（2000席）を設けて、大衆歌謡公演が開放されたが、2000年の第3次開放では、大衆歌謡公演が全面開放され、放送分野も開放対象となった。また、2004年の第4次開放では、映画、CD、ゲームが全面開放された。

　一方、民主主義国家として国際社会に認められるようになった韓国は、万国博覧会（1993年）など国際的なイベントの誘致に成功し、GATT体制への関与を深め、OECDへの加盟（1996年）を果たすなど、国際社会での存在感

を高めていった。さらに、韓国は援助供与国としても貢献し、国際社会における地位をいっそう高めた。

　このような国際社会における地位向上に加えて、韓国は、90年代に入ると、経済においても、鉄鋼や造船、半導体などの分野では日本と競合する、もしくは日本を凌駕するまでに成長した。中でも、情報通信産業においては、韓国から日本への企業進出が目立つようになった。また、盧泰愚政権による「文化の自律化・活性化」政策や、自由化に伴う韓国文化産業の成長によって、韓国の大衆文化産業も成長した。そして、1990年代後半から、「シュリ」、「八月のクリスマス」、「JSA」といった韓国映画が日本でも人気を博したことを皮切りに、空前の韓国ブームを巻き起こすまでに至っている。

　このように、韓国が経済成長を果たし、大衆文化産業が成長した結果、これまで日本からの流入が圧倒的であった経済的・文化的な交流が、双方向化するようになったと言えよう。

2　日本語教育の普及

　上に述べたような社会的文脈の中で、日本語教育は拡大を続けた。以下、教育機関別に拡大の様相を見ていく。

　まず、大学、専門大学では、表16に示したように1990年代、36の大学、22の専門大学で新たに日本・日本語関連学科が開設されている。一方、教育部が人文系高校での第2外国語複数選択を指示したこともあり、1997年の時点で、日本語を選択した高校は全体の55%にのぼり、2位のドイツ語の37%を大きく引き離している[11]。また、表23に示したとおり、高校で日本語を学ぶ学習者数は、1998年現在、全体の45%を占めている。ただし、日本語を選択する高校は実業系に偏っており、一般系高校では、ドイツ語が圧倒的に1位の地位を占めていることには変わりない。

　高校での第2外国語教育は、大学入試制度に大きな影響を受けるが、1987年からは、大学入学学力考査において、第2外国語は実業科目と同一選択群に入ったため、大学入試で第2外国語を選択する学生が激減した。また、1994年からは、統一試験として修学能力評価試験を行った上で、各

表16　日本・日本語関連学科設置大学数の推移

	1960–1969	1970-1974	1975-1979	1980-1984	1985-1989	1990-1994	1995-1999
日本・日本語関連学科開設大学数	2	11	10	29	4	15	21
日本語関連学科設置専門大学数		2	5	15	5	15	7

出典：『韓國의日本語教育實態』韓國日語日文學會、1999年

表23　1998年の高等学校第2外国語学習者実態

	ドイツ語		フランス語		スペイン語		中国語		日本語		合計
一般系	447,822	(40.2)	269,648	(24.2)	17,290	(1.6)	78,384	(7.0)	301,076	(27.0)	1,114,220
実業系	29,465	(5.9)	19,516	(3.9)	942	(0.2)	15,424	(3.1)	430,340	(86.8)	495,687
全体	477,287	(29.6)	289,164	(18.0)	18,232	(1.1)	93,808	(5.8)	731,416	(45.4)	1,609,907

出典：教育統計年鑑『韓國의日本語教育實態』韓國日語日文學會(1999：28)より転記

大学ごとに本考査を行うという制度となり、修学能力評価試験から第2外国語が除外された。さらに、ソウル大学は、1992年、本考査から日本語を除外すると発表した[12]。このような大学入試における第2外国語軽視の傾向は、学生の学習意欲の低下のみならず、第2外国語の授業時間数自体の削減といった打撃をもたらしたことが指摘されている。特に、ソウル大学が本考査から日本語を除外したことは、ソウル地域の一部の外国語学校における日本語学科の廃止・縮小をもたらすなど、深刻な影響を及ぼした[13]。しかし、1997年から従来の高校の成績と共に語学能力などの総合生活記録簿が入試に反映されるようになり、2000年11月からは第2外国語が修学能力試験の選択科目に再び入れられたため、高校において第2外国語教育に対する関心が再び高まったと推測される。さらに、1999年11月16日付の『朝鮮日報』(25面)は、大学ごとに選考が多様化していると伝えた。同紙によると慶熙大学校は英語・日本語の優秀者105名を特別に選考するということである。また、1999年3月5日付の『朝鮮日報』(30面)によると、ソウル大学校の人文大学長が、大学院の協同課程として日本語をはじめとする日本社会と文化を講義する科目の準備中であると発表したという。大学側も日本語を重要な外国語のひとつとみなしていることが窺える。

　国内の教育機関で日本語を学ぶ学習者だけではなく、日本への留学生も増加した。グラフ5に示したように、海外渡航が自由化された1980年代後半から90年代前半にかけて、日本への留学者数が急増している。

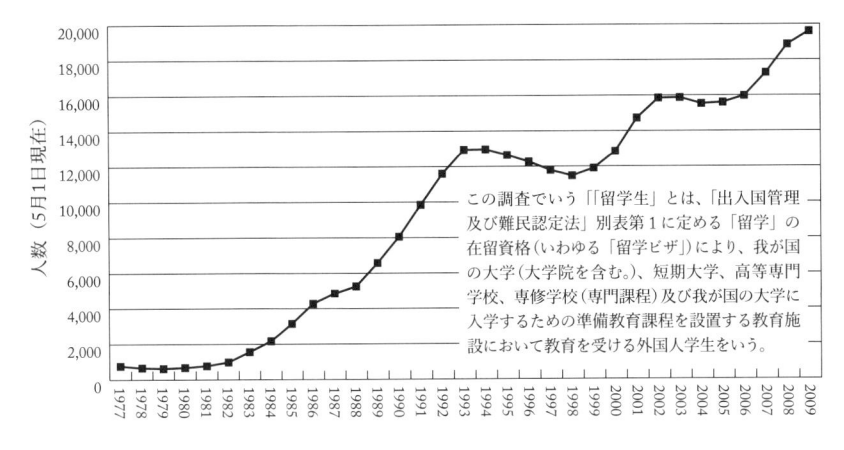

第 8 章　交流・相互理解型必要論の台頭　215

　　　　　　　　　　　　　　　　　　　　　　　　出典：文部科学省、日本学生支援機構調べ
　　　　　　　　　　　グラフ 5　韓国人日本留学生数

　他方、社会人を対象とした教育においても、日本語は英語に次いで関心が高く、重視される科目として定着したと言える。1992 年 8 月 10 日付の『朝鮮日報』(10 面)では、社外で教育を受ける会社員 26.2％の中で、日本語は英語に次いで人気が高いことを伝えている。また、1980 年代からいくつかの大企業では、企業内で日本語教育を行っていたが、サムソングループの場合、1980 年代後半からその規模が拡大した[14]。また、1997 年 7 月 9 日付の『朝鮮日報』(11 面)では、電気製品の部品メーカーであるサムヨン電子が毎朝 7 時から英・中・日語の研修を行っていることを伝えている。また、外国人社員の採用や海外提携社との接触機会が増えたことにより、社内報に英語・日本語で書かれた記事が掲載されるようになったという報道もあることから[15]、社内コミュニケーションの言語のひとつとして、英語とともに日本語が重視されるようになったと見ることができる。
　企業において、外国語能力は評価の対象にもなっており、斗山グループは、英語または日本語の試験に合格した社員を対象としてヨーロッパ旅行を実施するとし[16]、東部産業は、TOEIC や日本語能力検定試験で高得点を取った者に対して賞金と賞牌を支給するとした[17]。また、LG 電子は、職員の語学試験の点数が以前より落ちるか、変わらなかった場合には、給与から一定

額を天引きすると発表した[18]。サムソングループは社内で行われる英・日・中・仏語などの試験に合格することが昇進の条件となっている[19]。さらに、日本で研修を行う企業も多く、1994年8月29日付の『朝鮮日報』(10面)では、ハンソル製紙、サムソングループが大学生を募集し、日本で社会施設見学や企業見学を行う研修を実施していることが伝えられている。

　企業だけではなく、公的機関でも日本語教育が行われており、総務庁は庁舎内の公務員を対象として午後7時から英・日の語学講座を開設し、教育費の3分の2を政府が負担するとした[20]。さらに全羅北道の山間僻地にある郡庁でも公務員たちが就業時間終了後、1時間半ずつ英語と日本語を学んでいると、1995年2月12日付の『朝鮮日報』(25面)が伝えている。また、1992年10月27日付の『朝鮮日報』(11面)によると、対日貿易赤字の解消策を講じていた商工部も日本語教育促進の方針をとっており、日本研究の雰囲気醸成のため、地方大学に日本語学科を新設し、日本語を第2外国語として選択させる方針を示したということである。IMF体制下になると、主婦や失業者を対象とした講座、図書館での講座が開設されるようになるが、その中には日本語の講座も含まれていた[21]。

　このように、1990年代以降、高等学校のみならず、企業や公的機関においても、日本語は英語に次いで重要な外国語とみなされるようになり、重要な第2外国語としての地位を確立したと考えられる。また、大学・専門大学で専門的に日本語を学習する人々も増加した。

　このような日本語教育の堅調な成長に伴って、日本語教育をめぐる言説空間に変化は見られたのだろうか。以下では、まず、1990年代、コミュニケーション能力の獲得を重視した外国語教育を強化する政策がとられたことを示す。そして、その枠組みの中で作成された、高等学校の日本語の教育課程を分析し、交流・相互理解型必要論が出現したことを述べる。次に、教育課程に基づいて編纂された高等学校の日本語の教科書の内容分析を行い、教科書において、日本語が担う機能も大きく変化したことを示す。

3　外国語教育強化政策

　1990年代も、1980年代に引き続き、国際化時代に対処するため、国際貿易競争に勝つためといった観点から、外国語教育の強化、改善が主張された。1994年1月7日付の『朝鮮日報』(3面)によると、金泳三大統領が6日、年頭会見で、目の前に迫っている国際化、開放化の波を懸命にかき分け、国際競争で勝ち、先進国として歩むために、外国語教育の強化が必要であるとし、国際公用語である英語を小学校高学年から、第2外国語を中学校から教えることを検討するべきであると述べた。また、教育部の研究者は、貿易多様化の時代において、「英語はもちろん、少なくとももうひとつの外国語が分からなければ他国との競争から脱落する」[22]として、第2外国語教育の重要性を訴えていた。

　教育開発院では、6年間英語を学んでも、英語でコミュニケーションができないばかりでなく、手紙も書けないといったこれまでの外国語教育の非効率性への反省から、具体的な改善策が議論された。そして、外国語教育の目標としては、引き続き実用性、つまり、目標言語話者とのコミュニケーション能力の育成が重視され、そのための教授法、内容、評価の方法などが、より具体的に提案された[23]。

　制度的な改革としては、小学校4年生から英語を正規教科として導入することが提案された。そして、第2外国語に関しても、中学校から選択科目として導入する必要があること、その際学生が自分の意思で好きな外国語を選択できるように教員を配備することが提案された。また、第5次教育課程期には大学入試にあたる修学能力試験に第2外国語が含まれていなかったことが、高等学校における第2外国語教育の形骸化に繋がったとして、修学能力試験に第2外国語を一定程度含むことも提案された[24]。

　このように、世界化を国家の目標として掲げる金泳三政権において、具体的な接触場面において適切な言葉を使って意思疎通することをめざした外国語教育がいっそう強化され、具体的な改革に着手されたということができる。

4 交流・相互理解型必要論とその展開

4.1 第6次教育課程

　高等学校の教科課程は、金泳三大統領が志向する世界化路線や、急速に進む情報化社会への対応の必要性に伴って、韓国教員大学主管で改正され、第6次教育課程として1992年に告示、1996年から実施された。ここにおいて、ロシア語が新たに第2外国語として追加された。日本語の第6次教育課程は、①教師中心から学習者中心へ、②目標より過程を重視すること、③正確性より流暢性を重視すること、④学生の自律学習を重視することの4つを基本方針としていた[25]。

　第6次教育課程は、これまでの教育課程とはその構成を大きく異にしており、各外国語は外国語Ⅰと外国語Ⅱに分けられている。そして、始めに1. 性格が記述され、2. 目標、3. 内容、4. 方法、5. 評価と続くという構成になっている。性格という項目が新たに加わり、指導及び評価上の留意点が、それぞれ方法、評価という独立項目として扱われているという点で第5次教育課程と異なる。また、3. 内容の下位項目としては、(ア)言語技能、(イ)意思疎通機能、(ウ)言語材料が置かれており、言語技能は、かつてのように「話す」「聞く」「読む」「書く」の4技能に区分されるのではなく、(1)理解技能と(2)表現技能に二分された。意思疎通機能に関する記述が別個に設けられていることから、コミュニケーション能力の育成にいっそう重点が置かれるようになったことが分かる。

　それでは、今回新たに加えられた「性格」から見ていこう。

　〈日本語Ⅰ〉
　「日本語Ⅰ」科目は、様々な分野で影響力が日増しに増加している日本語を学び、先端科学技術及び政治、経済面でだんだん高まっている日本の国際的な地位に対応し、我が国との地理的、歴史的な関係から要求される相互協力交流を持続させるのに寄与するものである。

　「日本語Ⅰ」科目は、理解技能と表現技能を平均的に伸ばし、聞き取りと会話に重点を置き、意思疎通能力を伸ばす基礎科目であり、このよ

うな課題を通して、学生に日本語や日本に対する興味・関心を持つことができるようにするものである。

「日本語Ⅰ」科目は、単純な意思疎通の道具としてだけ教えるのではなく、自分の考えや感情などを日本語で表現することができる基礎能力を育て、同時に健全な考え方を持った、成熟した民主市民として成長するよう探究し考える基盤を培養し、ひいては日本文化の理解を通して、国際化時代に能動的に対処することのできる基礎的な力量を育成するようにする。したがって、「日本語Ⅰ」科目は、大学に進学し、学問を練磨する学生にとってはもちろん、実業系の学生にとっても選択科目として奨励するようにする。

〈日本語Ⅱ〉（日本語Ⅰと同一部分は省略）

「日本語Ⅱ」科目は、「日本語Ⅰ」科目の深化過程として理解技能と表現技能を平均的に伸ばし、読みと書きに重点を置き、意思疎通能力を伸ばす基礎科目であり、このような過程を通して、学生に日本に対して目を開き日本を新たに認識することができるようにするものである。

（下線筆者）

「性格」に関する記述は、外国語によって異なっており、それぞれの外国語の特徴、独自性が表れている。日本語は、下線で示したように、日本の国際的な地位の向上への対応と、相互協力交流の維持に役立つと位置づけられている点が特徴的である。因みに、ドイツ語の場合は、人文、社会、自然科学、芸術のすべての分野での刮目すべき業績が指摘され、フランス語の場合は、国際語としての地位、スペイン語の場合は無限の可能性を秘めた中米諸国への進出、中国語の場合は、非常に密接な関係と国交正常化以降の実用性の高まりが、それぞれ指摘されている。

一方、意思疎通能力の育成と目標言語文化の理解を通した国際化時代への対処能力の育成は、全ての言語で言及されており、第2外国語教育の共通した目的となっていたと見ることができる。第2外国語教育を通して、目標言語の駆使能力だけでなく、国際社会で活躍するのに必要な資質、人格の形成までもめざされていると解釈できる。そして、そのために目標言語文化の理

解が必要だとされている。また、外国語Iは「聞く」「話す」に重点を置いた科目であり、外国語IIは「読む」「書く」に重点を置いた科目であるとされていること、目標言語社会に対する興味関心の誘発に言及されていることも全ての外国語に共通している。そして、目標言語社会に対する新たな認識が目標とされているのは、フランス語、スペイン語と共通している。

次に、目標について見てみよう。

〈日本語I〉
ア．日常生活に関連した簡単な言葉と文章を理解できるようにする。
イ．日常的な話題に関連した内容を簡単に表現することができるようにする。
ウ．日本語を使用する国民の日常生活と慣習を理解させる。

〈日本語II〉
ア．一般的な話題と関連した言葉と文章を理解できるようにする。
イ．一般的な話題と関連した内容を表現できるようにする。
ウ．日本人の生活と文化を理解し、正しい価値観を持つようにする。

目標は、外国語I、IIとも全ての外国語を通して同一である。ここでは、言語の技能を理解技能と表現技能に二分する考え方がとられている。また、言語の4技能の育成と同時に目標言語話者の日常生活と習慣、文化の理解も促進させようとする姿勢が、目標においても表明されていると言える。

次に、内容の部分に新たに加わった意思疎通機能の内容に関して少し触れておくと、意思疎通機能として挙げられているのは、個人の考え、個人の感情、親交活動、日常的な対人関係、勧誘と依頼、指示と命令、情報交換、意見交換、問題解決といった項目で、全ての外国語で共通である。そして、各項目の下に例文が示されている。これは、これまでの文法シラバスから機能シラバスへの移行を意図していると考えられる。

言語材料については下記のように記載されている。

〈日本語Ⅰ〉
(1)素材
(ア)日常生活に関する素材を主として選択し、意思疎通機能の指導に役立つようにする。
　① 個人の生活や人間関係に関するもの
　② 学校生活や交友関係に関するもの
　③ 趣味、娯楽、運動、旅行など余暇の善用に関すること
　④ 健全な考えや協同精神を育てるのに役立つこと
　⑤ 日本人の日常生活を理解するのに役立つこと
(イ)内容構成においては、次の事項に留意しなければならない。
　① 学生の興味、必要、知的水準などを考慮し、学習意欲を誘発することができるものにする
　② 学生が学習活動を通して意思疎通の意欲を誘発することができるようにする
　③ 内容は実用的なものにする
〈日本語Ⅱ〉については、〈日本語Ⅰ〉とほぼ同じなので省略する。

　素材に関する記述も、外国語間で同一であるが、素材も意思疎通能力の育成に資することが求められているのが、第6次教育課程の特徴だと言える。『高等学校外国語科教育課程解説』の日本語教育の方向という項においても、「内容においても日本の文化的理解に役立つ内容を増大させ、日本文化に対する理解を高めることによって、コミュニケーション能力を伸長させなければならない」とあり、内容として日本文化を重視しつつ、それをコミュニケーション能力の育成と結びつける方針が表明されている。
　このように第6次教育課程では、意思疎通能力の育成に重点が置かれると同時に、国際社会で活動できる基礎的な能力の育成も目標とされ、それらに資するものとして目標言語文化の理解が位置づけられている。
　ただし、日本語教育の場合、性格として特に日韓の協力的な交流関係の維持が指摘されていることが特徴的であった。『高等学校外国語科教育課程解説』では日本語教育の目的の変化という項で、これまでの日本語教育は、知

的情報の収集が主たる目的であったとし、「今日国際化の文脈で日本語教育の必要性は、経済交流と知的交流という次元を超えて、お互いの閉鎖性を克服し、相互理解による善隣の関係を創出することにあり、これからの日本語教育は、情報収集だけを目標とする後進型学習ではない、相互交流を前提とする意思疎通機能育成のための学習にならなければならないだろう」と記されている。これは金泳三大統領の「未来志向のパートナー」と連動する言表であると同時に、これまでの自国発展型必要論、現状追随型必要論、関係改善志向型必要論、日本研究型必要論を超えて、日本人との個人レベルの交流による相互理解及び関係構築のためのコミュニケーションの道具として日本語を学ぶことが表明されていると言える。

　「交流」という言葉は、朴正熙大統領が高等学校の第2外国語として日本語を導入することを発表した際にも、知識人によって表明された関係改善志向型必要論でも使われていた。しかし、前者は、経済的な交流を、後者は研究者間の学術的な交流を意味していた。それに対して、第6次教育課程における「交流」は、一般の市民間の日常的な交流を意味している点で、それらとは異なると考えられる。したがって、これを交流・相互理解型必要論と呼ぶことにする。輸送、通信技術の発達、韓国の民主化に伴って、1990年以降、経済的・政治的な利害関係を伴わずに、韓国人が日本人と接したり、日本文化を楽しんだりする機会が増えたという社会的文脈の変化が、このような必要論を出現させたと考えられる。

　『高等学校外国語科教育課程解説』の日本語の国際的位相という項においては、個人レベルの交流の増大にしたがって、情緒交流の次元で意思疎通能力が必要になったと記されている。また、日本語教育の方向という項でも、学習者の日本語学習目的の多様化を指摘し、それに合わせた教材の開発に言及しつつも、個人レベルの交流のための意思疎通用会話教材が主流をなすとしている。このように、第6次教育課程で重視されている意思疎通能力とは、日本人との個人間の交流によって関係を切り結ぶためのものであることが確認できる。

4.2　第7次教育課程

　1990年代後半になると、各言語の研究担当者を中心として教育課程は改定され、1997年に第7次教育課程として発表された[26]。第7次教育課程では、第2外国語として新たにアラビア語が追加された。第7次教育課程は、第6次教育課程の骨子を受け継いでいるが、それをさらに具体化させている。また、第6次教育課程期に中学校で特別活動として教えられていた日本語を、2001年度から自由選択科目として4単位、導入することになった。

　第7次教育課程は、外国語がⅠとⅡに分けられ、1. 性格、2. 目標、3. 内容、4. 教授・学習方法、5. 評価の5部分から構成されている点は、第6次教育課程を踏襲している。しかし、その下位項目には若干差異があり、内容の下位項目として、(ア)意思疎通活動と(イ)言語材料が置かれている。

　2000年に教育部によって発行された『高等学校教育課程解説―外国語(ドイツ語、フランス語、中国語、スペイン語、日本語、ロシア語、アラビア語―)』[27]では、21世紀は世界がひとつの地球村となる一方で、EUをはじめとして、地域分権的な時代になると予測している。そして、英語の代わりに地域の言語を使用すればこそ、対話の参加者の間に親密さと信頼感が構築され、結果的に意思疎通の目標をより円滑に達成することができるとし、英語以外の外国語の必要性を強調している。また、世界化、情報化時代において外国人と外国語で円滑に意思疎通できる能力を育てなければならないとし、外国語駆使能力の獲得、異質な文化を受容する能力の獲得、特定地域に対する研究と理解、文明史的な変化の理解などを、教育目標と内容に反映させなければならないとしている。そして、第7次教育課程では、実用的な価値を優先し、基礎的な意思疎通能力に力点を置くこと、非言語的な要素である文化理解教育を強化し、世界市民としての意識と態度を育てる基礎を確立することを強調したとしている。第6次教育課程と同様に、目標言語の駆使能力に加えて、異文化理解を通して国際社会で活躍するために必要とされる一般的な資質、能力を育成することが目標とされていると解釈できる。

　このような第7次教育課程の全般的な方針を反映して、日本語の教育課程の性格の部分では、近代史の影響で両国民の感情の溝はまだ深いが、隣接国家間で地域統合が進み、協力体制が構築されている世界情勢に鑑みて、「韓

日間の各種交流活動の一翼を担うことのできる人材を養成する」ことを目的とし、意思疎通能力を育てる課程として日本語Ⅰを位置づけている。また、日本語を、経済力と情報力の面で言語の活力が大きいと評価し、日本語Ⅰは、韓国の発展にも寄与する情報収集能力を育てる科目であるとしている。さらに、日本語Ⅰは、「日本文化の特徴を理解し、韓国の文化を日本に紹介させ、専ら韓日両国民の相互理解を促進し、両国間の政治、経済、社会、文化的な交流に肯定的かつ積極的に参与することのできる基礎的な力量」を育てるところに力点を置く科目であると述べている。また、日本語Ⅱは、日本語Ⅰよりも高いレベルの意思疎通能力を育てる課程であると位置づけられている。

　他の第2外国語と比べると、朝鮮時代の日本語教育に言及し、日本語は昔から必要性が高かったと指摘されている点、情報収集能力の育成が目標とされている点が特徴的である。ドイツ語、フランス語は自然科学分野、音楽芸術分野など幅広い分野での業績が高く評価されており、スペイン語は使用人口の多さが指摘されている。また、ドイツ語、フランス語の場合、国際社会で活躍する人間の育成における必要性が指摘されている。

　第7次教育課程は、政治、経済分野での交流活動、情報収集能力の育成といった、従来の日本語教育必要論にも言及した上で、第6次教育課程に引き続き、市民間の交流と相互理解を目指すという交流・相互理解型必要論が展開されていると見ることができる。ただし、交流の様相について「日本文化の特徴を理解し、韓国の文化を日本に紹介させ」るというより具体的な説明が加えられている。第7次教育課程において想定されている交流は、日本人と韓国人がお互いにお互いの文化を認め合い、理解しあった上に成り立つものだと言えよう。

　韓国文化の紹介は、第3次教育課程でも目標とされていた。しかし、『高等学校教育課程解説』において、「地域内の円滑な交流及び平和的関係維持のためには、お互いの文化に対する理解を誠実にし、お互いの文化に対する愛情を持つ基本的な姿勢を養成する必要がある」とされているように、国民意識としての主体性の強化ではなく、異文化への共感や尊重を求めている点で、これまでとは異なっていると考えられる。その上で、日本語は「日本文

化に対する理解だけではなく、韓国の文化を日本に紹介し両国の相互理解を篤くする」科目であるとされているのである。

　日本語Ⅰの総括的な目標は、「日本人の日常言語生活と文化に対する関心と理解を深くし、日本人との意思疎通に能動的に参与する態度を育てる」ことであり、ここでも交流・相互理解型必要論が確認できる。個別の目標は6つ挙げられているが、第6次教育課程に見られた理解技能と表現技能に二分する考え方から、「聞く」「話す」「読む」「書く」の4つに分けるそれ以前の考え方に戻っており、中でも「聞く」が最重要視されている。また、インターネットによる情報検索能力の育成が目標として掲げられていることも特徴的である。

　次に、言語材料について見てみると、発音、文章、語彙、文法、意思疎通機能例示文、文化という項目に分けられており、文化という項目が別個に設けられたことも第7次教育課程の大きな特徴である。教授項目としての文化の重要性がいっそう強調されていると言える。また、文化の下位項目としては、日常的な生活文化を素材として選択し、意思疎通能力の習得に役立つようにするとして、①個人の生活と日常的な人間関係に関すること、②交友関係や学校生活に関すること、③基本的な社会生活に関すること、④趣味、娯楽、観光など余暇に関すること、⑤日本人の言語生活を理解するのに役立つこと、⑥日本人の日常生活を理解するのに役立つこと、⑦我々の文化に関することが挙げられていた。文化理解は、第6次教育課程と同様に、意思疎通能力の育成に寄与するものとして捉えられているが、日本人の言語生活の理解に役立つことや我々の文化に関することが、新たに加わった。

　文化に関して『高等学校教育課程解説』では、日本人の言語行動として、初対面の時、収入や年齢のような個人的な話題を避けること、ユーモアも相手に関連した話題ではなく、だじゃれが多いこと、相づちの頻度が高いこと、命令や否定を婉曲的に表現すること、他人に迷惑をかけないようにすることなどを理解させることが望ましいとされている。韓国語とは異なる、日本語によるコミュニケーションの型を理解させて、コミュニケーションに支障をきたさないようにし、日本人との間に良好な関係を築くことをめざしていると考えられる。

さらに、4. 教授・学習方法の部分には、文化に関する内容を適切な教材を使って提示し、偏狭でない考え方と正しい価値観を育てるようにするという記述があることから、国際化に備える一般的な能力の獲得を目指して、日本文化理解を進めようとしていることが分かる。

以上のように、第7次教育課程は、第6次教育課程と同様に、日本人との交流、関係構築のための意思疎通能力の育成を重視した交流・相互理解型必要論を基盤とし、それとの関連において日本文化の理解がいっそう重視されていると見ることができる。また、お互いがお互いの文化を尊重し、理解しあう関係をめざすという前提の下に、「韓国文化の紹介」の必要性も再び主張されるようになった。この場合の「韓国文化」とは、具体的に何を指すのかは、教育課程には記されていない。しかし、次節で示す日本語の教科書の内容分析から、教科書の執筆者、すなわち大学の日本・日本語関連学科の教員が、相互理解に基づく関係構築のために、どのような「韓国文化」を提示すべきだと考えていたのかを、垣間見ることができる。

4.3　高等学校の日本語の教科書

それでは、日本語の教科書において、教育課程で示された交流・相互理解型必要論がどのように具体化されたのか見ていきたい。

表17-2に本書で分析の対象とした教科書を示す。第6次教育課程期には、12種類の教科書がそれぞれⅠ・Ⅱに分かれて合計24冊、出版された。韓国日語日文学会の調査によると、アン・ビョンゴンらの教科書を採用した高等学校が最も多かったということである。第7次教育課程期には、Ⅰしか出版されていない教科書も見受けられるが、それは次のような理由による。第7次教育課程では、学生の選択の幅を広げ、1年は国民共通基本教育課程体制を、2、3年では学生中心選択教育課程体制を導入した。そして、選択科目を一般選択と深化選択とに分けて提示した。第2外国語は選択科目となり日本語Ⅰは一般選択に、日本語Ⅱは深化選択になったが、深化選択の科目として日本語が選択されないケースもある。つまり、日本語Ⅱを使用しない高校が多数出ると予測された。そのため、日本語Ⅰのみ出版されたということである。

教科書の表 17-2 に示した執筆者は全員韓国の高等教育機関で教鞭を執っており、韓国の大学を卒業し、研究員として日本に滞在した経験があるキム・ヒョウジャとユ・ヨンギュを除いて、全員が日本に留学し、修士以上の学位を取得している。

　まず、日本に関する情報が提示される課が課の総数に占める割合と、韓国に関する情報が提示される課が課の総数に占める割合がどのように変化したのかをグラフ 6 で確認すると、第 6 次教育課程期で、日本に関する情報が提示される課は、韓国に関する情報が提示される課の割合を大幅に上回って36％となり、第 7 次教育課程期においては、90％に達していることが分かる。教育課程に示された日本文化理解重視の方針が、教科書に反映されていると見ることができる。

　次に、日本文化として取り上げられる内容がどのように変わったのか、表20 で確認すると、年中行事の比重が高いのは、第 5 次から変わらないが、第 6 次、第 7 次は、日本に対する情報が多様化していることが分かる。特に、これまで取り上げられなかった大衆文化が第 6 次教育課程期の教科書以降、僅かながら取り上げられるようになったことは、大きな変化のひとつである。第 6 次教育課程期の教科書 1 冊（イ・インヨンⅡ）で漫画について、第 7 次教育課程期の教科書 3 冊（ユ・キルドンⅠ、イ・ボンヒⅠ、ハン・ミギョンⅡ）で漫画、アニメーション、映画について取り上げられていた。自由化が進み、韓国の若者が日本の大衆文化に触れる機会が増えると共に、日本の大衆文化が公式に開放される兆しが見え始めたため、教科書の中でも大衆文化が取り上げられるようになったと考えられる。また、大衆文化とあわせて、プロ野球など、日本で人気のあるスポーツについても紹介されていた。これは表 20 ではスポーツに分類した。

　第 6 次教育課程期の教科書から新たに取り入れられるようになったものとして、日本の歴史に関する情報もあるが、第 6 次教育課程期のイ・スクチャ著の『日本語Ⅱ』の第 3 課では、原爆で亡くなった女性の話が取り上げられていた。これは、日本の戦争の被害者としての側面を見せるものであり、高等学校の日本語の教科書で提示されたことは、注目に値する。

　また、第 5 次教育課程期の教科書から提示されるようになった日本の高校

表17-2　分析対象教科書一覧②

教育課程	出版年	執筆者	書名	出版社
第6次	1996	이숙자	日本語Ⅰ	民衆書林
	1997	（イ・スクチャ）	日本語Ⅱ	民衆書林
	1996	이인영他1名	日本語Ⅰ	金星教科書
	1997	（イ・インヨン他1名）	日本語Ⅱ	金星教科書
	1996	김효자	日本語Ⅰ	志学社
	1997	（キム・ヒョウジャ）	日本語Ⅱ	志学社
	1996	김봉택	日本語Ⅰ	天才教育
	1997	（キム・ボンテ）	日本語Ⅱ	天才教育
	1996	김채수	日本語Ⅰ	松山出版社
	1997	（キム・チェス）	日本語Ⅱ	松山出版社
	1996	안병곤他4名	日本語Ⅰ	成安堂
	1997	（アン・ビョンゴン他4名）	日本語Ⅱ	成安堂
	1996	이봉희	日本語Ⅰ	教学社
	1997	（イ・ボンヒ）	日本語Ⅱ	教学社
	1996	장남호他1名	日本語Ⅰ	時事日本語社
	1997	（チャン・ナムホ他1名）	日本語Ⅱ	時事日本語社
	1996	박희태他1名(パク・キラ他1名)	日本語Ⅰ	金星教科書
	1996	유길동他2名	日本語Ⅰ	進明出版社
	1997	（ユ・キルドン他2名）	日本語Ⅱ	進明出版社
	1996	이현기他1名	日本語Ⅰ	志学社
	1996	（イ・ヒョンギ他1名）	日本語Ⅱ	志学社
	1996	유용규	日本語Ⅰ	教学社
	1997	（ユ・ヨンギュ）	日本語Ⅱ	教学社
第7次	2001	한미경他3名	日本語Ⅰ	ブラックボックス
	2003	（ハン・ミギョン他3名）	日本語Ⅱ	ブラックボックス
	2003	김효자他2名	日本語Ⅰ	志学社
	2003	（キム・ヒョウジャ他2名）	日本語Ⅱ	志学社
	2001	유길동他3名	日本語Ⅰ	進明出版社
	2003	（ユ・キルドン他3名）	日本語Ⅱ	進明出版社
	2002	김숙자他3名	日本語Ⅰ	大韓教科書
	2002	（キム・スクチャ他3名）	日本語Ⅱ	大韓教科書
	2003	이봉희他1名	日本語Ⅰ	教学社
	2003	（イ・ボンヒ他1名）	日本語Ⅱ	教学社
	2003	양순혜他3名	日本語Ⅰ	天才教育
	2004	（ヤン・スンヘ他3名）	日本語Ⅱ	天才教育
	2002	이숙자(イ・スクチャ)他5名	日本語Ⅰ	民衆書林
	2002	조남성(チョ・ナムソン)他1名	日本語Ⅰ	学問出版
	2003	유용규(ユ・ヨンギュ)他2名	日本語Ⅰ	教学社
	2003	안병곤(アン・ビョンゴン)他3名	日本語Ⅰ	成安堂
	2003	장남호(チャン・ナムホ)他2名	日本語Ⅰ	時事英語
	2001	이현기(イ・ヒョンギ)他2名	日本語Ⅰ	進明出版社

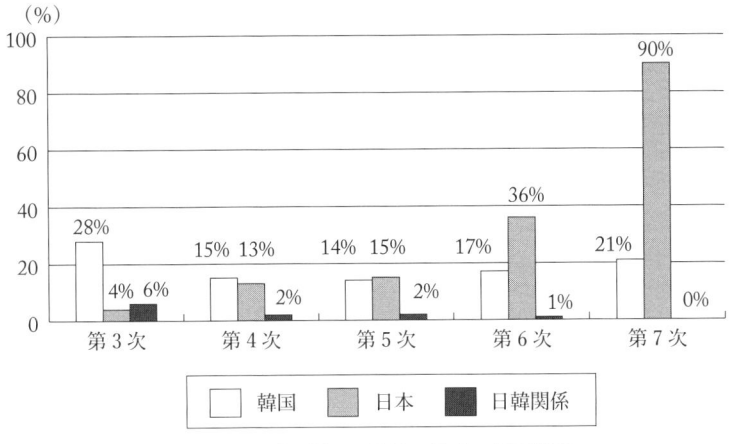

グラフ6　日本／韓国に関する情報の提示頻度

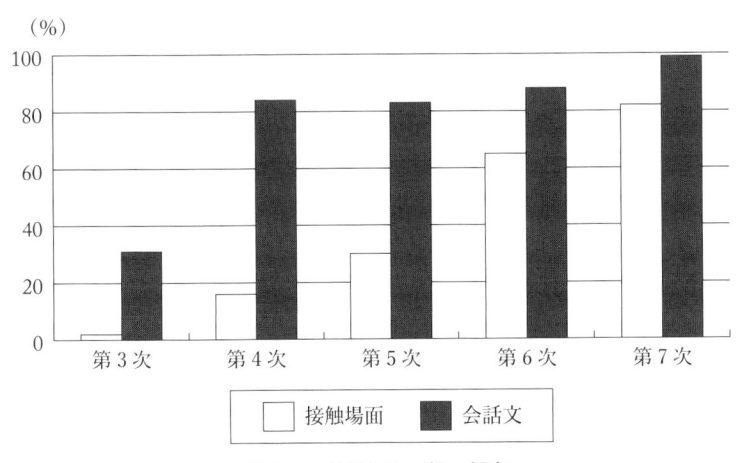

第3次：韓国 28%、日本 4%、日韓関係 6%
第4次：韓国 15%、日本 13%、日韓関係 2%
第5次：韓国 14%、日本 15%、日韓関係 2%
第6次：韓国 17%、日本 36%、日韓関係 1%
第7次：韓国 21%、日本 90%、日韓関係 0%

グラフ7　接触場面の提示頻度

（接触場面・会話文）

生に関する情報の比重が、第7次の教科書において高くなっていることも変化のひとつである。第5次教育課程期の教科書では、高校生に関する情報として、受験や高校野球、部活動が取り上げられていたのであるが、第6次では通学方法、時間割なども提示され、第7次では一日の生活や韓国との違いがQ&A形式で紹介されるようになるというように、情報量が増えるとと

もに多様化している。

　さらに、第7次教育課程期の教科書では、言語行動に関する情報が増えていることも大きな変化である。具体的には、挨拶の仕方や、断りの方略、「すみません」の機能を紹介したり、学習者に考えさせるようなタスクを取り入れたりしながら、日本語によるコミュニケーションの型を提示していた。日本文化の理解を、日本人との関係構築ための意思疎通能力の育成と結びつけようという教育課程の方針が、反映されていると言えよう。

　さらに、表20では、「個人の認識の変化」に分類したが、日本文化と接触したことにより、これまでの見方や考え方が変わったという発話を韓国人登場人物にさせている教科書が、第6次教育課程期、第7次教育課程期、それぞれ1冊ずつあった。例えば、第7次教育課程期のキム・スクチャ著の『日本語Ⅱ』の第8課では、韓国人登場人物が日本訪問後、「これまで自分の国が一番だと思っていたが、みんな同じだと思うようになった」という感想を述べている。これは、Bennett(1986)の異文化センシティビティモデルにおける、自文化中心的段階から文化相対的段階への認知的な発達を示していると考えられる[28]。教育課程では、目標言語文化の理解を意思疎通能力の育成と結びつけると同時に、国際化した社会で活躍するための一般的な能力の獲得とも結びつけていた。日本文化との接触による認知的な発達の場面を教科書の本文に取り入れたのは、日本文化との接触を国際化時代への対処に必要な一般的な能力と結びつけようとする執筆者の意図の表れであると考えられる。

　では、このように提示量が増えると同時に取り上げる事柄が多様化した日本文化は、どのように提示されていたのだろうか。表24に示したように、第7次教育課程期の教科書では、本文や練習とは別にコラム欄を設け、そこで韓国語で記述するという方法が圧倒的である。これは、初級の段階から多くの情報を提示できるという利点があるが、言葉の学習と文化の理解が分離してしまい、コミュニケーション能力の獲得と日本文化の理解とを結びつけようとする教育課程の方針にそぐわない可能性があると考えられる。

　次に、韓国に関する事柄として何が取り上げられ、どのように提示されるようになったのか、表18、19で確認する。表18から分かるように、従来

表20　日本に関する情報の内容

	戦後復興・近代化	年中行事	衣服	住まい	食べ物	その他生活情報	マナー	慣習	交通	町の様子・観光地	風土・気候	高校生	日本人全般	日本人の歴史認識
		日常生活情報								土地・風土		日本人		
第3次	2 (25%)	1 (13%)								1 (13%)				1 (13%)
第4次		9 (23%)	2 (5%)	1 (3%)	2 (5%)		2 (5%)	1 (3%)		3 (8%)	3 (8%)		1 (3%)	2 (5%)
第5次		13 (20%)		4 (6%)		1 (2%)	2 (3%)	2 (3%)	2 (3%)	3 (5%)	7 (11%)	4 (6%)	2 (3%)	5 (8%)
第6次		43 (24%)	2 (1%)	5 (3%)	10 (5%)	8 (5%)	4 (2%)	8 (5%)	3 (2%)	16 (9%)	6 (3%)	4 (2%)	5 (3%)	2 (1%)
第7次		50 (19%)		13 (5%)	14 (5%)	8 (3%)	8 (3%)	14 (5%)	16 (6%)	20 (8%)	8 (3%)	22 (8%)	4 (2%)	

	社会問題	歴史	スポーツ	大衆文化	伝統芸能	建造物	着物	日本語	文学・説話	日本の中の韓国	言語行動	個人の認識の変化	その他	合計
	社会		娯楽		文化財									
第3次					1 (13%)			1 (13%)		1 (13%)				8
第4次	2 (5%)							3 (8%)	3 (8%)	2 (5%)	1 (3%)		2 (5%)	39
第5次	7 (11%)				2 (3%)	1 (2%)		5 (8%)			1 (2%)		4 (6%)	65
第6次	13 (7%)	1 (1%)		1 (1%)	16 (9%)	7 (4%)	4 (2%)	6 (3%)	4 (2%)		3 (1%)	1 (2%)	4 (1%)	177
第7次	19 (7%)	1 (0%)	6 (2%)	3 (1%)	19 (7%)		7 (3%)		1 (0%)	3 (1%)	24 (9%)	1 (0%)	1 (0%)	262

(　)内は合計に占める割合

中心的に取り上げられていた韓国の国家・民族に関わる事柄は減少し、日常生活情報、土地・風土、文化財に比重が移っている。また、表19から、提示方法も接触場面において、韓国人が日本人に説明するか、日本人が韓国の文物に対する印象を述べるという形式になっていることが分かる。後で述べるように、韓国に滞在する日本人と韓国人との接触場面を提示した教科書が多いのであるが、そのような場面で、韓国の生活習慣、文化財、観光地などが会話の話題となっているということである。そして、日本人の登場人物が

表 24　日本に関する情報の提示方法

	コラム	本文	日本人による説明	韓国人による評価	その他	総計
第 5 次教育課程	7　(10.6)	29　(43.9)	25　(37.9)	5　(7.6)		66
第 6 次教育課程	68　(38.4)	47　(26.6)	36　(20.3)	24　(13.6)	2　(1.1)	177
第 7 次教育課程	206　(78.6)	15　(5.7)	20　(7.6)	16　(6.1)	5　(1.9)	262

(　)は合計に占める割合

　韓国の文物に対する評価や感想を述べる場面では、「昌徳宮の歴史的な建物がすばらしかった」、「南山からの景色がすばらしかった」、「お盆よりもチュソクの方が好きだ」など韓国の文物を高く評価していた。お互いの文化を理解し、尊重しあうという教育課程の方針が、会話文において実現されていると言えるだろう。つまり、教科書において、日本語は、日本人が韓国文化を理解し尊重する態度を示す機能、日韓両市民の交流を通した相互理解を実現させる機能を果たしていると言える。

　さらに、第 5 次教育課程期の教科書までは、比較的頻繁に提示されていた古代韓国文化の優位性を取り上げる教科書が少なくなったのも、変化のひとつである。第 6 次教育課程期には、2 冊の教科書(キム・チェスⅡ、イ・ヒョンギⅠ)で、新羅や百済から仏教などの文化が伝わったことを、日本人の登場人物が語るという形で提示されていたのであるが、今回分析対象とした第 7 次教育課程期の教科書では、このテーマは取り上げられていなかった。加えて、侵略の歴史については、第 6 次教育課程期の 1 冊の教科書(キム・チェスⅡ)で、日本人登場人物が反省の意を表し、日本史の授業では扱われないことを批判する場面が提示されるものの、第 7 次教育課程期の教科書では、侵略史が話題となることはなかった。1990 年代以降、日韓関係の歴史や韓国文化の優位性を内容として取り上げる教科書が少なくなったことは、日本語教育において、国民意識としての主体性を強化する必要性が小さくなったことを示していると考えられる。

　次に、接触場面について詳しく見ていく。グラフ 7 に示した通り、接触場面が提示される課が課の総数に占める割合は、第 6 次教育課程期に飛躍的に増えており、第 7 次教育課程期の教科書においても、増加傾向が続いている。接触場面の詳細、つまり、誰が誰とどこでどのような話題で会話をしているのかを各教科書ごとに分析した結果を、表 25、表 26 に示す。

第8章　交流・相互理解型必要論の台頭　233

表18　韓国に関する情報の内容

	国家・民族					日常生活関連情報					土地・風土	
	国家	民族統一	近代化	産業	歴史	ソウル・オリンピック	年中行事	食べ物	住まい	交通	その他生活情報	町の様子・観光地	風土・気候
第3次	2 (5%)	4 (11%)	10 (27%)	4 (11%)	5 (14%)		1 (3%)					3 (8%)	3 (8%)
第4次			4 (10%)		1 (3%)	3 (8%)	3 (8%)	2 (5%)		2 (5%)		10 (26%)	4 (10%)
第5次			2 (3%)	2 (3%)	3 (4%)	4 (6%)	4 (6%)	3 (4%)	3 (4%)		2 (3%)	9 (13%)	8 (12%)
第6次			2 (3%)	2 (3%)	1 (1%)		8 (11%)	3 (4%)	1 (1%)	2 (3%)		16 (23%)	6 (8%)
第7次							4 (9%)	7 (16%)		2 (5%)	3 (7%)	14 (32%)	

	社会			文化財			その他				合計
	高校生	社会	スポーツ	大衆文化	伝統芸能	遺跡・建造物	韓国語	文学・逸話	韓国の中の日本	韓国人論	その他	
第3次		1 (3%)			1 (3%)	1 (3%)	1 (3%)		1 (3%)			37
第4次					2 (5%)	1 (3%)	2 (5%)	1 (3%)		1 (3%)	3 (8%)	39
第5次	3 (4%)	5 (7%)	1 (1%)		1 (1%)	4 (6%)	3 (4%)	1 (1%)		4 (6%)	5 (7%)	67
第6次	2 (3%)	1 (1%)	1 (1%)	1 (1%)	8 (11%)	3 (4%)	3 (4%)	1 (3%)	1 (1%)	8 (11%)	1 (1%)	71
第7次					5 (11%)	5 (11%)	1 (2%)	1 (2%)	1 (2%)	1 (2%)		44

( )内は合計に占める割合

表19　韓国に関する情報の提示方法

	本文(韓国人による独話・話者不明の会話を含む)	韓国人による説明	在日韓国人による言及	日本人による言及	練習	総計
第3次教育課程	37　(100.0)					37
第4次教育課程	26　(66.7)	7　(17.9)	2　(5.1)	4　(10.3)		39
第5次教育課程	20　(29.9)	20　(29.9)		27　(40.3)		67
第6次教育課程	22　(31.0)	26　(36.6)		23　(32.4)		71
第7次教育課程		18　(40.9)		20　(45.5)	6　(13.6)	44

( )内は合計に占める割合

表25に示した通り、第6次教育課程期の教科書の中には、接触場面の全くないものが1冊(チャン・ナムホⅡ)あり、接触場面はあるが登場人物の属性が不明確なものが5冊(ユ・キルドンⅡ、パク・キテⅠ、イ・インヨンⅠ・Ⅱ、キム・ヒョウジャⅠ)ある。登場人物の属性がはっきりしているもののうち、1冊(イ・スクチャⅠ)のみ韓国人高校生が日本に留学している設定となっているが、その他の教科書は全て日本人が韓国に滞在している設定になっていた。つまり、韓国を場面とする会話が圧倒的に多いということである。また、登場人物の多くは高校生であり、お互いの家を訪問したり、一緒に外出したりする場面も頻繁に取り入れられていた。会話の話題について、日本に関することと、韓国に関することのどちらが取り上げられているか見てみたところ、合計としては日本に関することが話題となる会話が多かった。これは、日本人が日本の事情、文化について説明する場面が多く取り入れられていることを意味している。日本語は、交流による日本理解を促す機能を果たしていると言えるだろう。

表26に示した通り、第7次教育課程期には、日本人学生が韓国に滞在している設定を取っている教科書が依然として多いものの、韓国人高校生が日本に滞在している設定になっている教科書も3冊に(ユ・キルドンⅠ・Ⅱ、キム・スクチャⅠ)増えた。また、ほとんど全ての教科書で、韓国人高校生と日本人高校生が高い頻度で登場し、彼らの家族も多く登場することから、家族ぐるみの交流が描かれていることが分かる。接触場面に登場する日本人と韓国人は、同じ学校に通ったりお互いの家を行き来したりする間柄であり、好みや趣味、習慣や日常の出来事、家族、将来の夢などについて語り合う。また、一緒に買い物やピクニックに出かけたり、ボランティア活動に参加したり、料理を作ったりする場面も全ての教科書で取り入れられている。さらに、自国の観光地を案内する場面、病気になった友だちを病院に連れて行く場面を取り入れている教科書も多い。したがって、教科書に登場する日本人は、韓国人といろいろなことを共に行ったり、助け合ったりする同年代のパートナーであることが分かる。日本語は、このような緊密な人間関係を構築するための言語として機能していると言うことができる。

会話の話題については、全体的に韓国に関することが話題となる会話が多

表 25　第 6 次教育課程の教科書の接触場面

編者(出版社)	教科書名	基本設定	接触場面が提示される課の割合	話題 日	話題 韓
イ・スクチャ他1名(民衆書林)	日本語Ⅰ	韓国人が日本に留学し、日本人家族と交流	92%	2	2
	日本語Ⅱ	*本文は全て読み物だが、会話部分あり。高校生どうしの会話	100%	7	1
キム・チェス他1名(松山出版社)	日本語Ⅰ	日本人高校生と韓国人高校生は以前からの友人。10課までは日本人が訪韓。11課以降は韓国人が訪日	100%	4	4
	日本語Ⅱ	9課までは日本人が訪韓。10課以降は韓国人が訪日	100%	8	6
アン・ビョンゴン他4名(成安堂)	日本語Ⅰ	韓国の学校に通う日本人、日本に訪問する韓国人	83%	2	1
	日本語Ⅱ	韓国人日本語学習者と日本人の友人	75%	3	
イ・ヒョンギ他1名(進明出版社)	日本語Ⅰ	韓国に滞在する日本人家族と韓国人家族の交流	86%	1	1
	日本語Ⅱ	韓国に滞在する日本人家族と韓国人家族の交流	87%	2	4
ユ・キルドン他2名(進明出版社)	日本語Ⅰ	11課までは訪韓中の日本人と韓国人高校生の交流	53%	1	
	日本語Ⅱ	登場人物の属性不明	21%	1	1
ユ・ヨンギュ他1名(教学社)	日本語Ⅰ	日本人高校生が韓国に滞在	60%	3	2
	日本語Ⅱ	日本人高校生が韓国に滞在	85%	4	1
キム・ボンテ他1名(天才教育)	日本語Ⅰ	日韓高校生どうしの会話が中心	94%		2
	日本語Ⅱ	場面は韓国、日韓高校生どうしの会話	92%	4	5
イ・ボンヒ他1名(教学社)	日本語Ⅰ	日本人日本語教師による授業中の会話	55%	1	1
	日本語Ⅱ	日本人日本語教師の姪が訪韓	65%		
パク・キテ他1名(金星教科書)	日本語Ⅰ	属性不明の登場人物多い、韓国に滞在中の日本人登場	93%	2	1
イ・インヨン他1名(金星教科書)	日本語Ⅰ	属性不明の登場人物多い	43%		
	日本語Ⅱ	属性不明の登場人物多い	92%	1	1
キム・ヒョウジャ(志学社)	日本語Ⅰ	登場人物の属性不明	33%		
	日本語Ⅱ	横山家とキム家の交流	13%		1
チャン・ナムホ他1名(時事日本語社)	日本語Ⅰ	日韓高校生どうしの会話	20%		1
	日本語Ⅱ	接触場面なし	0%		
合計				46	35

く提示されており、韓国人の登場人物が韓国の習慣や観光地について説明する場面も、日本人が韓国文化を体験し、高く評価する場面と同様に、多く提示されていた。日本語は、日本人の韓国理解を促進する機能も果たしていると言えよう。

　以上の分析から、教育課程において交流・相互理解型必要論が示されるのに伴って、教科書の内容も劇的に変化したことが明らかになった。1980 年代までは、教科書において日本語は主とし

表26 第7次教育課程期の教科書の接触場面

編者(出版社)	教科書名	基本設定	接触場面が提示される課の割合	話題 日	話題 韓
ユ・キルドン他3名〈進明出版社〉	日本語Ⅰ	韓国人高校生が日本に留学し日本人家族と交流	75%	1	
	日本語Ⅱ	韓国人高校生が日本に留学し日本人家族と交流	100%	1	1
キム・スクチャ他3名〈大韓教科書〉	日本語Ⅰ	韓国人高校生が日本でホームステイ	100%	1	1
	日本語Ⅱ	日本人高校生が春休みに韓国でホームステイ	58%	2	3
ハン・ミギョン他3名〈ブラックボックス〉	日本語Ⅰ	第8課までは日本人高校生が韓国に留学、第9課以降韓国人学生が訪日	90%	2	1
	日本語Ⅱ	第8課までは日本人高校生が韓国に留学、第9課以降韓国人学生が訪日	60%	1	1
アン・ビョンゴン他3名(成安堂)	日本語Ⅰ	8課までは日本人高校生が韓国に滞在、9、10課で韓国人高校生が訪日	92%		2
キム・ヒョウジャ他2名〈志学社〉	日本語Ⅰ	日本人高校生が韓国に留学	58%		
	日本語Ⅱ	日本人高校生が韓国に留学	90%	1	1
イ・ボンヒ他1名〈教学社〉	日本語Ⅰ	親の仕事のため日本人学生が韓国に滞在	75%	2	1
	日本語Ⅱ	親の仕事のため日本人学生が韓国に滞在	100%	3	3
イ・スクチャ他4名〈民衆書林〉	日本語Ⅰ	日本人高校生が韓国に留学	90%	4	5
ユ・ヨンギュ他2名(教学社)	日本語Ⅰ	場面は韓国	80%	1	3
チャン・ナムホ他2名〈時事英語社〉	日本語Ⅰ	場面は韓国	100%	1	
チョ・ナムソン他1名〈学問出版〉	日本語Ⅰ	場面は韓国	100%	1	2
ヤン・スンへ他3名〈天才教育〉	日本語Ⅰ	韓国人高校生の生活中心	75%	2	1
	日本語Ⅱ	韓国人高校生の生活中心	91%		5
イ・ヒョンギ他2名〈進明出版社〉	日本語Ⅰ	登場人物の属性不明	30%		
合計				23	30

て、国民意識としての主体性を強化する機能を果たしていたと考えられるが、1990年以降、日本人と韓国人の緊密な人間関係を描く接触場面が増え、そこにおいてお互いの文化に関する情報交換がなされ、異文化体験談が描かれていたことからも、日本語は、日本人と韓国人が相互理解に基づき、人間関係を構築するための道具として機能するようになったと考えられる。2000年代に出版された第7次教育課程期の教科書において、国家の近代化事業、古代韓国文化の日本文化に対する影響や侵略史といったテーマが取り上げられなくなったことは、そのようなものを通して、国民意識としての主体性の強化を行う必要がなくなり、日本人との間に未来志向的な人間関係の

構築をめざす段階に至ったことを示していると考えられる。また、日本に関する情報をできるだけ幅広く、多く伝えようとされていたことも、日本文化の理解が重視される1990年以降の特徴であると見ることができる。

4.4　日本語教師による交流・相互理解型必要論の実践

　次に、雑誌記事を史料として、大学ないしは高等学校で日本語教育に携わる教員の日本語教育に対する認識を分析する。ここでは、韓国国立国会図書館のデジタル・ライブラリを「日本語教育」で検索して得られた雑誌記事のうち、単なる現状の報告に留まるもの、韓国人学習者にとって習得が難しい発音や文法など言語的側面のみを指摘したもの、教育課程、教授法、カリキュラムの変遷のみを記したもの、マルチメディアの利用など新技術の利用法に特化したものを除き、日本語教育の方向性やカリキュラム、教授法、内容などに関する提案、現状の改善案を示しているもののみを対象として分析を行う。分析の対象とした資料は第2章の表1に示した（53から81まで）。

　1990年代の論稿の特徴として、日本語教育の必要性と適合性については、ほとんど問題化されないということが挙げられる。国際化、開放化の時代の中で、英語はもちろん、それ以外の外国語教育が重要だということは周知の事実であり、その中のひとつとして日本語を学ぶ必要があることは、当然とみなされるようになったと考えられる。また、日本と韓国は隣国であり、両者の政治的、経済的な協力関係を維持することの重要性、民主化以降顕著になった民間レベルの交流の実態に鑑みても、日本語は最も重要な第2外国語であるという点に異論は生まれにくかったと考えられる。さらに、韓国が先進国となり、対外的にも国内的にも独立国家としての地位と威信を確立したことも、国民意識としての主体性の確立を促し、日本語教育の適合性が問題化されなくなった要因であると考えられる。敢えて日本語教育の必要性に言及されることがあるとすれば、「日本語教育の必要性はお互いの閉鎖性を克服し、相互理解による善隣関係を創出するところにある」[29]という交流・相互理解型必要論の焼き直しである。

　そして、議論の焦点は、時代的な変化、つまり国際化に対応する日本語教育をどのように行うべきかという点に移る。共通して指摘される方向性は、

教育課程の方針と同様に、意思疎通能力の育成、文化理解、学習者中心主義である。そして、これらの観点から現状の見直しがなされ、これらの方針にかなう内容、教材、教育方法、カリキュラムに関する提案がなされる。

　1991年、韓国大学教育協議会によって、大学の日本・日本語関連学科のカリキュラムのモデルが研究、開発された。『日語日文関連学科プログラムの開発研究』では、国際化時代に合うのは、日本の文化をより総合的に理解できるカリキュラムであるとして、実用的な日本語の駆使能力を育てることができると同時に、日本文化の根本を体系的にかつ科学的に把握することができる教育課程の必要性を訴えている。これを嚆矢として、1994年、韓国日本学会によって日本語教育をどのように行うのかという総合シンポジウムが開かれた。また、韓国日語日文学会も日本語教育実態調査の報告に基づくシンポジウムを開催した。これらのシンポジウムでは、国際化時代の到来とそれに伴うニーズの変化に対応し、カリキュラムや教授法などを改善しなければならないとして、議論が交わされた。

　韓国日本学会のシンポジウムでは、日本人日本語教師3名を含む合計14名で、音声、文法、聴解、語彙、大学における日本語教育のあり方、評価、教授法など多岐にわたって討論された。その中で、音声教育について発言した韓国人教員は、「我々の世代は日本語を外国語として扱わなければならない」と主張し、文法や語彙に関する議論では、日本語と韓国語の比較が活発になされていた。1980年代以降、韓国人学習者が習得しにくい文法項目に関する議論が活発化したことと併せて考えると、1990年代に入って、ハングル世代の教員が増えるとともに、日本語をひとつの外国語として客観的に分析する姿勢が強化されたと見ることができる。李鳳姫（「日本語教育の現在と未来」）も、国語世代の教員による日本語教育は失敗であったと指摘し、言語学的素養と日本語と韓国語の対照分析が必要であると主張している。また、聴解、教授法に関しては、総合的な言語能力の育成、学習者中心の教授法、コミュニカティブ・アプローチの有用性に関する議論が展開されていた。

　韓国の大学では、日語日文学科、日（本）語教育科、日（本）語科、日本学科といった専門課程の学生を対象とした日本語教育が行われているほか、教養選択ないしは必須科目として専攻外の学生を対象とした日本語教育も行わ

れている。このうち日本・日本語関連学科のカリキュラムを分析した李鳳姫(「韓国の大学における日本語教育」)によれば、日本語会話、日本語講読、聴解、文法といった「技能系科目」が占める割合は、どの学科でも一番高く、48%から60%であった。また、日本学科は日本の政治、経済、文化といった「日本学科目」の占める割合が42%と高いが、それ以外の専攻科では、文学の占める割合が比較的高く、18%から31%であった。

　韓国日本学会のシンポジウムでは、このような大学のカリキュラムの実態を踏まえて、日本を知り、国際的な見方を育てることが大学教育の目的であるとし、文学や文化の学習の重要性が指摘された。これに対し、韓国日語日文学会のシンポジウムでは、専門科目と日本語教育を分離させることが提案されていた。また、李鳳姫(「日本語教育の現在と未来」)は、専門科目に入る前に、日本語の4技能を習得させるべきだと主張していた。語学としての日本語の教育と文学などの専門科目をどのように統合させ、あるいは分離するのかが大学のカリキュラム編成の論点となっていたことが窺える。

　また、大学の日本文学専攻のカリキュラムに焦点を当てた論稿では、カリキュラムの主要部分を占める日本文学関係の科目について、学習者中心の観点から、古典から現代文学に比重を移し、教授法も工夫することが主張されていた[30]。

　一方、専門大学の教員は、教育市場の開放に直面して、生き残りをかけて存在意義を確立しなければならないという切迫した状況下で、「中堅職業人」を育成するという本来の設置目的に立ち返り、産業界の要求に応えるカリキュラム開発の必要性を訴えていた。提示されたカリキュラム改善案の中で強調されているのは、日本語の技能、特にコミュニケーション能力の獲得である。

　教育機関横断的にテーマとなっていたのは、日本文化の教育である。議論の中で、教育課程と同様に、日本文化の理解は2つの目的に結びつけられている。ひとつは、「日本語を流暢に話すためには、日本文化を理解することも重要である」、「外国の文化の理解が、目標言語の習得に役立つということに異論はないはずだ」[31]というように、日本文化の理解とコミュニケーション能力の獲得とを表裏一体のものとみなす論理である。李善熙(「日本語学習

における文化教育の必要性」)でも、意思疎通のために文化背景を理解することが重要であると指摘している。また、キム・ナラ(「日本語教育を通した常虚思想の具現方案に関する研究」)でも、意思疎通のために相手の行動様式に対する理解が必要であるとして、大学において日本文化の理解を助ける内容を増やすことを提案している。

　もうひとつは、国際社会で活躍する資質や能力の育成と異文化理解とを結びつける議論である。李善熙(同上)でも、文化理解は人格形成に寄与するとされている。また、李徳奉(「日本語教育課程の変遷過程と構成」)は、大学の場合、単純な言語技能の達成だけを追及する教育目標を止揚し、異文化理解のための教育内容を強化し、学習者自身が国際化できるところに、言語教育の究極的な目標を置くようにしなければならないとし、国際社会で活躍できる人材が持つべき資質や能力の獲得を大学教育の目的に据えている。ムン・ミョンジェ(「韓日文化交流の拡大と日本語教育の方向―文化と共存する外国語教育―」)も、交流のためには相手の文化に対する偏見のない理解が必要であると主張し、学部制の導入によって日本語習得のための科目が制限されている現状の解決策のひとつとして、言語習得のための科目と文化とを結びつけることを提案している。

　学習項目として文化を重要視する観点から、既存の教材を分析する論稿も現れた。キム・ヨンホ(「中級日本語の教材と日本文化」)は、日本で出版され広く使われている中級の教科書の内容分析を行い、日本文化の特殊性のみを強調するのではなく、そこに新しい価値観と世界観を見出すために特殊性を支える普遍性を理解させる必要があると指摘している。

　上に挙げた日本文化理解の重要性を説く論稿では、扱うべき文化要素として、目標言語国民の総体的な生活様式[32]、外国語を使用する人々の生活、思想、文学[33]、日本語の語源[34]が指摘される。また、ユ・キルドン(「日本語教育現場での異文化理解のための非言語コミュニケーションの学習」)は、日本人とのコミュニケーションにおいて、言語外の情報が重要であると指摘している。しかし、新聞や雑誌、写真を使う場合、「国民の生活を批判するのではなく、明確に提示された文化的行為の一面であるかどうか検討する」[35]ことが必要であるとされているものの、具体的な実践案まで提示されているわ

けではない。

　これに対して、朴恵蘭(「映像教材を使用した『日本文化論』の授業」)では、異文化間教育の理論を応用してデザインした授業の実践報告を行っている。この実践では、目的文化に対する間違った異質感を解消するための内容を選択したということであり、着物の着付け、飽食、岸和田だんじり祭り、映画「平成狸合戦ぽんぽこ」、企業と日本人などを内容とした授業を行っていた。劉美貞(「異文化理解教育としての日本文化」)では、言葉と文化を結びつけるという問題意識のもとに、日本の漫画を利用した授業の報告をしている。また、金貞恵(「高等学校の日本語の教科書の分析を通した効率的な意思疎通学習の研究(Ⅰ)」)では、高等学校の日本語教育では「日本語Ⅰ」しか扱われない場合が多いという実態に鑑み、大衆的だが優れた作曲力があり、東洋的な情緒が若者を惹きつけるとして、X JAPAN、GLAY、B'zといった大衆歌謡曲を使うことを提案している。日本大衆文化の全面開放を目前に控え、日本語教育において、日本の大衆文化を積極的に活用する動きが見られたのは注目に値する。

　しかし、日本大衆文化に対する警戒が全く表明されなかったわけではない。キム・ナラ(「日本語教育を通した常虚思想の具現方案に関する研究」)では、日本大衆文化の開放を控え、主体的価値観の上に日本文化を受け入れなければならないが、現在の学生は取捨選択する能力がなく、精神的に日本の文化的支配を受ける可能性があるとして、常虚思想[36]を基盤とした主体的価値観の確立が必要であると主張している。また、金鳳鐸(「日本語教育に対する小考」)では、言語の中に込められた思想と感情を理解できるようにしなければならないとして、文化理解の重要性を指摘すると同時に、日本文化の根源をなすものは、我々の文化であることを詳しく説き、文化的劣等意識を持ったり、日本文化に憧れてはならないとも述べている。ここから、日本の大衆文化は、国民意識としての主体性と競合するという見方も残っていたと見ることができる。

　以上のように、日本語教育をめぐる議論は、交流・相互理解型必要論を前提として、国際化時代に対処するために、何をどのように教えればいいのかに焦点を移したと見ることができる。そして、特に日本文化の理解が重要な

テーマとなり、具体的な実践報告もされ始めるようになっていた。

5 日本語教育を取り巻く諸言説

第4節で見たように、日本語教育に携わる人々の間では、交流・相互理解型必要論が浸透すると同時に、日本文化の教育に焦点が当たるようになっていた。日韓の交流が経済、政治から文化的な領域へと広がり、市民が交流の担い手となったことが、交流・相互理解型必要論生成の素地となったと見ることができる。また、韓国が民主主義国、先進国として国際社会で確固たる地位を築いたことは国民意識としての主体性を強化し、日本文化との接触によって、それが揺らぐという不安を解消したと考えられる。韓国社会で日本語は、ひとつの外国語とみなされるようになっており、日本語教育を警戒する声もほとんど聞かれなくなっていた。

しかし、90年代に入っても、日本の政治家の「妄言」、従軍慰安婦問題、歴史教科書の問題、独島(竹島)問題などが起こり、韓国の人々の民族感情を刺激していた。また、日本の大衆文化の流入に対する否定的な視線も存在していた。この節では、新聞記事、文献などから1990年代、日本語、日本、日本文化に関してどのようなことが言われていたのか見ていく。

5.1 ソウル大入試事件

まず、日本語教育に対する直接の否定的圧力として、ソウル大学が94年度の本考査の入試科目から日本語を除外すると発表したことが挙げられる。ソウル大学は1975年にも、入試科目から日本語を除外すると決定し、物議を呼んでいたのであるが、1992年の発表に対しても、政府が再検討を要請したばかりでなく、高校教師で構成されるソウル日本語教育研究会が再考の建議書を提出した[37]。また、高校生の父母が署名運動を行い、憲法裁判にまで発展する事態となった。憲法裁判所は、ソウル大学の決定は大学の自治権の範囲内であり、日本語を除外する代わりに高校の必須科目である漢文を選択科目に含め、2年間の準備期間をおいて発表しているので、均等な教育を受ける権利を侵害していると言うことはできないとして、合憲の判断を下し

た[38]。この結果、ソウル地域の外国語高校で日本語学科の廃止・縮小がなされるなど、日本語教育に大きな影響が及んだのは、前に述べたとおりである。

　では、ソウル大学はなぜ日本語を入試科目から外したのだろうか。新聞記事によると、ソウル大学側は、日本を知る必要があり、そのために日本語を学ばなければならないということは否定しないが、入試科目として指定するには現実的な必要性だけではなく、大学の存在理由と関連した基準を満たさなければならないという見解を示したという[39]。そして、日本語は学問研究手段として未熟であり、ソウル大学に関連学科がないという理由により、入試科目から除外するとした[40]。さらに、歴史における日本の特別な位置、日本語が学びやすく、他の外国語よりも高得点が狙えるという理由で日本語が選択されているという高校の日本語教育に対する不信感も根底にあることを明かしている。また、ソウル大学が日本語を採択すれば、より多くの学生が日本語に集中し、日本文化がもっと早く入り込むという警戒心も示していた[41]。

　日本語の学術的な価値を認めないというソウル大学の主張は、20年前から変わっていない。これは、国際化の旗印の下、外国語としての日本語教育と日本研究の強化を擁護する声が高まる一方で、それを抑える声が根強く残っていたことを示していると言える。

　しかし、ソウル大学は、日本の大学との学術交流までも否定していたわけではない。1990年7月19日付の『朝鮮日報』(19面)によると、ソウル大学総長と東京大学総長との間で、学術交流協定の締結が合意され、留学生交流及び資料交換などが大学の次元で行われることになったという。また、前述のように1999年になるとソウル大学は大学院で日本語教育を行うと発表していることから(1999年3月5日付『朝鮮日報』)日本語に対する態度も90年代を通して変わりつつあったと推測できる。

5.2　韓国語の中の日本語に対する抵抗

　韓国語の中に入り込んだ日本語に対する反発やそれを排除しようとする運動は、1990年代に入っても続いていた。

　1992年5月26日付の『東亜日報』(11面)では、建設部が建設用語として

使われている日本語と漢字語550語を、国民に混乱と不便をもたらしているとして、やさしい用語に変えて使用させると発表したことを伝えている。また、1992年11月24日付の『朝鮮日報』(30面)では、文教部が日本語式の外来語281語を含む食生活用語341語を浄化すると発表したことを報道している。さらに、1997年4月9日付の『朝鮮日報』(29面)では、理解しにくい漢字語、日本式の法律用語をやさしい言葉に直す作業をソウル大学の教授などに依頼し、草案ができあがったことが報じられた。言い換えの対象の中には、被告、原告といった語も含まれており、それぞれ提訴者、被提訴者に直すのは、かえって分かりにくいという批判も上がっていた[42]。

このように、政府による韓国語浄化の取り組みが続けられる一方で、新聞でも韓国語に入り込んだ日本語の排除が訴えられ続けていた。1990年1月20日付の『朝鮮日報』では、「至急の放送言語の醇化」という見出しの下、日本語を我々の言葉だと思って使う例が増えていること、日本語式の英語の発音が繰り返されていることが問題視されていた。また、1994年10月12日付の『朝鮮日報』(15面)では、現在もなお日本の雑誌、書籍、漫画、ゲームなどを通して日本文化が入り込むのに伴って、日本語も入ってきていると警鐘を鳴らしている。さらに、1998年以降も、「支払」「真剣正負」「そら色」は日本式の単語であり、マス・メディアで使うべきではないという投書が見られた[43]。

また、1992年8月30日付の『朝鮮日報』(2面)は、広報庁が全国の20歳以上の男女1500人を対象として行った調査では、62.9%が日本語の看板など周辺で使用されている日本語に対して嫌悪感を持っているという結果が出たことが報道されている。

このように、植民地開放以前の言語接触によって韓国語の中に入り込んでいた日本語にはもちろん、解放後に入ってきた日本語に対しても否定的な目差しがあったと言える。

一方、1998年10月11日付の『朝鮮日報』(2面)では、金大中大統領が訪日最終日、日本の文化人と日本語で歓談したことが、1998年11月26日付の『朝鮮日報』(7面)では、金鐘秘国務総理が九州大学で日本語で演説したことが伝えられている。金鐘秘国務総理は、日本語での演説に対する異見も

多かったが、今はその壁を破らなければならないと述べたということである。1970年代までは、国語世代の日本語使用に対しては主体性を失っているという評価が下されることがあったが、大統領、総理大臣が自ら日本語を使うことによって、国語世代の日本語使用に対するそのような払拭しようとしたのかもしれない。

5.3 日本の大衆文化に対する反応

日本の大衆文化に対する否定的な報道も続いていた。

1990年2月15日付の『朝鮮日報』(18面)では、韓国のゲームセンターでは、日本語の字幕と録音がそのまま入っている日本製のゲーム機が大多数を占めており、青少年を惹きつけていると報道されている。また、同年2月23日付の『朝鮮日報』(19面)は、中高生の間で日本の歌謡曲が流行していることを、1992年12月28日付の『朝鮮日報』(22面)は、日本のゲームを紹介し、購入を促すようなゲーム情報誌が相次いで発行されていることを伝えている。さらに、1993年1月19日付の『朝鮮日報』(31面)では、日本製のおもちゃが小学生の間で人気を博していると報道された。

1995年7月27日付の『朝鮮日報』(8面)では、毎日新聞と朝鮮日報の共同調査の結果が報告されているが、それによれば、翻訳書を含む日本の出版物に接したことがある人が40％、日本映画を見たことがある人が30％、日本の歌を聴いたり歌ったりしたことがある人が55％に上ったという。また、小中高生の90％以上が日本の漫画の翻訳本を読んだことがあると答えていた[44]。

このように、1990年前半には、日本の大衆文化が韓国内に相当浸透していたと考えられる。しかし、このような日本の文化商品の流入に対して、新聞記事は否定的であり、日本製ゲームの暴力性、わいせつ性を指摘し、青少年に低質倭色文化を植えつける危険性があるとして警鐘を鳴らしていた。また、日本の流行歌は、歌詞が情欲を煽り立てる内容であるとし、青少年に誤った倭色退廃文化を植えつける恐れがあるとしていた。日本製のおもちゃに対しても、幼いころから外国製を好むと民族的主体性の面で望ましくないとしている。商業ベースで、しかも年少者をターゲットとして韓国に入って

くる日本の文化商品は、国民意識としての主体性と競合するとみなされる傾向もあり、強い警戒心の対象となっていたと見ることができる。

1998年、日本の大衆文化の段階的開放が実施に移されると、釜山放送が韓国人選手が活躍する中日ドラゴンズの試合の生中継を開始し、ソウル放送がアニメ「SLAM DUNK」の放送を開始した。1998年6月8日付の『朝鮮日報』(16面)では、これらのテレビ番組の競争力の強さを警戒し、今後の衛星放送の開放も見越して、国内の言論大企業の衛星放送への参入を許可するなど、国内放送法の改正が必要であると主張している。また、同年10月17日付の『朝鮮日報』では「倭色」の強い番組やポルノが入ってくることに対する危惧が伝えられていた。

しかし、1998年10月21日付の『朝鮮日報』(3面)では、映画祭受賞作品だけでなく、大衆的な作品も紹介してこそ、日本映画の実態が分かるという韓国映画研究所室長の声が紹介されていた。また、1999年1月28日付の『朝鮮日報』(15面)では、日本のアニメが韓国の若者の間で一定の位置を占めているとした上で、韓国のアニメーション監督への支援や作家精神の鼓舞を訴えている。また、1999年4月15日付の『朝鮮日報』(35面)では、つかこうへいの演劇が日韓両国の俳優によって、日韓両言語で行われることを伝え、日韓文化交流の次元でも注目されるとしている。

さらに、1997年7月3日付の『朝鮮日報』(33面)では、犬養道子、丸山眞男といった現代日本の著名な作家、学者の本が30代から40代の人々に広く読まれ、好評を得ていることを伝えている。これらの本の出版社社長は、「この間、『日本はない』[45]式の感性的で極端な日本論に対する反省から、日本という国を直視しなければならないという意識が知識人の間で急速に広まっていることに注目する」とし、これらの本に関心を持っている40代以下の人々にとって、日本はもう恐怖の対象ではなく克服可能な対象となっていると述べていた。また、日本の書籍の翻訳に関しては、漢陽大学校の研究チームが、植民地解放後50年余りの間に翻訳された日本文学のおよそ70%が通俗的な小説であり、近代文学は翻訳対象からもれていたが、90年代以降、若い出版人が現代の日本小説の翻訳に取り組んでいるのは幸いだとも述べていた[46]。

このように、1990年代後半になると、日本の大衆文化の低俗性や侵略性を批判するだけでなく、公的に流入する日本文化を受け止め、積極的に対処しようという雰囲気、日本文化を積極的に韓国に伝えなければならないという雰囲気が形成されてきたことが窺える。

5.4 対日観

『東亜日報』における日本報道を通史的に分析した池明観（1999）よると、1980年代後半の経済発展、オリンピックの成功、政治的民主化の前進の中で、歴史認識に対する感情的なわだかまりが残る日韓関係について「われわれが先に心を開き彼らの長所も受け入れ、彼らの欠点も努めて包んでやれば、彼らもわれわれに向かって慚愧の心をもつようになるであろう。これが未来の韓日関係を真の隣善に導くわれらの知恵」であるという社説が掲載され、日本に対する新たな姿勢を表明したということである。しかし、すぐに日本の軍備増強、自衛隊の海外派遣問題に対して、軍国主義を警戒する論説が掲載され、盧泰愚大統領に対する天皇のあいまいな謝罪、従軍慰安婦問題に対する日本政府の態度に対する批判が続出した。その後、1993年の細川首相の謝罪に対しては歓迎のムードが高まり、未来志向の同伴者関係としての日韓関係が強調されたものの、相変わらず続く政治家の「妄言」によって、日本は未だに変わっていないと判断され、批判報道が紙面を賑わせた。このように、1990年代に入って、未来志向の日韓関係を模索しつつも、それに冷や水を浴びせるような出来事が起こって一時的に日本に対して批判的な感情が過熱するというパターンが繰り返されたと言えるだろう。

辻村ら（1982）によると、日本に行ったことのない韓国人の場合、マス・メディアが日本に対するイメージ形成に最も大きな影響を及ぼしているということであるが、1990年以降、韓国の人々の対日観は変化したのだろうか。

『東亜日報』と『朝日新聞』の共同世論調査によれば、日本人を嫌う比率は84年では38.9%であったのが、その後調査をするたびに上昇し、1995年には68.9%に至ったという[47]。また、鄭大均（1998）をはじめとする多くの研究で、韓国人は、日本の経済や大衆文化に対する関心を持ちながら、過去に対しては憤りと警戒心を抱くという、好意的な意識と非好意的な意識とが並

存するアンビバレントな日本観を持っていることが指摘されている。このように、1990年代にも、韓国社会には日本に対する否定的な感情が存在していたと見ることができる。

홍승현ら（1991）は、7大学の日本語関連学科の3年生を対象としてアンケート調査を行い、259名から回答を得たが、その結果、日本語を専攻していると言うと周囲から否定的な視線を受けるかという質問に対し15％が「そうだ」、37％が「少しそうだ」と答えたということである。これは、90年代に入っても、日本語学習に対する社会的な圧力があると、学習者が認識していたことを示している。

また、学習者自身も日本に対して否定的な感情を持っていることが、調査によって確認されている。趙文熙（1997）が、特別活動で日本語を学ぶ中学生36名を対象とした調査では、5人の中学生が日本に対する印象について嫌いだと答えていた。また、김광태・명성룡（2001）が放課後の活動として、日本語を学ぶ中学生93名を対象として行ったアンケート調査でも、日本に対して「嫌いだが学ぶだけあると思う」と答えた学生が52.7％であったという。

しかし、홍승현ら（1991）の調査では、対象となった7大学の日本語関連学科の学生のうち73％が、日本語を専攻した後、対日観の変化があったと答えたという。김광태・명성룡の調査でも、学習開始後、日本に対する印象がよくなったと答えた学生が40％だったことを明らかにしている。これらの調査結果から、日本語学習によって対日観が変わる可能性があることが分かる。

他方、『毎日新聞』と『朝鮮日報』の共同調査では、韓国は日本を凌駕する経済大国になれると思うと答えた人は61％に上っていたが、これは、日本への経済的な従属を憂慮していた1970年代とは異なり、経済的にも日本と対等な関係を構築しうるという自信が広がっていたことを示していると考えられる。

このように、韓国社会では、日本政府、流入する日本大衆文化、日本語に対する否定的な感情が残りつつも、対等な関係を構築しうるという自信と期待が広がってきていたと見ることができる。

6　日本語学習者の認識

　それでは、以上見てきたような国際関係、韓国社会の劇的な変化の中で、日本語学習を開始した学習者は、どのような認識を持っていたのだろうか。1990年代には、学習者中心主義の観点から学習者のニーズに合わせたカリキュラム開発を行うことなどを目的として、日本語学習者の学習動機に対する調査報告も増えていた。本節では、その中の2つを紹介した後で、1990年代に日本語学習を開始した8名の日本語教育に携わる教員に対するインタビュー・データに基づいて、当時の学習者の認識を探る。

6.1　学習動機調査

　이연희(1994)は、4年制女子大の日語日文学科1年生から4年生各30名から40名を対象としてアンケート調査を行い、日本語を学ぶ理由として、「昇進・進学のため」と答えた学生の割合が56%と最も高かったことを報告している。企業や行政機関において日本語学習が奨励され、昇進の条件にもなっていたことに、学生が敏感に反応していると考えられる。

　同調査では、日本語を学ぶ高校生120名も調査の対象になっているが、高校生の場合、「簡単だから」が最も高く42.6%、「教養として」が13.1%、「就職・昇進・大学入試のため」が14.4%、「日本文化を体験するため」が12.5%と続いていたことが報告されている。教育課程で掲げられた目標と、学習者である高校生の認識の間にはギャップがあることが窺える。

　趙文熙(1997)は、特別活動で日本語を学ぶ中学生36名を対象として、記述式で日本語学習理由を尋ねているが、回答を見ると、「漫画を読むため」と答えた学生が6名、「日本人との対話」を挙げた学生が11名あった。若年層において日本の大衆文化が浸透し日本語学習を誘発していること、日本人が交流してみたい相手とみなされていることが窺える。

6.2　インタビュー・データの分析

　それでは、インタビュー・データから日本語学習者の認識を詳しく見ていく。

表 27　日本語学習開始理由（1990 年代）

理由	人数	具体例
意志とは無関係	3	受験科目の選択の中に、あの対立している2つが家庭科を選ぶか、第二外国語を選ぶかなんですよ。私家庭科嫌いだったので（笑）、選択肢が外国語しかなくって、その外国語がたまたまうちの学校が日本語を選択していたので、それで日本語になりました（笑）。はい。（権）
周囲の人の勧め	3	実際あの大学の専門を選ぶ際にもですね、父から助言をもらってですね、英語科あるいは日本語学科に入学したほうがいいんじゃないっていうふうに言われました。（崔） 母の勧めで。それでしょうがないなぁっていうあれで。無理やりに押し付けられたっていう感じで。それで入ったんですね。（千）
母語話者とのコミュニケーション	1	（アルバイト先の）社長さんが在日だったんですけれども、韓国語はちょっとだけしゃべったんですね。でも日本語分からないと通じなかったので、それで、その時からちょっとずつ日本語に興味を持ち始めまして、勉強したんです。（兪）
教師志望	1	日本語の先生になりたいと思って。（梁）

　まず、日本語学習を開始した理由について、表27に示したように8人中6人が、受験戦争が厳しい韓国において、安全圏にある大学、学科を選んだ、進学した高校が選択していた、両親をはじめとする周囲の人々に勧められたというように自らの意思で積極的に日本語学習を選んだわけではないとしている。しかし、兪氏は次のように日本語母語話者との接触がきっかけとなって日本語学習を始めていた。

兪：（アルバイト先の）会社というか、あのカラオケ、カラオケボックスみたいなそんな感じのお店だったので、その時には全然日本語知らなかったんですね。でもその社長さんが在日だったんですけれども、韓国語はちょっとだけしゃべったんですね。でも日本語分からないと通じなかったので、それで、その時からちょっとずつ日本語に興味を持ち始めまして、勉強したんです。

　この語りは、日常生活のなかで日本語母語話者と接する機会があり、それが日本語学習を促していたことを示している。兪氏のように、日本語母語話

者との交流を目的として日本語学習を開始する学習者は、1980年代にも見られた。これは、交流・相互理解型必要論で言及されているような日本語学習が既に行われていたことを示していると解釈できる。

　一方、閔氏は日本語学習開始の経緯について次のように語った。

閔：(笑)そうですね。ちょっとあの正直なこと言ったほうがいいですよね。うーん、外国語にはすごく興味持ってたんですけど、それまであんまり日本語に接する機会がなくて、あのご存知だと思うんですけど、高校で第2外国語として韓国では外国語を学ぶことになっているので、ぼくの時は、今は自分で選べるようになったと聞いたんですけれども、あの時はもう学校で教えられる先生がいらっしゃるそういう科目になるっていうことだったんですね。ぼくの時はたまたまドイツ語だったんです。すごく楽しかったので、ドイツ語にすごく興味があったんですけれども、なんかこう、学科っていうか専門を決めるにあたって、周りからいろいろアドバイスを受けたりしたんですけれども、ドイツ語とかフランス語とかはあのもう既に社会にけっこう需要が減っているから、あの時92年だったんですけれども、もうこれからは多分日本語とか中国語とか、あの時はロシア語とかがいいんじゃないかっていうそういうのもちょっと影響されたりして。あとはあのー興味があったのはそういう<u>放送局とか新聞社とかそういう興味があったんですけれども、そういうところに入るために外国語能力っていうのがすごくメリットになるっていうことを聞いた</u>ので、そういういろんな状況から日本語を選んだんですけど、はい(笑)。

　この語りから、ビジネス界で日本語が高く評価されていることを高校生も認知しており、それが日本語学習を促していたことが分かる。

　一方、崔氏の下記の語りに見られるように、日本語を学ぶことに対して、葛藤を感じる場合もあった。

崔：ああ、それ(＝葛藤)はありました。アメリカ、つまり英語と違ってです

ね、日本語の場合は、今はだいぶ変わっているんですけれども、その当時はですね、けっこう勇気が要りましたね。高校を卒業してですね、大学志願するじゃないですか。志願して私日文科に行くんだよって友達に打ち明けたらですね、何でそんなところに行くんだ、そういう返事だったので、その時は葛藤っていうか、けっこうあの、ちょっと恥ずかしいっていう感じも確かにあったんですね。その当時はですね、高校卒業したころはですね。しかしあの、大学に入ってからですね、日本もひとつの韓国にとっては外国であることに間違いないですから、まあちょっとあの切り替えたんですね。頭のそういう考え方を、切り替えて、ちょっと専門的に日本語を勉強しようと、思ったわけなんですね、当時は、はい。

また、権氏も日本語学習に対する周囲の眼差しについて、以下のように語った。

権：日本語よりも日本語教育、この教育の方にウエイトがあったんですね、私の中に。なので、日本語じゃなくてもいいっていうのがあったんです、最初から、教育、語学の教育ができればいいっていうのが、ウエイトがけっこうあって、その中でやっていて、えーと、・・あの、教えることが好きならば、もうちょっと研究してみたいなとか、もうちょっと面白く、あのー、当時は、ま、今もそうかもしれませんけど、文法訳っぽいところがあったり、あまり会話だったりということがなかったので、もっと楽しく勉強できる方法ってないのっていうところに興味が、動きましたね。なので、特に何でよりによって日本語なのとかって言われたりもしますけど、別に、特に、なんていうのか、あまり詳しく自分に問いかけるっていうことは多分なかったと思う、教育だからみたいなことはあったと思います。よく本当に言われるのは「何で日本語を勉強してるの」っていうのが普通に言われるんですよ。それが、刺激にもショックにもならないくらいよく聞かれるものですから、まあ、教育だからいいんじゃない、みたいなことをすごく考えていて、

崔氏や権氏の語りから、1990年代に入ってもなお、日本語学習に対する批判的な視線が存在し、「なぜ日本語を学ぶのか」という問いにさらされることがあったことが分かる。しかし、そうした問いにさらされた時、崔氏は外国語のひとつであると考えることによって、権氏は、日本語ではなく、外国語の教授法を研究していると考えることによって、日本語学習を正当化していたと言える。反日本語教育的な圧力に対し、1980年代までは国民意識としての主体性を強調する克日論が形成されていたのであるが、1990年代は、日本語も外国語のひとつという認識が広がっており、それに基づいて対処し得たのではないかと考えられる。そして、日本語学習を行う際に、あえて国民意識としての主体性を示す必要性も少なくなったのではないだろうか。

　また、関氏は、なぜ日本語をという質問は受けなかったものの、日本語を専攻していることに対する圧力を感じていた。

関：やっぱり日本語専門としているということは、日本と親しいとか、それを目指しているっていうふうにやっぱりこう周りの人に映ってしまうっていうことはあるかなと。あんまり直接的に言われたことはあんまりなかったんですけれども、なんとなくそういう空気なんですよね、それは感じたりしたんですね。その時にやっぱり自分は自分について何でぼくは日本語とか日本について勉強しているんだろうっていうことをちょっとなんていうのかな、自分自身に対して聞いたりっていうことはあったんですけれども、（中略）1年生、2年生の時は、なんていうのかな、日本を知る必要があるのかなっていうのはありましたね、自分の中で。で、なんかもう感情的になって嫌だとか嫌いだとか、あんまり相手にしないほうがいいとか、そういうふうに思っててはもう、いくら時間が経ってもそのままになってしまうっていうこともあって、だけど現実的には関わっているし、もう関係を切ることはできない、そういう国と国の関係だと思っていたので、あのー、こうそういう状況の中でやっぱり知らないとそれに対してうまく自分たちのそういう感情とか気持ちとか、そういうことも伝えられないだろうし、またこう国益っていうか、

そういうこともあんまりうまくやっていけないんじゃないかっていうことだったり、どうしても、こうなんていうのかな、別々にこう関係を持たないままっていうことはできないと思っていたので、結局お互いに、両国共にこう、なんていうんですかね、なんていうのかな、共にこういい方向に持っていくためには、やっぱり相手のことを知る必要があるんじゃないかっていうことで、自分の中では多分そういうふうに説明していたのかなと思います。

関氏は、無言の圧力に対して、日韓の関係を構築していくために、日本を知る必要があるという答を用意していた。

さらに、1970年代、1980年代と同様に、外発的な動機づけで開始された日本語学習であっても、動機づけが内在化され自分なりの必要性を見出すようになることが確認された。そして、日本語が自分に資する言語であると認識するようになるプロセスにおいて、1980年以前と同じパターンが見られた。

1つ目のパターンは、権氏のように、実際に日本に行ってみたことが、日本に対する興味関心を呼び、日本留学の決意へと繋がったというものである。

権：文化院で主催している弁論大会があるんですけど、そこに出てなんか何と優勝してしまい（笑）、それをきっかけに、日本に青少年交流基金とかで招待されて、あの、15日間くらい旅行をさせてもらったんですね。それでいいとこばっかり見せてもらって、この国一体どういう国なんだろう、っていうふうにちょっと興味を持つようになりましたね、そのときに。それで留学をちょっとしてみようかな、っていうのが芽生えたと思います。

2つ目のパターンは、兪氏、梁氏のように日本語を習得したことにより、日本の文物に接し、それが日本に対する興味関心を増幅させたというものである。

兪：（入院した時）落ち込んでたんですけれども、その時読んだのが、やっぱり日本の文学です。当時のあの、啄木や石川啄木とか梶井基次郎の小説を読んだんですね。それがすごく自分には勇気になったんですよ。その時読んだ文学の中の文章とですね、多分それがだんだん日本、日本人に対する興味から日本と日本の歴史、日本の文学に対する興味になってしまったんです。

梁：日本語を習うっていうよりは、日本人とか日本史がまた興味が、また出てくるわけじゃないですか、だからある程度日本語がこれくらいしゃべれたらと思うと、思う時点で、また日本のことに対して、日本のことについて勉強したいなと思って、本買って読んだりってまたしたんですが。

3つ目のパターンは日本語関連学科の教員になるというものであった。

千：私の場合、向こう（＝韓国）で交換留学生受かった時から、もう大学院進学って決めてたんです。なぜかというと、昔から夢が先生になることだったので、（受験に失敗して）小学校の先生にはなれなかったということもあって、（中略）大学の教員になれば、一番いいんじゃないかなっていうことで、最初からそういう計画で、夢で（日本に）来たんですね。

関氏の場合、以下のように、学問を続ける、つまり日本の専門家になることを考えていた時に、ちょうど国費留学の試験に受かり、留学の道を決意した。

関：いろいろ自分の将来のことを考えている時に、やっぱりいろんな人と話してて、なんで勉強っていう道は考えてないのかっていうことをちょっと言われたりして、ひとつの可能性としてちょっとあの留学っていうか、学問を続けるっていうことも選択肢として入れたほうがいいんじゃないかっていうことで、（中略）ええ、それ（＝国費留学の試験）を受けて、なんか運がよく受かったので、で、あのー、そういう勉強っていう可能性も試してみようかということで、一応来たんですね。

このように、日本語学習を選択し、継続する時には、日本語は自分に資する言語だと認識され、日本語を習得した肯定的な自己像が描かれていると言える。

7　小括

1990年代を通して日本語教育は、高校や大学だけではなく、企業や官庁においても拡大した。そして、日本語を日本人との個人レベルの交流を通した相互理解と友好的な関係を構築するための科目と位置づける、交流・相互理解型必要論が生成された。輸送技術や通信技術の発達が進む中で、海外渡航が自由化され、国家や企業だけではなく、個人が日韓交流の担い手となって活躍しているという社会的文脈の変化が、交流・相互理解型必要論に織り込まれていると見ることができる。

交流・相互理解型必要論は、高校や大学の日本語教師の間にも浸透していた。また、1990年代から2000年代始めにかけて出版された高等学校の日本語の教科書おいても具体化されていた。そこでは、日本人と韓国人との日常的な交流と友好的な関係が描かれており、日本語は日本人との交流を通した友人関係を構築する言語として機能していた。また、教科書に提示される接触場面では、日本ないしは韓国に関する事柄が話題となることも多く、自分の文化を説明したり、相手の文化に対する好意的な態度を示したりする場面も多くあった。ここで日本語は、お互いの文化に対する理解と尊重を表す言語として機能していると言える。さらに、日本に関する情報の提示量が増大する一方で、韓国の古代文化の優秀性、近代化事業の成功、日本による侵略の歴史などは、話題として取り上げられなくなっていた。これは、日本語が、国民意識としての主体性を強化する道具としての役割を果たす時代が終わったことを示していると考えられる。

日本語教育に対する警戒論がほとんど現れなくなり、日本文化の理解が日本語によるコミュニケーション能力の獲得と、国際社会で活躍するために必要な能力の養成に結びつくものとして重視されるようになったことも、日本語教育が国民意識としての主体性に対する脅威としてみなされなくなったこ

とを示していると見ることができる。日本語教師の間では、日本文化の教育内容や教育方法に関する議論も活発化していた。韓国社会で、少なくとも日本語教育との関連においては、国民意識としての主体性に対する不安感が払拭されたと考えられるが、その理由としては次のようなことが挙げられるだろう。まず、韓国が民主化を果たして市民社会が成熟し、OECDへの加盟などによって国際社会の中で先進国としての確固たる地位を築いたことである。また、経済発展を達成して日本を凌ぐ産業分野も現れ、日韓の交流が多方面化すると同時に、双方向化してくるのに伴って、日本が対等なパートナー関係を構築くことができる相手、凌駕することができる相手として認知されるようになったことである。

　交流・相互理解型必要論は、日本語学習者によっても生成されていたと見ることができるが、韓国社会における日本語能力に対する価値づけや日本に対する興味関心が、日本語学習を選択させ、動機づけを高める上で重要であったことも示唆された。一方、反日本語教育的な圧力は小さくなったものの、日本語学習者は、日本語に対する否定的な視線が存在することに気がついていた。それに対しては、日本語はひとつの外国語であり学問だと考えることによって、あるいは日本との関係は切ることができないと考えることによって対処していた。これもまた、韓国において日本語がひとつの外国語であり研究領域であるとみなされるようになり、国民意識としての主体性とは対抗的に捉えられなくなったことを意味しているのではないだろうか。

　このように、交流・相互理解型必要論が日本語教師の間に浸透し、日本語教育において、国民意識としての主体性が問題化されなくなったことが、1990年代の日本語教育をめぐる言説空間における大きな変化であったと言うことができる。

注

1　『朝鮮日報』(9面)1998年2月28日、『朝鮮日報』(13面)1999年4月29日。
2　『朝鮮日報』(27面)1998年11月2日、『朝鮮日報』(23面)1998年11月5日、『朝鮮日

報』(27 面)1999 年 12 月 8 日。
3　『朝鮮日報』(31 面)1998 年 6 月 15 日、『朝鮮日報』(39 面)1999 年 9 月 1 日。
4　『朝鮮日報』(19 面)1999 年 12 月 7 日。
5　金玉吉『日本の大衆文化に関する研究―大衆文化が日本語教育に及ぼす影響―』慶熙大学校教育大学院日語教育専攻修士論文、2000 年、25 ページ。
6　彭元順「韓国への日本文化の進出とその規制」山本武利編『日韓新時代』同文館、1994 年、23–49 ページ。
7　同書。
8　林夏生、『戦後日韓文化関係の歴史的変化―韓国における日本大衆文化開放問題をめぐって―』東京大学大学院総合文化研究科国際関係論専攻修士学位論文、1996 年。
9　同書。
10　『朝鮮日報』(1 面)1994 年 4 月 25 日。
11　李徳奉「韓国の日本語教育界における新しい動きについて」『世界の日本語教育〈日本語教育事情報告編〉』5(1999 年)、2 ページ。
12　『朝鮮日報』(30 面)1992 年 4 月 7 日。
13　『朝鮮日報』(30 面)1992 年 10 月 20 日。
14　阿部五郎「韓国三星人力開発院の日本語教育の歩み―外国語生活館における日本語集中コースの変遷―」『高大日語教育研究』2(1998 年)、143–152 ページ。
15　『朝鮮日報』(17 面)1996 年 2 月 26 日。
16　『朝鮮日報』(11 面)1994 年 9 月 14 日。
17　『朝鮮日報』(9 面)1995 年 2 月 14 日。
18　『朝鮮日報』(9 面)1997 年 3 月 30 日。
19　『朝鮮日報』(14 面)1997 年 11 月 3 日。
20　『朝鮮日報』(2 面)1994 年 6 月 7 日。
21　『朝鮮日報』(27 面)1998 年 1 月 14 日、『朝鮮日報』(24 面)1998 年 3 月 23 日、『朝鮮日報』(27 面)1999 年 5 月 13 日。『朝鮮日報』(27 面)1999 年 10 月 25 日。
22　장일환「외국어교육과정과 그 발전 방향」『교육월보』166(1995 年)、32 ページ。
23　최진항「외국어교육, 어떻게개혁할것인가?」『교육월보』157(1995 年)、72–75 ページ。
24　同書、75 ページ。
25　『高等学校外国語科教育課程解説』韓国教育部のホームページ(http://www.kncic.or.kr/index1.html)による。2001 年 12 月 1 日最終閲覧。
26　『高等学校教育課程(1)第 7 次』教育部、ソウル、1997 年、韓国教育部のホームペー

ジ (http://www.kncic.or.kr/index1.html) による。2001 年 12 月 25 日最終閲覧。以下の第 7 次教育課程からの引用はすべてこの資料の翻訳による。

27　韓国教育部のホームページ (http://www.kncic.or.kr/index1.html) による。2001 年 12 月 1 日最終閲覧。引用部分は筆者による日本語訳である。

28　自文化中心的段階とは自文化の世界観が全ての現実の中心にあると想定している段階である。ベネットはそこから異文化に接することによって文化的な違いに気づき、違いに否定的に反応する「違いからの防衛」を経て、違いは重要ではないとする「違いの最小化」へと進むとしている。文化相対的段階に至ると、違いを楽しむことができるようになり、「違いを受容」し「違いに適応」して、異文化の中でも機能することができる新しいアイデンティティ獲得に繋がるとされている (Milton J. Bennett., "A developmental approach to training for intercultural sensitivity", *International Journal of Intercultural Relations*, 10-2(1986), pp.179–195.)。

29　김태영「국제화에 대비하기 위한 건국대학교 외국어 교육에 관한 연구」『常虛思想』8(1997 年)、101–131 ページ。

30　육근화「일본문학전공의 수업방법개선방안」『人文科学論集』26(1998 年)、大田大学校人文科学研究所、89–104 ページ。

31　朴威信「文化教育을 통한 日本語教育 向上方案에 관한 研究―日本文化 理解度 測定을 중심으로―」『高大日本語教育研究』1(1997 年)、82 ページ。

32　同書、79 ページ。

33　李善熙「日本語学習における文化教育の必要性」『日語教育』8(1992 年)、124 ページ。

34　문명재(ムン・ミョンジェ)「韓日文化交流의 拡大와 日本語教育의 方向―文化와 共存하는 外国語教育―」『外国語教育研究』3(2000 年)、33–43 ページ。

35　李善熙、前掲 130 ページ。

36　建国大学校の創始者である常虛の思想。正、信、義を中心とする。常虛は、日帝支配下で独立運動を行ないながら日本語の学問的価値を認め日本語を学んだが、それは主体的価値観が確立していたからこそ成しえたとし、現在も常虛の思想を学ぶべきであると主張される (김나라「일본어 교육을 통한 상허사상의 구현방안에 관한 연구」『常虛思想』9(1998 年)、37–57 ページ)。

37　『朝鮮日報』(22 面)1992 年 4 月 9 日。

38　『朝鮮日報』(23 面)1992 年 10 月 2 日。

39　『朝鮮日報』(2 面)1992 年 4 月 9 日。

40　『朝鮮日報』(30 面)1992 年 4 月 7 日。

41 『朝鮮日報』(2面)1992年4月9日。
42 『朝鮮日報』(23面)1997年4月11日。
43 『朝鮮日報』(4面)1998年9月4日、『朝鮮日報』(7面)1999年3月9日、『朝鮮日報』(7面)1999年3月10日。
44 金玉吉、前掲。
45 『일본은없다』(『日本はない』)。1991年に出版され、ベストセラーとなった田麗玉氏のエッセイ。日本特派員時代の経験を書いた毒舌的日本女性論と評されている。
46 1998年4月23日付『朝鮮日報』(23面)。
47 池明観『日韓関係史研究―1965年体制から2002年体制へ―』新教出版社、1999年、112ページ。

第 9 章
日本研究者による交流・相互理解型必要論の形成過程

　2000年以降日本の大衆文化の開放が本格化し、2002年、サッカーのワールドカップが日韓共同で開催された。また、「冬のソナタ」をはじめとする韓国のテレビドラマや映画の日本への流入は、いわゆる「韓流」ブームを巻き起こした。日本では韓国語学習者も増加し、韓国への旅行者のみならず、留学生も増えている。日韓両国間には、従軍慰安婦問題、独島（竹島）問題など政治的な問題はあるものの、日韓両市民間の交流は成熟したように思われる。そして、このような日韓関係の変化は、日本語教育をめぐる言説空間にも影響を及ぼしていると考えられる。

　本章では、2008年現在、韓国の大学の日本語・日本関連学科で教鞭を執っている教員（以下日本研究者とする）に注目し、彼らが日本語教育に対してどのような認識を持っているのか、それはどのようなプロセスを経て形成されたのか分析する。第6章から第8章で示した通り、日本研究者は、高等学校の教科書の執筆、論文の発表などを通して韓国の日本語教育界において重要な役割を果たし、日本語教育をめぐる言説の構築に寄与している。したがって彼らの認識を詳しく見ていくことによって、韓国の日本語教育に対する理解が深まると考えられる。また、日本研究者の日本語教育に対する認識がどのようなプロセスを経て形成されたのか明らかにすることによって、韓国における日本語教育をめぐる言表が歴史的に構築される様相の一端を知ることができると考えられる。

1　分析の方法

　本章では、日本研究者15名を対象として行ったインタビュー調査で得ら

れたデータを分析の対象とする。これは第2章で表2に示した29名のうち、2007年にインタビューを実施した協力者であり、表2に網掛けを付した。

分析方法としては、1960年代に医療社会学者グレイザーとストラウス（Graser and Steauss）によって考案されたグラウンデッド・セオリー・アプローチをより理解しやすく活用しやすいように開発した修正版グラウンデッド・セオリー・アプローチ（木下 2003）（以下、M-GTA と表記）を用いた。M-GTA は、インタビュー・データに基づいて研究協力者の経験とその意味づけを深く理解し、社会的相互作用を含んだ動的なプロセスの全体像を把握することに優れた方法である。

本章で明らかにしようとしているのは、日本研究者が、韓国における日本語教育の役割や意義、あるいは日本研究者としての自分の行為や役割についてどのように認識しているか、そしてその認識がどのように形成されたかである。日本語教育に対する認識が形成される過程には、日本人、日本社会との相互作用、韓国人、韓国社会との相互作用が織り込まれていると考えられる。このような社会的相互作用も含めて認識形成のプロセスを明らかにするのに、M-GTA はふさわしい方法であると判断できる。

M-GTA では、データから生成される意味のまとまりが分析の最小単位であるが、それは「概念」と呼ばれている。概念生成の手続きは以下の通りである。まず、1人分のデータを読みながら、日本語教育の意義や役割に対する認識及び日本研究者としての行為という本章で明らかにしようとしていることに関わる部分に注目し、語り全体に照らし合わせて解釈した。そして、その部分をひとつの具体例とする概念を生成して、それを定義した。次に、類似例があるかどうか2人目以降のデータ全体を確認し、その概念によって説明できる具体例が豊富にある場合にのみ、その概念が有効であると判断した。また、自分の解釈と反対の例があるかどうか検討し、データから対極的な概念の生成が可能かどうか確認した。このように類似性と対極性の両面から継続した比較分析を行うことで、概念の有効性をチェックし、解釈が恣意的に偏る危険を防いだ。概念を生成する際に、概念名、具体例、定義、データの解釈の際に考えたことを分析ワークシートに記入し、思考を言語化することによって分析のプロセスを明示化した。

このように、概念を生成するのと同時並行で、概念間の関係を考え、概念関係のまとまりとしてカテゴリーを生成した。そして、カテゴリーと概念によって研究対象とした現象を説明する理論を生成した。

表2から分かるように、研究協力者の年齢、留学年数、専攻、帰国後の勤務先などは一部を除いて異なっており、それが異なる経験や認識を生んでいる可能性がある。しかし、本章では、日本留学中に修士以上の学位を取得し、帰国後、日本研究者として大学で日本語教育に携わっており、それに肯定的な意味づけをしているという協力者の共通点に注目して分析した。M-GTAを用いて生成するのは、このような特徴を持つ韓国人日本研究者が、日韓両社会との相互作用を経て、日本研究者としての自己を意味づけるプロセスを理解するための理論である。日本留学を経て教員になるというのは、韓国の大学の日本・日本語関連学科の教員の典型的な経歴であり、したがって、分析の結果得られる理論は、多くの日本研究者の認識を理解するのに役立つと考えられる。ただし、ここで得られる理論は、収集されたデータに関する限り厳密な解釈に基づいた説明力のある理論となり得ると同時に、収集されたデータに限定されるものである。

以下では生成した概念を〈　〉で、サブ・カテゴリーを〔　〕で、カテゴリーを【　】で示しながら、結果を説明する。

2　交流・相互理解型必要論の形成プロセス

2.1　日本研究者としての行為と認識

まず、韓国における日本語教育の役割や意義、日本研究者としての行為や役割についてどのように認識しているのか、に関して、6つの概念を生成し、まとめて【日本研究者としての行為と認識】カテゴリーとした。

1つ目は、〈体験した「日本」[1]を伝える〉であり、自分の体験に基づいて「日本」について韓国人に伝えることと定義した。具体例としては「日本を少しでもPRというとおかしいですけどね、素顔を理解させてあげるのが、私の役割だと思っている」、「今授業中でもよく話をします。日本人はこのような、この問題についてこのことについてはこのように思っていたよとか、

経験を良く話したりします。」などがある。

　2つ目は、〈対日偏見や誤解の是正〉であり、学生が過去の史実に起因する反日感情を持っている場合や韓国のマス・メディアの報道が誤っている場合、それを正すことである。「両国間の政治関係とか社会問題とかでもめている時とかの場合に、例えば、韓国の社会内で日本のことが誤解されることもありますし、その逆もあると思うんですけれども、それを正すための発信というのはやはり日本のことをよく知っている人がやった方がいいと思うんですね。」、「実際日本人に会ってみて、私が韓国で思った日本人の性格、それはほんとに私たちが偏見を持っている、先入観を持っていることが多いので、私がそうではない人が多いんですよということを私が言ってあげることが、その偏見を捨てる小さな、小さな役割だと思いまして」、「被害意識をなく、その捨てて、悪いことをいいことを正確な目で見てもらいたい」といった具体例を挙げることができる。

　3つ目は、〈自文化中心主義からの脱皮を促す〉で、日韓関係における懸案事項について韓国側の見方だけはなく、日本側の見方も提示し、複眼的な視点から判断させることである。具体例としては、「ただ先生が悪い結果だけ教えるんじゃなくて、こういうことがあったと、それを客観的に分かるように、日本ではこのように解釈している、韓国はこのように解釈している、中国はこのように解釈している、そういういろんな見方を見せて、判断するようにする、そういうことは必要じゃないですか。」、「非難とか批判っていうのは、自分の視線、韓国人の視線で見る非難ではなくて、向こうの立場を考えてからの、非難と批判じゃないとだめと教えている」、「（独島について）教える時は意識的に根拠、日本が指摘する根拠、韓国が指摘する根拠両方を、調査させるんですね。調査してって、日本の根拠と韓国の根拠と。判断は君たちしなさいと。根拠を見て判断しなさい。根拠なしで、韓国人だから韓国の領土にしないこと、根拠を調べてそれで物言いなさい。それで根拠を調べて報告するわけです。正しく客観性保てるそういう授業の方法を取っている。それでまず根拠、なぜ韓国の領土か、そういうこと根拠やっぱり調べて、客観的によく調べて国際的によく調べて、政治的によく調べて、で韓国の主張一方的にしない、しちゃいけない。私はそういうやり方取ってる。」

などがある。

　4つ目は、〈日本体験の媒介〉であり、学生や自身の子女の日本留学や日本人との交流を、自分が媒介者となって進めることである。「私みたいな人間がいて、日本のほんとに目に見えないところまで、分かって見出して、で他の韓国人と繋がる、繋がりを持てるように(中略)学生もね、日本に行かせて、いろんな交流をするように。」、「(息子が)英語科に勉強しているんですが、1年くらいアメリカに行かせて、こっちに戻ってきて、高校終えて、その後日本に留学させるか、今そういう計画しています。」などが具体例である。

　5つ目は、〈韓国人としての声を出す〉であり、日本人に対して韓国人としてのアイデンティティを生かした主張、発言を行い、日本人の韓国理解を促すことと定義した。具体例としては、歴史認識について「真実を知らせる、知らせたらいいというか、個人的にもね。(韓国人が)日本に行ってね、若者あまり知らないので、個人的な繋がりの中で、こういうことはほんとだよとかなんか、そういう面として話したらいいと思うんですけどね」、独島の問題について「そうすると私おそらく行って、こういうふうに書いてあるから、指摘するわけですね。そうするとああ韓国の人はこういうふうに思うんだと思うわけですね。教育される、教育というか自分の価値を正すわけです。」、「日本人の先生が全然考えられないものに関する日本語のことを書きたい。(中略)結局日本人の先生と韓国人の先生と何が違いますかと言ったらこういうものが違います。そこを見せなければ意味がないんです。こちらの目から見る日本を見せた方がいい。」などが挙げられる。

　これら5つの概念は、日本についてよく知っている日本の専門家としてしている行為、するべき行為のレパートリーであり、〔日本研究者としての行為〕とサブ・カテゴリー化した。語りから分かるように、日本研究者は、日本人との交流を通して、相互理解を深め、友好関係を構築するために尽力しており、第8章で見た、交流・相互理解型必要論に基づいた実践を行っていると見ることができる。そして、自文化中心主義からの脱皮のような国際社会で活躍する成熟した市民として必要な資質の育成もめざされていると言うことができる。

もうひとつの概念、〈民間交流による国家間関係改善志向〉は、日本人と韓国人との個人間の交流や対話によって、国家間関係も徐々に改善していくと信じることと定義したが、これは、上に挙げた5つの行為を行う際に、標榜されていると解釈できた。

以下の語りは、自分自身が日本人と韓国人の間を取り持つ、あるいは偏見のない日本の専門家を育てて日本人と交流させることによって、国家間関係が改善されると期待していると解釈できる。

「民間外交として近くて近い国になってほしいっていうのは私の願いなんですけど、で、私みたいな性格の人というのはね、日本人とすごく仲良くなりやすいというか、ま、私のあれですけど、長所でもありますけど、恥ずかしながら。で私みたいな人間がいて、日本のほんと目に見えないところまで、分かって、見出して、で他の韓国人と繋がる、つながりを持てるようにするとか。でうちの学生もね、日本に行かせて、いろんな交流をするように。やっぱりね、さっきも言ったんだけど、やっぱり政治と政治はうまくいきません、どこの国でも。でそれは民間ですよ、やっぱり、外交というのは。民間でね、うまくいったら、徐々に徐々に変わるんですよ。人と人との付き合いというのはすごく大事だと思っているので、ただ学校の知識だけじゃないと思います。(中略)他の韓国人をまた連れて行けるようなガイドになるようなそういう人をたくさん育てたい、だからやりがいがあるんじゃないですか。」

このように、日本研究者は、交流・相互理解型必要論を実践に移しているが、その先には、ぎくしゃくすることの多い国家間関係の改善を見据えていると考えられる。

それでは、このような【日本研究者としての行為と認識】は、どのようなプロセスを経て形成されたのだろうか。そこには、日本留学中の経験が深く関わっていることが分かった。

2.2 「日本」の多面的理解―他律的日本観から自律的日本観へ―

　日本研究者は、日本語学習開始当初、他者からの情報に基づいた漠然とした日本観を持っているか、あるいは具体的な日本観は形成されていなかったが、日本語学習を開始して、日本に関する知識が深まることによって、または、日本留学中の様々な経験を経ることによって、自分なりの日本像が形成され、客観的に日本を見ることができるようになったと感じている。つまり、日本研究者の日本観は、〔他律的な日本観〕から〔自律的な日本観〕へと変化したと見ることができる。この変化を【「日本」の多面的理解】とカテゴリー化した。図1はこのカテゴリーを構成する上の2つのサブ・カテゴリーと6つの概念、及びその間の関係を示したものである。図の中で矢印は影響関係を、白抜きの矢印は変化の方向を示している。

　自らの経験に裏打ちされた〔自律的な日本観〕は、【日本研究者としての行為と認識】を支えていると解釈できる。例えば、「自分が経験した日本と日本人と、あの本の中の日本と日本人は違うということ。学生たちにも私はそういうこといつも話しますね。」、「こういうふうに変わったよ、(日本、日本人に対して)見る目が変わったよとか、これびっくりしたよとか、そういうのは授業中に話題で言いますが。」という語りは、自分の体験に基づく日本人像を参照しながら〈体験した日本を伝えている〉ことを示している。

【「日本」の多面的理解】

〔他律的な日本観〕
〈いいイメージの注入〉
〈歴史上の「日本」イメージ〉

〔自律的な日本観〕
〈「日本」の優位性実感〉
〈「日本」の問題点実感〉　〈否定的な日本人イメージ解消〉
〈「日本」の多様性認知〉

【日本研究者としての行為と認識】

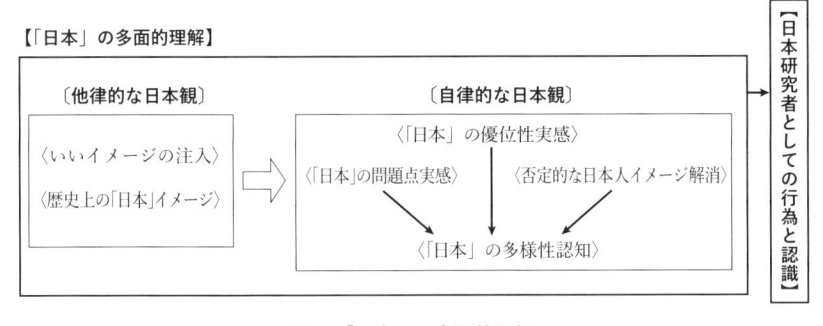

図1　「日本」の多面的理解

　しかし、日本研究者は、日本語学習の開始当初、他者からの情報に基づい

た漠然とした日本イメージや先入観を持っていた。これを〔他律的な日本観〕としたが、これは次の2つの概念から構成される。

　ひとつは、〈歴史上の「日本」イメージ〉である。「先入観としては、日本人は非常に人のものを騙し取ったりですね、そういう先入観はあったと思いますね。」、「日本に関しては、もう悪いイメージですね、結局、いいことはひとつもなく。ただ、情報がないから。ただ中学校とか高校とか歴史の時間にその時代のことだけ聞いた」という具体例から、歴史教育などで繰り返される侵略国家としての日本像に基づいて、特に日本という国家に対しては否定的なイメージを持ち、それを一般化して、日本＝日本人＝悪と一枚岩的に捉える傾向があったことが分かる。

　もうひとつは、それとは逆に日本滞在経験のある親戚から非常に肯定的な「日本」体験談を聞いたり、日本の大衆文化を摂取したりして、「日本」に対して漠然とした好意や憧れを抱くことである。「父親はあの福岡県、母親は三重県で過ごしたということは聞いたことがあります(中略)。日本人は親切だよとか、ほんとに正直あの人だよとか、何か物を店の人がいなくても、お金を、ただお金を置いて、物を持ってきてもいいくらいの、正直な人ということを聞いたことがあります。」のような具体例から、日本研究者が日本に対して、漠然としたいいイメージを持っていたことが分かる。これらを〈いいイメージの注入〉として概念化した。

　注意しなければならないのは、これらの肯定、否定の相反する対日イメージが1人の中に同居しているという点である。これは、이금희ら(1986)をはじめとする多くの研究で指摘されている韓国人の対日観の二重性であると見ることができるが、否定的なイメージが主として日韓関係の歴史に起因するのに対し、肯定的なイメージは家族や親戚の体験談に基づいていると考えられる。

　しかし、日本研究者は、日本語学習を始めることによって、書籍を読んだり、大衆文化に触れたり、日本に滞在するなど「日本」との接点が増えると、日本観が具体化していた。特に、留学中の日本人との直接接触経験は、〔他律的な日本観〕を大きく揺るがすようであった。そして、その結果、〔自律的な日本観〕が形成されるのであるが、このサブ・カテゴリーを構成する概

念のひとつである〈「日本」の優位性実感〉とは、日本に滞在したり、日本人と接した経験から、韓国と比較して日本の優位性を認め、それは学ぶべきだと考えることである。日本の優位性を認識するポイントは、「一般市民のモラルというか国民性というか、ごみをある指定場所にしか捨てないとか、いろんな面として全部ね、それひとつひとつが、小さい人、幼稚園生だけど、それを見て、こうして、それを習わないといけないと。」といった秩序正しさから、「時間に厳しい、韓国人はそうじゃない、ちょっと韓国人が習ってほしい。また、何ですか、几帳面、だから何をやっても日本はこう失敗するケースがあまりないんじゃないですかね。だからそういう面も韓国の方が習ってほしいとか」といった生活習慣まで多岐に渡っている。

〔自律的な日本観〕を構成するもうひとつの概念は、〈否定的な日本人イメージの解消〉である。これは、「日本という国と日本人は違うということが分かりましたね。」、「政治的には破壊されたり差別されたりしているけれども、個人的な付き合いではね、そうじゃないこと確認したんです。」という具体例に典型的に現れているように、歴史に基づく日本人に対する否定的なイメージが氷解し、個人と国家は違う、歴史上の日本人と現代の日本人は違うと感じることである。これには、次節で詳しく説明する韓国文化を尊重したり、人間的な配慮、恩恵を与えたりする〔理解し合える日本人〕との接触経験が影響を及ぼしている。

しかし、その一方で、日本では加害の歴史を教えないことに気がついたり韓国に対して無知だったり無関心だったりする〔理解困難な日本人〕と接触することによって、それまで持っていた漠然としたいい「日本」イメージが揺らぎ、日本の制度や日本人の問題点を実感していた。具体例としては、「日本人がですね、日本の近代史っていうんですか、まあ近い歴史をですね、どれくらい認識しているかっていうか、そういう面での、疑問というか」、(慰安婦問題について)「お金の問題じゃないのにそういうふうに(＝お金をあげれば解決すると)言ってて、ああ日本の知識人がそういうふうに言ってしまうのは、もう一般の人たちはいうまでもないというふうに思ってしまったんですよね。その時は絶望していたんですよね。」、「私が韓国にいた頃は日本人に対してすごくいい印象を持っていたんですが、実際留学してみたら、す

ごく日本人の人がちょっと冷たい感じを受けまして、あんまり心を開かないという印象を受けました。それで日本人と友達になるとか、あの心を開いて話をしたとか、そのことは全然ありませんでした。」という語りが挙げられる。これらを〈「日本」の問題点実感〉として概念化した。

このように、日本での滞在経験や日本人との接触経験は、〈「日本」の優位性を実感〉させ、〈否定的な日本人イメージを解消〉させる一方で、〈「日本」の問題点を実感〉させている。この「日本」の肯定・否定両側面の実感は、「日本とか日本人とか、韓国とか韓国人とかいう考えの枠をあの―今はあまり持たないように、以前よりもっと、なったというのは一番大きな変化じゃないかと思います。」、「いろんな考え方、左翼の考え、右翼もいろんな分かれているでしょう。日本もそれだと思うんですね、こういうふうに思っている人もいるし、ああいうふうに思っている人もいるし、今政権握っている人がこういうふうに思っているんだから、まあ韓国と仲が悪いんだけど、政権が変わったらまた違うんじゃないかなと思うし」のように、日本という枠組みを外して、個人個人違うと考える姿勢を導いていた。これを〈「日本」の多様性認知〉と概念化した。

2.3　日本人との相互作用

日本留学中の様々な日本人との接触経験は、〔自律的な日本観〕の形成に影響を与えるだけでなく、【日本研究者としての行為と認識】においても参照されたり、利用されたりしていた。日本人との接触経験を表す8つの概念を生成し【日本人との相互作用】カテゴリーとした。図2はこのカテゴリーを構成する概念とその間の関係を示している。

日本人との間に満足できる人間関係を築くことができた日本研究者は、特定の日本人に対する感謝の念や敬意を表明していた。これを〈日本人への感謝と敬意〉と概念化した。具体例としては、「私は日本のお母さんと呼んだり、彼女はあなたは娘のような存在だと言ってくれたり。(中略)近所のおばさんたちに、私とても愛されていました。」、「非常にあの韓国では味わえない、何回か経験がありまして、非常にありがたかったんですね。」などがある。

第9章　日本研究者による交流・相互理解型必要論の形成過程　271

```
【日本人との相互作用】
                 〔日本人との関係構築〕
                  〈自文化の積極的主張〉
                  〈日本人への感謝と敬意〉

〔理解困難な日本人〕      〔理解し合える日本人〕
〈日本人の歪んだ韓国観〉   〈日本人からの人間的配慮〉
〈歴史認識の差異の実感〉   〈日本人からの歴史認識への歩み寄り〉
〈日本人の無知・無関心〉   〈自己・自文化の承認〉
```
【日本研究者としての行為と認識】

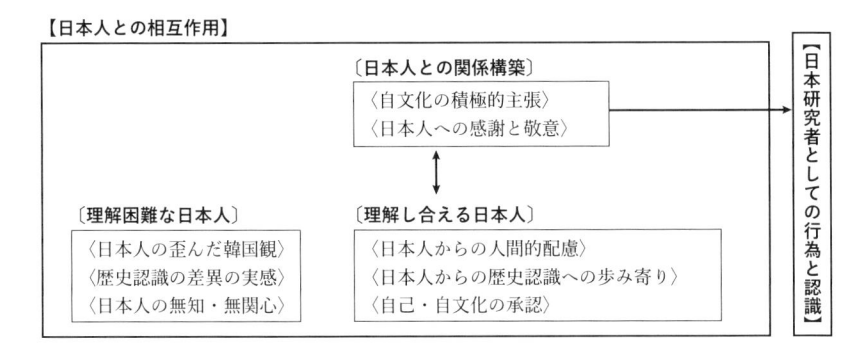

図2　日本人との相互作用

　また、日本研究者は、日本人に韓国を理解させたり、歴史認識を見直させたりするために、日本人に対して自文化の視点から主張した経験があると語った。これを〈自文化の積極的主張〉と概念化した。具体例としては、以下のように日本の中学校にゲストスピーカーとして招かれた時、韓国の歴史の教科書を紹介したエピソードや、韓国語教室の日本人学生と韓国式でつきあったエピソードなどが挙げられる。

　　「先生この本、韓国の歴史の本ですけど、ま、民団用で作られてるので、ま少し、少し変わってるかもしれないと。でもね、だいたい同じような内容は書かれてるので、少し参考にしてくださいと。でそのところ、テキスト、本の中で、日本侵略のあれがいっぱい書かれているので、20ページくらい書いてますよって言ったら、『はあーそうですか』って。」
　　「なになにねえちゃんって、オンニとか、アジュモニとか。だからこれが韓国の文化だよっていうふうに私は教えて、まあある程度そう、そういうなんですか付き合いをしたんですが。」

　これらの2つの概念をまとめて、サブ・カテゴリー〔日本人との関係構築〕とした。日本留学中に構築された人間関係は、【日本研究者としての行為と認識】の中でも特に〈体験した「日本」を伝える〉、〈日本体験の媒介〉、〈民間交流による国家間関係改善志向〉において参照されたり、利用された

りしている。例えば、「韓国語を教えながらほんとに人間同士の関係があったと思うんですよ、人間と人間との間での。だから、そういうので、あのこういうふうに変わったよ、見る目が変わったよとか、これびっくりしたよとか、そういうのは授業中に話題で言いますが。」という語りは、特定の日本人との関係を参照しながら、「日本」を伝える行為を行っていることを示している。また、「何年か前に私の弟子を2人静岡に彼のところにお願いして、日本語勉強するって、面倒を見てくれて、今もうちの学生面倒見てくれたりするんです。」という語りから、日本で構築された人間関係を利用して、日本体験を促していることが分かる。さらに、「一人一人がそういう関係を続けてもって、そういうふうにしながらも周りも全部そうしてくれれば、だんだん国全体もそういう関係になってくると思うんですね。今もしょっちゅう僕も向こうへ行って、ほんとの僕のお父さんお母さんのように電話したり、1年前もそのお父さんが亡くなったもんで、僕も墓参りに直接向こうへ行って、神戸でお墓に行って墓参りもしたし、向こうも来たりして関係も続くんですね。そういうふうな、みんなそういうふうにしてくれればもっと仲良くなるとも思うんですけどね」という語りは、自分が構築した人間関係に基づいて、〈国家間関係の改善〉を標榜していることを表していると考えられる。

　このように、日本人との人間関係の構築は、日本研究者としての行為や認識に影響を及ぼしていると考えられるが、それは、どのようにして構築されたのだろうか。データから指摘できるのは、サブ・カテゴリー〔理解し合える日本人〕にまとめられた3つの概念で示されるような日本人との接触が、満足できる人間関係構築の鍵になっているということである。以下では、その3つの概念を説明する。

　1つ目は、〈日本人からの人間的配慮〉であり、日本人からの申し出によって恩恵を受ける経験をすること、日本人に「〜してもらう」経験と定義した。具体例は、無償で長い間経済的な支援を受けた経験や、大学の先生にゴキブリ団子を作ってもらうなど日常生活のことまで世話をしてもらった経験、近所に住んでいた日本人や大家さんに娘や息子のようにかわいがってもらった経験、子育てで大変な時に「大学院だと発表とかあるじゃないですか、順番を決めて、最初から、でちょっとはずしてもらったりですね、相手

もすごく忙しい時期なのに、あ、○○さん今ちょっと大変そうだから自分がやるっていうふうに言い出してくれたりして」というように周りの学生から気を遣ってもらった経験など多岐にわたっている。このような経験は、配慮してくれた日本人に対する深い〈感謝と敬意〉の念をもたらしている。

　2つ目は、日本人によって韓国という文化的な背景を持った自己が認められたり、尊重されたりする経験であり、〈自己・自文化の承認〉と概念化した。具体例としては、アルバイト先で普通は外国人に任せない重要な仕事を任せられた経験、韓国語教室などで韓国に親しみや憧れを感じる日本人と接した経験、大学の指導教官に竹島は韓国の領土であるという主張をすることを認められた経験などが挙げられる。韓国文化が尊重される場においては、〈自文化の積極的主張〉がなされやすい。

　3つ目は、植民地支配について謝罪したり、慰安婦や独島（竹島）について韓国人の立場を擁護したりする日本人と出会うことである。これを〈日本人からの歴史認識への歩み寄り〉と概念化した。これは必ずしも親しい人間関係の構築に結びつくわけではないが、そのような日本人の存在に気がつくことは、前述の〈否定的な日本人イメージの解消〉を導いていた。

　このように、〔理解し合える日本人〕が、否定的な日本イメージを解消したり、自文化を積極的に主張させたり、特定の日本人に対する愛着と感謝の念を抱かせたりする一方で、日本研究者は〔理解困難な日本人〕と接触する経験もしていた。それは、次のような日本人との接触経験である。

　〔理解困難な日本人〕というサブ・カテゴリーを構成する1つ目の概念は、〈日本人の歪んだ韓国観〉である。これは、「自分の国より貧しい国とか、先入観を持って、接する」、「私はしょっちゅう韓国の留学生だということを言うんだけれども、向こうの方は最後まで朝鮮の方とか朝鮮の人とか朝鮮の学生とか言うんですね。」、「大体ぼくの知っている人は年の差が、大体父の世代だったので、その人はあんまり韓国に対してほんとは真実は、あの自分の国の下にある国とか、そういうふうに思っている方が多かった」、「日本人同士なら、先輩とか、呼ぶんですよね。それで私が先輩なのに、私は金さんとか何々さんとか言うんですよ。」という具体例から分かるように、韓国を見下したり、無視したりするような偏見を持った日本人に出会うことである。

日本研究者が日本に留学したのは 1970 年代から 2000 年代までであるが、時期には関係なく、このような経験が語られていた。

2つ目は、「普通日本の人は韓国を近い国どころか、あの一つまり興味を、どこにある国なのかも知らない人がけっこういることを知ったときには驚いたんですね。」、「こんなもの食べたことあるとか、これも韓国にはあるとか、常識はずれの質問をしてきたりする人もやっぱりいたんですね。」、「南北が何で分かれたのかを、全然もう知らないので」のように、韓国についてあまりにも知識がなさ過ぎる、あるいは関心がない日本人に出会うことである。これを〈日本人の無知・無関心〉と概念化した。

さらに、「植民地支配、時代にも日本が悪いことばかりしたんじゃなくて韓国の近代化などに貢献した面もあるでしょという話を聞いたこともありましたし」、「マスコミでなんか話題になって、またそのことを話題にして話したりする時、やっぱり韓国人はあの、小学校から教育を受けたことがあって、日本の方は小学校から教育を受けたことは、そういう私たちが受けた内容についてはほとんど受けないので、その不釣合いというか、ちょっと話が難しいなという印象ですかね。」のように、加害の歴史を認めない日本人や近代史に関する知識が乏しい日本人との接触経験も語られていた。これを〈歴史認識の差異の実感〉と概念化した。

このような経験が直ちに人間関係の構築を妨げるわけではなく、そう認識されているわけでもない。実際、親しい関係にある日本人との間で〈歴史認識の差異を実感〉するものの、それが人間関係を損ねているわけではなかった。しかしながら、このような経験は〈「日本」の問題点実感〉の要因となっていた。

2.4 日韓両文化の間でバランスをとる

【日本研究者としての行為と認識】に影響を及ぼす最後の要因として、日韓両文化間において【バランスをとる】態度を挙げることができる。このカテゴリーは、以下のように6つの概念間の複雑な関係によって構成されている。図3にそれを示す。

まず、〔自律的な日本観〕の構成概念のひとつである〈「日本」の優位性実

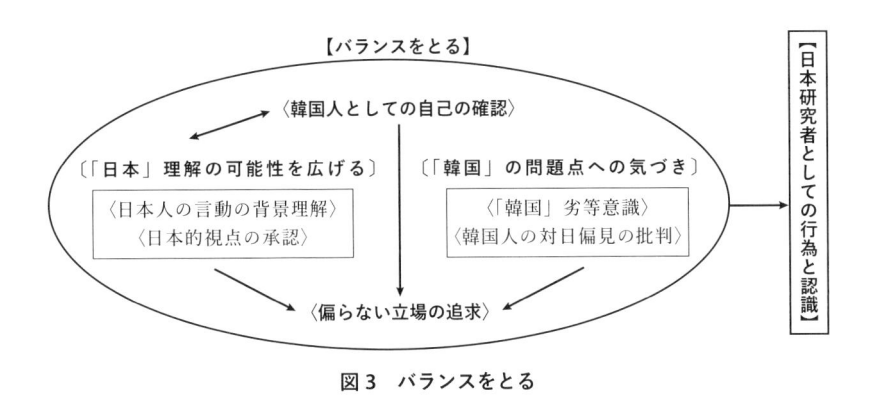

第 9 章　日本研究者による交流・相互理解型必要論の形成過程　275

【バランスをとる】

〈韓国人としての自己の確認〉

〔「日本」理解の可能性を広げる〕　〔「韓国」の問題点への気づき〕

〈日本人の言動の背景理解〉　〈「韓国」劣等意識〉
〈日本的視点の承認〉　〈韓国人の対日偏見の批判〉

〈偏らない立場の追求〉

【日本研究者としての行為と認識】

図3　バランスをとる

感〉は、「韓国」との比較においてなされるものであり、「日本はこうだったのに韓国はこうだと比較することはしょっちゅうあるんです。こうすればいいのに。これがもっといいシステムがあったとか、日本式がいいのに韓国はどうしてこういうふうにしているかと思うときはしょっちゅうあるんです。」、「やっぱり日本と比べたら遅れてるなという、なんかそんな感じで。」というように韓国が劣っている、遅れているという認識をもたらしている。これを〈「韓国」劣等意識〉と概念化した。

　また、日本研究者は、「日本人の中身を内面のことをよく知らない人は、日本人は冷たい、非常に利己的だと、自己中心的だと思っているかもしれませんが、実際日本人の内面の優しさを知らないですから、と思いますね。」、「韓国の方は昔のことをちょっと言い過ぎるというか、頻繁にそれを持ち出して政治的に利用する」、「もうしょうがないじゃん、過ぎたことは。これからどういうふうにね、うまくそれを頻繁に考えた方がいいのに、なぜ歴史のことにこだわってね」というように、韓国人が一般的に持つような対日偏見や韓国政府の態度、侵略史へのこだわりを批判的に見ていた。これを〈韓国人の対日偏見の批判〉と概念化した。そして、〈「韓国」劣等意識〉と併せて〔「韓国」の問題点への気づき〕というサブ・カテゴリーにまとめた。

　「韓国」に批判的な視線を向けるのに加えて、韓国人日本研究者は、〔理解困難な日本人〕や〈「日本」の問題点実感〉に対しても、なぜそうなのかをメタ認知的に捉え、理解しようとしていた。例えば、加害の歴史を日本人が

知らないということを問題だと感じていても、「習ってないんだから、本当のことを知らないんだから、仕方がないんじゃないかな、そう思っているんですけど。」と考えたり、従軍慰安婦への政府の関与を否定する政治家の発言に対して「うそをつきたくてそういうんじゃなくて、政治的に正直になれない環境だから、そのような発言をするんだと思います。」と判断していた。これらは、日本人の理解しがたい言動についても、その言動が選択された背景や理由を推測して合理化し、個人を責めることを避けていると解釈された。したがって、これを〈日本人の言動の背景理解〉と概念化した。

また、日韓の見解が対立する問題については、「韓国の立場で日本がいいとか悪いとか評価するのはいけない」、「日本側で竹島を日本の島だということは、理解できないわけでもないです。」というように、韓国とは異なる日本の見方をいったん引き受けるような語りも見られた。これを〈日本的視点の承認〉と概念化した。そして、〈日本人の言動の背景理解〉と一緒に〔「日本」理解の可能性を広げる〕というサブ・カテゴリーにまとめた。価値観や見解の先鋭な対立に対しても、日本側の主張を完全に否定したり、拒否したりするのではなく、何とか理解しようとするのは、「日本」の様々な側面をよく知っているからでもあり、日本研究者として自己と「日本」とは切っても切れない関係にあると認識しているからだと考えられる。

ただし、日本研究者は、〔「日本」理解の可能性を広げる〕と同時に、「植民政策ということをいいことをしたっていう人に対して、じゃ、泥棒するために、はしごを2階に作ってやったと、じゃあはしごを作ってやったのはいいことだと言えるか、それを本人から言えるかどうかということ。」、「私は竹島、独島が韓国の島だと思います。それはそう思ってるし、そう信じてます。」というように、譲れない部分にはっきりと線を引いていた。また、韓国政府の批判をした後で、「これ大きい声では言えないんですけれども、こちらでは。」と条件が付される場合もあった。これらは、韓国文化を参照したり、韓国人としての自己を確認したりして、態度や行動を調整していると解釈されたため、〈韓国人としての自己の確認〉と概念化した。これは、日本研究者が国民意識としての主体性を保持していることを示しており、日本研究者としての行為と役割認識は、国民意識としての主体性の上に形成され

ていると解釈できる。

　〔「韓国」の問題点への気づき〕、〔「日本」理解の可能性を広げる〕は、それぞれ自文化である韓国文化を批判的に見ながら、日本的な視点を取り込むことによって、自文化と距離を置き、自文化への没入を防いでいると考えられる。それに対して、〈韓国人としての自己の確認〉は、「日本」へ偏りすぎることを阻止していると見ることができる。そして、この三者によって日本の専門家として日韓両文化、どちらにも〈偏らない立場を追求〉していると解釈された。「(日本人が)どうしてそういうことになったかは分かっていますけど、あまりそれを言わないんですね。言ったら、誤解されますね。日本のことを変わりに、立場を言っているみたいなことになるので」、「日本のことばっかり批判してもことにならないし、日韓関係がうまくいくためには、両方こういう努力をするべきだということを自分なりの考えで言わないといけないんですね。」などが具体例である。

　このように韓国文化を確認しながら、日本文化への理解を広げ、両方に偏らず客観的に判断したり、行為したりしようとすることを【バランスをとる】カテゴリーとしてまとめた。日本研究者は、両文化の間でバランスを取りながら、日本研究者として行為をしていると解釈できる。例えば、「日本をPRすること」が自分の役割だとしながらも、「日本の悪いことは悪いと言う」のは〈偏らない立場を追及〉する行為であると解釈できる。

2.5　問題の棚上げ―対立する価値観への対処―

　前節で、歴史認識など価値観が対立する問題に対して、〔「日本」理解の可能性を広げる〕ことで対処していると述べた。しかし、〔「日本」の問題点〕や〔対話が困難な日本人〕に該当する事柄は、それが発生する理由や背景は理解できても、受け入れられないことも多いと考えられる。その場合、次のように対処されていた。

　例えば、〈日本人の歪んだ韓国観〉に対しては、「ああいう人たちの頭は絶対変わらないだろうと思っているんです。」、「ぼくが言っても何にも変わらないし、腹が立つんだからあまり言いたくないんですね。」といった反応が見られた。また、歴史認識の差異に対しては、「自分が訂正しようと、それ

を修正してあげようと思ってもですね、なかなか治らないと思うんですね。」「(近代史を)分からない、分からない人に何言えばいいか(笑)」、「最近の安倍首相のアメリカでの発言とか見てみると、これが日本の限界かなというふうに思うんですね。」といった反応も見られた。これらの発言は、歴史認識の齟齬や韓国民族を軽視する日本人は、変わりようがないと諦め、対話を回避していると解釈される。これを〈諦観〉と概念化した。

また、日韓関係における最大の懸案事項であるとされる歴史認識の齟齬に起因する諸問題に関しては、「歴史的なこととか、(中略)政治的ないろいろなことが、頻繁といえば頻繁に起こったりするんですけれども、それはそれで、自分の好きな言語を勉強する、興味のあるいろんな対象を勉強していくっていうことは別々に考えた」というように、日本語の習得に力を注いだり、日本人と接したりすることとは、別の次元のこととみなされていた。これを〈日韓関係の諸問題の相対化〉と概念化した。そして、〈諦観〉とともに、【問題の棚上げ】カテゴリーにまとめた。

【問題を棚上げ】は、一見すると〈民間交流による国家間関係改善志向〉と逆の動きのようにも思える。しかし、これは、感情の対立を生むような問題を自分とはあまり関係のない問題、あるいは特定の日本人に限った問題とみなすことによって、他の大多数の日本人と交流し、他の分野で相互理解を深める可能性を開いていると見ることもできる。韓国人の対日偏見を是正し、日本人との積極的な対話を通して現在の日韓関係の改善を図る一方で、政治的・歴史的な問題が表面化し、感情的な対立が生じるのを避けることは、日韓関係という文脈で「日本」と関わり続ける韓国人日本研究者のストラテジーであると考えられる。

2.6 結果図とストーリー・ライン

以上、説明してきたように、分析の結果、28の概念を生成し、5つのカテゴリーにまとめた。また、カテゴリー化の過程で8つのサブ・カテゴリーを生成した。概念及びサブ・カテゴリー間の関係、概念間の関係をまとめて図4に示す。これは、日本研究者としての行為・認識を形成するプロセスを示している。

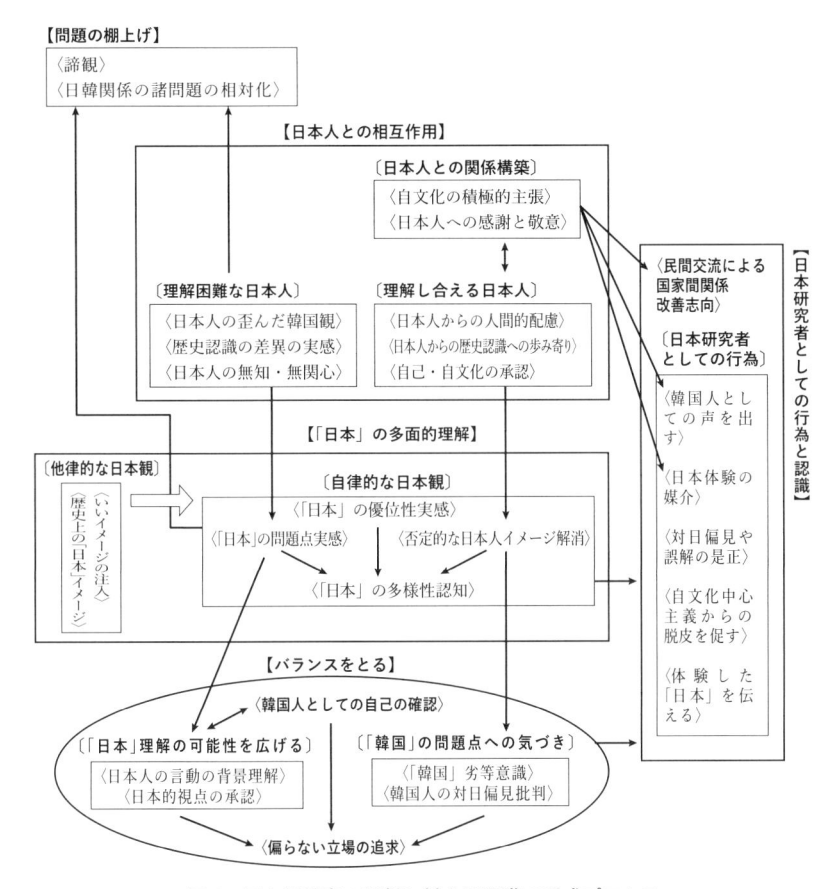

第 9 章　日本研究者による交流・相互理解型必要論の形成過程　279

図4　日本語教育の役割に対する認識の形成プロセス

　ストーリー・ラインをまとめると、以下の通りである。韓国人日本研究者は、日本語学習開始当初、他者からの情報に基づいた〔他律的な日本観〕を持っている。しかし、日本語学習の継続、日本留学に伴って、日本に関する情報を得たり、日本人と直接接触したりすることによって、自分の経験に基づく〔自律的な日本観〕を形成し、【「日本」の多面的理解】を達成する。この変容の過程において、【日本人との相互作用】が影響を及ぼし、〈否定的な日本人イメージを解消〉する一方で、〈「日本」の問題点を実感〉している。
【「日本」の多面的理解】は、日韓両文化間で【バランスをとる】態度を形

成させていると考えられる。【バランスをとる】では、〔「韓国」の問題点への気づき〕を得、韓国の価値観と対立する日本人の言動に対しても〔「日本」理解の可能性を広げる〕。しかし、その一方で、〈韓国人としての自己の確認〉をすることによって、日韓両文化に対して〈偏らない立場の追求〉をしている。これは、コア・カテゴリーであり、【日本研究者としての行為と認識】のよりどころとなっている。また、日本研究者として行為する際には、【日本人との相互作用】のうち、〔理解しあえる日本人〕との間の満足できる関係構築が参照されたり、利用されたりしていた。

一方、〔理解困難な日本人〕や「日本」の問題点に対して、〔「日本」理解の可能性を広げる〕ことができない場合は、諦めるなど【問題の棚上げ】が行われていた。【問題の棚上げ】は、日本研究者が、「日本」との関係を維持、継続していくために重要なストラテジーであると考えられる。

以上の分析から、韓国人日本研究者は、日韓両文化に対してどちらにも偏らない【バランスをとる】態度を築いており、それに基づく【日本研究者としての行為と認識】を通して社会文化的文脈の変革に向けて働きかけていることが示された。また、彼らの態度は、深い「日本」理解と韓国文化の枠組みの問い直し及び確認という段階を経て形成され、態度形成のプロセスでは【日本人との相互作用】が影響を及ぼしていることが分かった。さらに、感情的な対立をもたらす恐れがある【問題の棚上げ】が、「日本」理解や日本人との交流の促進と同時に行われていることが分かった。これは、一見、社会文化的文脈の変革と逆行する動きであるが、民族感情を刺激するような問題に直面し、それでも日本との関係を継続し、構築しなおすためにとられたストラテジーのひとつであると解釈した。

3　小括

本章では、1990年以降、日本語教育をめぐる言説空間で、主要な役割を果たしている日本研究者に注目し、インタビュー・データから彼らの日本語教育に対する認識とその形成プロセスを明らかにした。

結果として、まず、日本研究者は、韓国社会において〈体験した「日本」

を伝える〉、〈対日偏見や誤解の是正〉、〈自文化中心主義からの脱皮を促す〉、〈日本体験の媒介〉といった行為を行っているほか、日本社会に対しても〈韓国人としての声を出〉して、理解を促していること、そしてこれらの行為は〈民間交流による国家間関係改善〉をめざして行われることが示された。日本研究者は、交流・相互理解型必要論を実践しており、日本人と韓国人の対話、交流が円滑に行われるように、また、お互いの理解が深まり、友好的な関係が構築されるように、両者に働きかけていると解釈できる。

次に、このような日本研究者としての行為と認識はどのようなプロセスを経て形成されるのかという観点から、データの分析を行ったところ、彼らの行為と認識は、日本文化を深く理解した上で、日本文化にも韓国文化にも偏らず客観的、批判的な態度をとることと表裏一体であることが明らかになった。また、このような態度、認識の形成プロセスにおいて、日本研究者は、自己の経験に基づいた自律的な日本観を確立しており、日本人との間に現在までも続くような深い人間関係が構築されていることがあることも明らかになった。自律的な日本観と日本人との人間関係は、日本研究者としての行為と認識にも影響していることも示された。

本章における分析の結果から、現在そして将来の大学における日本語教育は、コミュニケーションの道具としての日本語の習得にとどまらず、日本文化の理解、自文化の相対化、ひいては日本人との交流と友好的な関係の創出をめざしても行われると推測することができる。このような日本語教育の実践、つまり交流・相互理解型必要論の実践には、日本研究者が経験した日本人及び日本社会との相互作用が織り込まれていることが示された。これは、日韓関係を構成している私たち日本人一人一人も韓国における日本語教育の行われ方、ひいては歴史の構築に関わっていることを示唆していると解釈できる。

注

1 「 」つきの日本は、日本文化、日本人、日本社会など日本に関する事柄全般を指す。「韓国」も同様。

第 10 章
日韓関係、民族の主体性と日本語教育

1 なぜ日本語教育が再開され、発展したのか

1.1 日本語教育をめぐる言語空間の変遷

　本書の目的は、植民地解放後の韓国における日本語教育の再開と発展の歴史を、日本語教育に対する韓国の人々の認識の変遷を通して記述し、特定の時期に特定の認識が表明された理由を考察することであった。そのために、韓国の人々の日本語教育に対する認識が直接的、間接的に現れたテキストを収集し、日本語教育・学習の必要性・適合性がどのように判断されているのかという観点から分析した。また、社会的文脈としての日韓関係が、どのように人々の認識に織り込まれるのか、「民族の主体性」が日本語教育とどのように折り合いをつけるのかという観点からも分析を行った。民族の主体性は、国家としての主体性と国民意識としての主体性の2側面を持つと定義した。前者は、近代国民国家の統治主体となり、国家主権に基づいて、国内的、対外的な政策を決定し実施することであり、後者は、韓国民族、韓国文化という抽象的な観念を持ち、それに対する帰属意識と誇りを持つことである。以下、植民地解放後の韓国における日本語教育をめぐる言説空間の変遷を要約する。

　1945年8月15日、植民地解放直後の韓国社会では、朝鮮語学会を中心として、韓国語を国家の言語として取り戻す運動と日本語を排除する運動とが並行して繰り広げられた。朝鮮語学会の日本語排除論には、言語＝民族の精神とする言語ナショナリズムが底流しており、日本語は、韓国語だけではなく、韓国人としての精神をも脅かすものであるから、韓国人としての精神を取り戻すために徹底的に排除しなければならないと主張された。また、

1948年、大韓民国が樹立した後、韓国文教部によって日本語教育否定論が表明されたが、そこでは、日本語教育は「親日的感情を助長」し、「日本の文化的侵攻」をもたらす「有害行為」であるとされていた。これらの言表において、日本語は韓国語並びに韓国人としての精神と競合する文化要素であり、日本支配の象徴であるが故に適合性がないと判断されたと考えられる。

　このような日本語排除論、日本語教育否定論は、開化期、植民地支配期を通じて歴史的に形成されたと見ることができる。開化派は、近代国民国家建設のために、旧社会、旧思想の近代化が必要であると考え、日本から西洋に起源を持つ近代的な制度や技術、思想を受容した。しかし、彼らのような近代化志向と民族意識は民衆には共有されなかったばかりか、韓国は日本の植民地とされ、国家としての主体性を失った。その結果、日本から近代的な知識を受容する一方で、国家としての主体性を取り戻すためには、日本に抵抗しなければならないという状況が生まれた。また、国家としての主体性を奪われた経験と朝鮮民族であるが故に差別を受けた経験とによって、民族意識が高まり、日本に対する抵抗の拠点となった。さらに、植民地支配期を通して、日本語は学校教育をはじめとする公的領域において韓国語を抑圧し続け、韓国人による主体的な韓国語の統一と普及が妨げられたため、朝鮮語を民族の復興と更正の中核に位置づける言語ナショナリズムが強まったと考えられる。韓国の近代化に主体的に関わろうとすれば、また、植民地支配下で生きていくためには、日本語を学び、日本と交渉しなければならない反面、民族の主体性を確立するためには、抗日、排日でなければならないという状況が続いたと言えよう。

　このように、植民地支配を通して、民族意識、すなわち国民意識としての主体性が抗日を軸として形成され、日本と協力関係を築くことは反民族と認識されるようになったため、植民地解放後、民族の主体性を取り戻すという課題において、日本は障害とみなされるようになったと考えられる。そして、日本語も国民意識としての主体性の確立と相容れないとして、排除するという言表が出現したと考えられる。1948年、大韓民国が樹立し、国家としての主体性を取り戻した後も、李承晩政権は、近代国家再建のための経済、文化政策において日本を排除する措置をとり、国民意識としての主体性

を固めるために、反共と防日を掲げた。

　しかし、1950年代後半になると市民の間では日本語教育必要論が出現し始めていた。1953年に日本に留学した安氏は、日本を19世紀以降、韓国よりも文化的、学問的に発展した国であり、学問の「中心」であると評価しており、先進的な知識を得るために日本に行くのは自然な行為だと考えていた。このような安氏の認識は、植民地統治下で教育を受けた経験によって歴史的に形成されたと解釈できるが、個人にとって、日本語は依然として近代的な知識を手に入れる道具であり続けたということを示している。また、安氏の語りから、市民の日本語学習行動において、民族の主体性よりも個人の利益の方が優先されることが分かる。

　また、1957年に出版された日本語の学習書の編者は、近い将来国交が正常化すると予測し、それに対処し、日本の侵略を防ぐためにも日本語が必要だと述べていた。ここにおいて、日本語は民族の主体性と競合するとは捉えられておらず、むしろ日本語教育が国防に役立つとされている。これを外国語としての日本語教育必要論の萌芽と見ることができる。しかし、市民の間で芽生えた日本語教育必要論は、李承晩政権の排日路線と連動した文教部の日本語教育否定論によって抑圧され、公的空間で力を持つことはなかった。

　しかし、1961年、韓国外国語大学に日本語科が開設され、日本語教育必要論が、初めて公的空間に出現した。韓国外国語大学当局は、日本語教育が批判的な日本理解を促し、自国を強く豊かにするのに役立つと主張した。ここでは、日本語教育は国家の利益となることが主張されており、日本語教育否定論が日本語教育を、国民意識としての主体性を揺るがし、国家に不利益をもたらすと見るのとは対照的である。そして、日本語教育否定論の論理構成に配慮してか、「堅固とした主観」を保持するという条件を付している。一方、新聞報道によると、時期を同じくして市中に無認可日本語学校が次々と開設され、日本語の書籍を読む、日本語のラジオ放送を視聴するといった目的でハングル世代が日本語を学んでいたということである。ここでも、国家の利益とはおよそ無関係に日本語学習を行う学習者の姿が浮き彫りになっている。

　1961年に日本語教育必要論を公的空間に登場させた要因として、まず、

韓国語が国家的コミュニケーションを担う言語としての地位を確立したことが挙げられる。また、李承晩に代わって政権の座に就いた張勉は、民主化、自由化を進めると同時に、対日積極策をとったため、一時的に日本の大衆文化が流入し、日本との国交正常化が近いような雰囲気が生まれていた。その結果、市民が日本語科や日本語学校の開設を訴えやすくなり、日本の大衆文化を摂取するための日本語の必要性も生まれたと考えられる。さらに、世代交代が進み、ハングル世代が外国語として日本語を学ぶ年代となったことも、日本語教育必要論出現の背景的要因となっていると考えられる。

しかし、張勉政権においても、民間の日本語学校は「時期尚早」という理由で認可されなかった。しかし、無認可の日本語学校の盛況ぶりは、政府が抑圧できないほど、市民間で日本語教育必要論が高まっていたことを示していると考えられる。

1961 年 5 月 16 日の軍事クーデターによって朴正煕政権が誕生すると、韓国社会は再び厳しい統制下におかれることになった。朴正煕政権は、1965 年、国民の反対を押し切って、請求権を経済協力方式で解決し、日本との国交正常化に踏み切った。しかし、その一方で、再び日本語教育否定論を主張し、拡大傾向にあった日本語学校を、「民族の主体意識」の確立に悪影響を及ぼすという理由で、取り締まりの対象とした。日本語を民族の主体性と競合する文化要素とみなす見方は、朴正煕政権になっても続いていたと言える。ところが、1972 年、朴正煕大統領は、日本との経済交流のため、また農業をはじめとする日本の書籍を読むために日本語教育が必要であるとし、高等学校の第 2 外国語として日本語を導入すると発表した。これまで日本語教育を抑圧してきた韓国政府が、今度は日本語教育必要論を主張したのである。

このような方針転換が可能になった理由として、まず、1965 年の日韓基本条約締結以降、日本から大量の資金や技術が流入することになり、日韓の経済が切り離しがたく結びついたことが挙げられる。特に 1970 年代前半には、日本からの直接投資も増大し、日本企業の進出に伴って、訪韓する日本人ビジネスマン、観光客も増加した。また、国交正常化以降、日本政府招聘の国費留学生、韓国政府が派遣する技術研修生という形で、鉱工業、農林業

を専攻する留学生が大勢日本に渡っていた。このように、1972年時点では、既に経済交流、知識獲得のための日本語教育の必要性を主張しうる社会的文脈としての日韓関係ができあがっていたと考えられる。

また、朴正熙政権は、国民教育憲章を発布し（1968年）、国籍ある教育をスローガンとする教育政策を実施して、韓国国民を作り出すことに尽力した。特に道徳の教科書では、伝統的な価値観を尊重すると同時に近代化を志向する国民像が強調されていた。また、民族文化の振興も重視し、文化財の保存と復元作業を推進した。このように、国家の事業として国民意識としての主体性の強化に取り組み、近代主権国家が、個人の利益と国家の利益を同一視するような国民で構成されるという民族の主体性の到達点に至る道筋が作られたからこそ、日本語教育強化政策をとることができたと考えられる。

日本語を高等学校の第2外国語とするという政府の決定をきっかけとして、国語世代の知識人たちによる日本語教育をめぐる議論が活発化し、様々な日本語教育必要論が出現した。まず、1972年の新聞、雑誌では、韓国の発展と日本の克服のために日本語教育が必要であるという自国発展型必要論と、既に緊密化した日韓経済関係に対処し、実際の経済活動に参加するために日本語教育が必要であるとする現状追随型必要論が主張されていた。しかし、それと同時に、日本語教育の拡大は、自国民の民族の主体性の喪失と日本の文化的支配の再来をもたらすという日本語教育警戒論も主張された。自分の意志とは無関係に学ばされた日本語が、自分の精神にまで深く染み込んでいる国語世代の知識人の間では、国民意識としての主体性に対する不安感が強かったと考えられる。そして、学習者の国民意識としての主体性を保持するため、日本語を経済活動の「道具」ないしは、自国の経済開発に資する範囲で習得し、日本文化の理解は重視しないという日本語教育限定論が主張された。この日本語教育限定論が、日本語の教育課程、教科書を通して制度化されていったと見ることができる。

1974年に告示された日本語の第3次教育課程では、教育内容として韓国に関する事柄を選択し、日本文化の理解に重点を置かないことが明記されている。そして、韓国の歴史上の人物や経済開発に関する事柄が、日本語の教科書の中心的な内容となった。ここで日本語は、国民意識としての主体性を

強化する機能を果たしていたと言うことができる。

　1973年以降、日本語教育は実業系高等学校を中心に急激に広がり、大学、日本語学校、職場などにも拡大していった。このような日本語教育の拡大に対して、1975年、ソウル大学が入試科目から日本語を除外すると発表し、それを契機として日本語よりも英語を習得するべきだという英語優先論が主張された。英語優先論は、日本語を国民意識としての主体性ではなく、英語と競合関係にあると主張することによって、かえって第2外国語としての日本語の地位を固めたと見ることができる。

　さらに、1974年に行われた「韓国にとって日本とは何か」というシンポジウムでは、経済偏重の日韓関係を学問的研究による研究者間の交流、相互理解によって改善する必要があり、そのために日本語教育が必要だという関係改善志向型必要論も主張されていた。

　このように、日本語教育をめぐる様々な言表が噴出する中で、日本語を学び始めた学習者の多くは、教育制度の影響を受け、あるいは国語世代の現状追随型必要論を受容して、日本語学習を開始していた。しかし、それだけではなく、身近な国語世代の韓国人による日本社会・日本人との直接接触経験が、日本に対する興味関心を引き出し、日本語学習へと誘う場合もあった。また、国際交流基金による日本語教育支援事業によって日本社会と直接接触したことが、日本語学習の動機づけを高めたことも語られていた。これは、個人レベルでの日本人との関係、日本社会との接触経験も、日本語教育必要論を生成させたことを示している。また、学習者は、国民意識としての主体性を問題として認識しておらず、あくまでも個人の利益の観点から日本語学習を選択していることが確認された。

　しかし、1970年代、韓国社会には強い反日本語教育的な圧力が存在し、日本語学習者は常にそれにさらされていた。それに対して学習者は、日本に勝つためには日本語学習が必要だという克日論を形成していた。克日論は、「反日」の枠組みの中で日本語教育の必要性を正当化するものである。また、克日論は、国民意識としての主体性を前提としており、日本語学習における国家の利益と個人の日本語学習とを結びつけることができるという点で、説得力と力を持ったと考えられる。

1980年代に入ると、ヒトやモノ、情報の国境を越えた移動がいっそう活発化し、政治・経済活動においてだけではなく、個人の知的生活、日常生活に至るまで外国語が必要となる国際化の時代を迎える。これに呼応して、全斗煥大統領は、外国語教育の強化、地域研究の活性化の方針を打ち出し、海外留学の要件を緩和した。また、外国語教育強化政策においては、実用的な目的、つまり意思疎通能力の育成が重視されるようになった。

このような中で、日本研究者の間では、韓国が日本を乗り越え、世界に躍進するために日本研究が必要であり、そのために日本語教育が必要であるという日本研究型必要論が主張されるようになった。日本研究型必要論において日韓関係は切っても切れない関係であることが強調されていた。また、国民意識としての主体性の保持も引き続き重視され、日本語学習者に古代韓国文化の優秀性を伝えなければならないとされていた。日本研究型必要論は、日本を乗り越えるという克日論を内包し、国民意識としての主体性の上に成り立っているという点で、個人の日本語学習と国家の利益を結びつけることのできる説得力のある言表であったと推測できる。

ハングル世代の日本語学習者の中には、日本研究者、日本語教師になることをめざして日本語を学習する者、日本に勝ちたいという一心で留学を決意した者も出てきた。これは、学習者によっても日本研究型必要論が生成されていたこと、日本語教師という職業が社会的認知を得ていたことをを示していると考えられる。また、個人の利益と国家の利益とを同一視するような日本語学習者があったことも示している。

しかし、1990年代になると、日本語教育をめぐる言説空間は大きく変化する。韓国政府によって日本語教育は、知識獲得や経済交流を目的とする段階を超えて、日本と韓国との間の相互理解による善隣関係の創出、日韓の相互交流関係の維持に貢献するものと位置づけられるようになるのである。ここにおいて、近代化や経済発展といった国家の利益は後面に退き、日韓両市民の利益と見ることができる友好関係の構築が前面に出されている。これを交流・相互理解型必要論と呼ぶ。交流・相互理解型必要論は、韓国人日本語教師によっても主張され、日本語教育をめぐる言説空間を占めるようになった。それと同時に、日本文化の理解も重要視されるようになった。日本語

教師の間では、日本語教育の必要性・適合性自体が議論されることはなくなり、国際化に対応する日本語教育をどのように行うべきか、日本文化として何をどのように教えるのかということに議論の焦点が移っていった。

　これに伴って、高等学校の日本語の教科書における日本語の機能も大きく変化した。教科書では、日本人と韓国人との日常的な交流場面が提示されることが多くなり、接触場面においては、日韓の情報交換もなされていた。このことから、日本語は主として、日韓両市民の交流を通した相互理解を実現する機能、日本人との友好的な関係を構築する機能を果たすようになったと言うことができる。また、1980年代の教科書までは、韓国の近代化に関する内容、韓国古代文化の優秀性などが取り上げられていたのであるが、1990年代の教科書では、そういった記述がほとんどなくなった。この点、日本語は国民意識としての主体性を強化する役割を終えたと見ることができる。

　交流・相互理解型必要論は、日本語学習者によっても生成されていたと見ることができる。在日コリアンとのコミュニケーションを目的として日本語学習を始めた人もあった。しかし、韓国社会における日本語能力に対する価値づけや日本に対する興味関心が、日本語学習を選択させ、動機づけを高める上で重要であることも示唆された。一方、日本語を専攻していることに対する否定的な視線は存在し続けていたが、それに対しては、これまでのように、克日論で対抗するのではなく、自分の専門だから一生懸命やろうというように気持ちを切り替えていたことが語られていた。これは、日本語がひとつの外国語、専門分野として定着してきたことを意味していると考えられる。

　交流・相互理解型必要論の台頭をもたらした要因として以下のことを指摘することができる。まず、韓国が民主化を果たし、国際社会でも先進国として確固たる地位を確立したことである。また、経済発展を達成して日本を凌ぐ産業分野も現れ、日韓の交流が多方面化すると同時に、双方向化してくるのに伴って、日本が対等なパートナー関係を築くことができる相手として認知されるようになったと考えられる。こうした韓国社会の成熟と日韓関係に対する認識の変化によって、国民意識としての主体性に対する不安や不信が

払拭されたのではないだろうか。また、通信技術の発達と自由化に伴って、国際的な交流がますます活発化し、国家や企業だけでなく、個人がその担い手として活躍するようになったことである。その結果、個人間における交流や相互理解が外国語学習の重要な目的として広く認識されるようになったと考えられる。

1.2　民族の主体性と日本語教育

　このように見てくると、日本語教育をめぐる言説空間は、民族の主体性の確立と並行して変化してきたと言うことができる。独立主権国家として制度や産業の再建が主要な課題であった李承晩政権期は、主権回復のために日本の影響力は排除しなければならないという認識が歴史的に形成されていたため、日本支配の象徴である日本語も、韓国人としての精神に悪影響を及ぼすとして排除された。韓国において民族意識は、抗日の拠点として形成された側面があるため、日本の文化要素である日本語を受け入れることを意味する日本語教育は、国民意識としての主体性の確立を妨げるとして否定されたと考えられる。そして、国民意識としての主体性に不安がある限り、韓国政府は、日本語教育がそれと競合するとみなして、否定し続けたと見ることができる。

　しかし、朴正熙大統領は、国民教育憲章の発布、国籍ある教育の実施、文化財の復元と保護といった政策を通して、国民意識としての主体性の強化事業を実施し、日本語教育強化政策に踏み切った。朴正熙政権は、様々な政策によって国民意識としての主体性を確保できると考えたからこそ、日本語教育必要論を主張できたと考えられる。しかし、知識人の間では、以前として国民意識としての主体性を不安視する声が大きく、日本語教育においても、国民意識としての主体性の強化が追求された。

　このような傾向は 1980 年代も続くが、1980 年代を通して韓国経済は成長を続け、民主化を達成した。そして、1990 年代には OECD にも加盟し、国際社会の中で先進国としての地位を確立したと言える。このような経済、政治、社会の成熟に伴って、国民意識としての主体性に対する不安は影を潜めたと考えられる。その結果、日本研究者をはじめとする知識人及び韓国政府

によって、国家間、市民間の交流の維持促進と相互理解に基づく友好的な関係構築のために日本語教育が必要であるとする、交流・相互理解型必要論が主張されたと見ることができる。

このように、植民地解放後の韓国における日本語教育は、民族の主体性の確立に伴って発展してきたと言うことができる。民族の主体性の確立が、日本語教育の再開と発展をもたらしたということが、本書の結論のひとつである。

1.3　日韓関係と日本語教育

他方、社会的文脈としての日韓関係も、日本語教育必要論の中に織り込まれており、日本語教育をめぐる言説空間に影響を及ぼしたと考えられる。

1957年に出版された日本語学習書は、日韓の国交正常化が近いという予測の下にそれに備えるために日本語教育が必要だと主張していた。しかし、李承晩政権が排日路線をとり、日本との正式な国交が断絶している中では、日本語教育必要論が力を持つことは難しかったと考えられる。その後韓国政府が表明した日本語教育否定論においても、国交がないことを理由に日本語学校の開設は「時期尚早」とされ、日本語教育必要論は抑え込まれてしまった。

しかし、1961年なると韓国外国語大学が日本語科を開設し、民間の日本語学校も設立され、日本語教育必要論が公的空間に現れるようになる。こうした言説空間の変化の背景には、張勉政権下で自由化が進み、一時的に日本の大衆文化が流入するなど、交流が活発化したことがあった。

このように、国家間に交流があるかどうかが、日本語教育必要論の出現に大きな影響を及ぼしていると考えられるが、この点、1965年に国交が正常化し、1970年代前半までに主として経済面で日韓関係が深まったことは、日本語教育の運命を決定づけたと見ることができる。経済面における日韓関係の緊密化は、自国発展型必要論、現状追随型必要論、関係改善志向型必要論に織り込まれ、それぞれの論理を支えていた。なお、ここで注目したいのは、経済関係の緊密化という同じ社会的文脈に直面していても、それをそのまま受け入れて、それに対応するために日本語教育が必要だとされる場合

と、そのような関係を問題視し、変革するために日本語教育が必要だとされる場合とがあったことである。経済関係の緊密化という社会的文脈は、異なる2つの必要論を生んでいたと言うことができるだろう。

一方、1980年代から顕著になったグローバリゼーションは、日韓関係にも影響を及ぼし、放送通信技術の発達も伴って、ヒト、モノ、カネ、情報の移動を活発化させると同時に、交流の担い手としての個人の重要性を高めた。韓国が民主化を果たし、自由化が進んだことは、個人レベルの交流をますます活発化させ、成熟させたと考えられる。このような日韓関係の変化は、交流・相互理解型必要論に織り込まれていた。

また、日本研究者のオーラル・ヒストリーからは、個人レベルの日韓関係が日本語学習を動機づけたり、交流・相互理解型必要論の生成に影響を及ぼしたりしていたことが明らかになった。植民地支配期に日本に滞在したことがある国語世代から聞いた経験談、あるいは自分自身の日本社会や日本人との接触経験が、日本に対する興味関心を喚起し、日本語学習の動機づけとなっていたことが語られていた。また、日本研究者が留学時、日本人との間に構築した関係が、交流・相互理解型必要論の実践過程で参照されたり、利用されたりしていることも確認された。

このように日韓関係が政治、経済面から文化面に拡大し、個人が交流の担い手となったこと、そして個人レベルでも親密な関係が構築されたことが、交流・相互理解型必要論に力を与え日本語教育の発展を促したのではないだろうか。

さて、日韓関係が「切っても切れない」と認識されている限り、たとえ日本がパートナーとして信頼できない相手、あるいは自分に害をもたらしかねない相手だと認識されたとしても、それならば日本を批判的かつ客観的に理解して不利益を受けないようにするために、あるいは克服するために、日本語を学ぶべきだという日本語教育必要論が形成される可能性がある。加えて、近代化志向は、たとえ日本と敵対的な関係にあっても、日本が近代化という尺度において進んでおり、自分たちが求めるものを持っていれば、日本からそれを受容するために、日本語を習得する必要があるという論理を導くこともある。

この点、日韓関係は、常に「切っても切れない」関係認識されていたと言える。また、道半ばにして近代化の主体たる地位を奪われ、植民地解放後、主体的に近代化を進めることが重要な課題となった韓国にとって、日本は自分たちが求めるような近代性を既に持っていたため、「韓国は日本に比べて遅れている」という認識が形成されたと考えられる。この「切っても切れない」日韓関係という認識と、近代化志向に基づく「遅れた韓国、進んだ日本」という認識もまた、植民地解放後の韓国における日本語教育の再開と発展をもたらしたのではないだろうか。例えば自国発展型必要論は、近代化志向に基づいて、敵対心や警戒心にかかわらず、自国の発展のために日本語教育が必要だとしていた。

　しかし、一般的に、敵対心や警戒心を持たなければならない相手の言語を学ぶよりも、信頼でき、友好的な関係を築ける相手の言語を学ぶ方が、学習者の動機づけも高まり、外国語学習必要論も説得力を持ちやすいと思われる。日韓関係の場合、1980年代から90年代にかけて、徐々に対等なパートナー関係を築くことができると認識されるようになり、実際に国境を超えて行き来する市民の間には親密な関係も構築されていた[1]。このような日韓関係に対する人々の認識の変化も、日本語教育を拡大させた要因のひとつであると考えられる。

　さらに、1990年代以降、近代がそもそも持っている暴力性、民衆を抑圧する性質が指摘されるようになり、近代化に対して批判的な視線が向けられるようになった。また、韓国にとって近代化は、もはや追い求める目標ではなくなりつつある。このような近代化志向に対する認識の変化も、日本語教育は既に経済開発や知識獲得の次元を超えたとする交流・相互理解必要論に反映されているのではないだろうか。

　「切っても切れない」日韓関係という認識が根底にありつつも、日本を対等な関係、友好的な関係が築ける相手だと認識するようになったこと、近代化を批判する視点を持つようになったこともまた、日本語教育発展の背景にあるように思われる。

2　日本語を習得した肯定的な自己像

　以上の議論から、韓国における日本語教育の再開と発展において、民族の主体性の確立と、日韓関係に対する認識が重大な鍵となったと結論づけることができる。最後に、本研究の結果を、第2言語習得論の中に位置づけてみたい。

　日本語教育必要論の論理構成を分析すると、日本語学習によるプラスの効果が期待され、日本語を習得した肯定的な自国民像ないしは自己像が描かれていることに気がつく。例えば、自国発展型必要論では、日本語を習得した国民は、先進的な知識や技術を獲得して韓国の発展に資すると想定されており、日本研究型必要論では、国民が日本語を習得して日本研究を行うことによって、日本を乗り越え、世界へと躍進できると主張されていた。また、交流・相互理解型必要論では、日本語を習得した国民が、日本人に韓国文化を紹介し、相互理解を促進させることが想定されていた。日本語教育否定論において、日本語を習得した結果、日本に感化し、国民意識としての主体性を失った否定的な自国民像がイメージされるのとは、極めて対照的である。

　日本語を習得した肯定的な自己像は、オーラル・ヒストリーにも頻繁に現れた。例えば、日本語学習開始時、日本語を習得した自己は、日本語教師、日本研究者として活躍し、あるいは有能な大学生として就職の際高く評価されることが予測されていた。また、将来留学生として日本で生活する自己に肯定的なイメージを抱く場合もあった。日本文学を楽しんだり、日本語の学習自体を楽しんだりするのも、そうした自己を好ましいものとして受け止めていると見ることができる。このように、日本語学習が開始され、継続される時、日本語を習得した肯定的な自己像がイメージされていると考えられる。克日論の生成や民族感情を刺激する問題の棚上げも、日本語を習得した肯定的な自己像を保つためにとられたストラテジーだと見ることもできるだろう。

　Dörnyei (2009) は、第2言語習得の動機づけとして、Ideal L2 Self という概念を導入している。これは、「理想自己」(Higgins 1987) の第2言語に関連する側面であり、なりたい人が第2言語の話者であれば、現実の自己と「理

想自己」とのギャップを埋めるために、第2言語を学ぶとされている。この理論に添って考えれば、日本語を習得した自国民、自己像が肯定的なものとしてイメージされたことが、日本語教育再開と発展の鍵であったと言うことができる。ただし、日本語を習得した肯定的な自国民、自己像は、国民意識としての主体性の保持を伴っていたと見ることができる。

　自国発展型必要論を主張した韓国外国語大学も「確固とした主観を持たなければならない」と主張していたし、朴正熙大統領が、国民意識としての主体性の確立事業に本格的に乗り出すと同時に、日本語教育のプラスの効果を主張したのは前に見た通りである。また、日本研究者も、韓国人としての自己を常に確認しながら、交流・相互理解型必要論を実践に移していることがオーラル・ヒストリーから明らかになった。

　また、日本語を習得した肯定的な自己像は、社会的文脈としての日韓関係との相互作用の中で形成されていると言うことができる。日本社会と韓国社会との間の浸透性が高くなり、日本語母語話者や日本の文物と接したり、日本語を使用したりする機会が多くなるのに伴い、日本語を習得した自己像が具体的にイメージされやすくなっていると推測できる。ただし、日韓関係が、敵対的で不平等だと認識されるよりも、友好的で対等な関係だと認識された方が、日本語を習得した肯定的な自己像が描きやすいと考えられる。実際、交流・相互理解型必要論においては、日本人はお互いに理解しあい、友好的な関係を築くことができる相手だと認識されていた。また、日本社会、日本人との間に構築された人間関係が、日本研究者としての役割認識を支えている側面もあった。しかしながら、日韓関係に問題があると認識された場合でも、それを改善するという目的の下に、日本語教育必要論が形成されていた。日韓関係が冷徹な資本主義の論理で歪められていると認識しながらも、日本語を習得した国民が日本との学術的な交流に参加することによってそれを改善できるとする関係改善指向型必要論などがそれにあたる。また、日本研究者も、韓国人の対日偏見を是正し、日本人の韓国理解を促すことによって、現在の日韓関係をより良いものに変えていくことを、自分の役割のひとつとして認識していた。

　Dörnyei (2009) は Ideal L2 Self を、ガードナーの統合性 (Integrativeness) の

再解釈だとしていることからも、それは社会的文脈の中で形成されるものだと言える。本研究の結果からは、日本語を習得した自己像、自国民像は、社会的文脈としての日韓関係の影響を受けて形成される一方で、それを変革しようとする能動的な役割を担うものとしても形成されていることが示された。つまり、日本語を習得した自己像は、社会的な文脈を織り込みながら、それを再構築してきたと考えられる。

　以上の議論から、外国語の習得を促す肯定的な自己像の形成において、学習者の民族、文化に基づいた主体性の保持、目標言語話者及びその集団との対等で友好的な関係が重要であるという示唆を得ることができる。また、外国語学習ないしは教育の担い手の認識が、社会的文脈としての国際関係を変革する可能性があるという示唆を得ることもできる。

3　展望と今後の課題

　本研究で導き出された結論から、私たちは学習者が日本語を習得した肯定的な自己像を描けるように、学習者の民族、文化に基づく主体性を尊重し、学習者が日本語母語話者と対等で友好的な関係を築けるような社会づくりをめざす必要があるという示唆を得ることができる。

　ただし、本書では、日本語教育が異民族間で行われる側面に注目し、民族に基づく主体性を分析概念としたため、学習者のアイデンティティの多面性を検討することができなかった。国民意識としての主体性は施政者側にとっては固定的、絶対的なものとしてイメージされるであろうが、インタビュー・データからは、個人が日本語学習を行ったり、日本語教育に携わったりする上で、国民意識としての主体性が必ずしも顕在化しているわけではなかった。

　また、民族の主体性とは、近代性を含む概念であるため、本書で示した日本語教育必要論の歴史的展開も、韓国の近代化という枠組みの中での解釈である。近代化が韓国でも日本でもヘゲモニーを握っていたことに鑑みれば、本書のような歴史の解釈も意義があると考えるが、それにとどまらず、日本語教育・学習に関わる人々の自己像の多面性や流動性を考慮した枠組みで歴

史を見ていくことも必要であると思われる。これも今後の課題としたい。

注

1 池明観 (1999) によると、1980年代以降、日本に関する新聞記事の内容に変化が見られ理解しあえるよい日本人の姿も報道されるようになった。また、筆者の朝鮮日報の調査でも1990年代以降、日韓両市民間の交流の様子が肯定的に報道され、日本は脅威を感じる国ではなく、追いつき、追い越すことができる国と捉えられるようになったことが報道されていた。

付録（国定教科書目次）

『日本語読本　上』
第1課　わが国
第2課　これは本です
第3課　あなたは学生です
第4課　わたしたちの先生
第5課　白い紙
第6課　寒い日
第7課　ぼうしとかばん
第8課　わたしのつくえ
第9課　むくげの花
第10課　絵はがき
第11課　かわいい子ども
第12課　日課
第13課　日曜日
第14課　家族
第15課　カレンダー
第16課　新しい町
第17課　韓国の季節
第18課　日記
第19課　南山の上から
第20課　早起き
第21課　冬の夜
第22課　お手伝い
第23課　買い物
第24課　母の言葉
第25課　電話
第26課　秋夕
第27課　スケート
第28課　あいさつ
第29課　月と雲
第30課　かぜ
第31課　ハングル
第32課　緑の山造り
第33課　建設の響き
第34課　日本
第35課　韓国の古代文化と日本
第36課　李舜臣将軍
第37課　太極旗
第38課　セマウル運動
第39課　1980年代のビジョン

『日本語読本　下』
第1課　統一への願い
第2課　星の世界
第3課　フンブとノルブ
第4課　金メダルに勝るもの
第5課　科学と人間
第6課　わが祖国
第7課　趣味について考える
第8課　水産の話
第9課　環境と公害
第10課　昭陽江ダムをたずねて
第11課　いくつといくら
第12課　釜関フェリー
第13課　かな文字
第14課　大洋を乗り越えて
第15課　生産のしくみ
第16課　光化門
第17課　樹(詩)
第18課　李退渓先生
第19課　生け花
第20課　本屋で
第21課　ことわざ
第22課　湖南・南海高速道路を走る
第23課　他山の石
第24課　わが国の造船工業
第25課　四溟大師の英知
第26課　わが農業の近代化
第27課　慶州のアルバム
第28課　質素な生活
第29課　わが国の民主政治
第30課　木の根
第31課　ミレーの晩鐘

『高等学校日本語　上』
第1課　わたしのうち
第2課　おとうさんとおかあさん
第3課　これはつくえです
第4課　これはわたしのものです
第5課　いろがみ
第6課　ひろいへや
第7課　私はがくせいです
第8課　ここは私の学校です
第9課　ここにしんぶんがあります
第10課　えきの前
第11課　先生と学生
第12課　としょかん
第13課　りんごとなし
第14課　しょうてんがい
第15課　ふうとうときって
第16課　買い物
第17課　カレンダー
第18課　セマウル運動
第19課　1週間
第20課　人のからだ
第21課　時間
第22課　休みの日
第23課　活用のあることば（Ⅰ）
第24課　ぼくの1日
第25課　変則的に変わることば
第26課　ぶたのえんそく
第27課　動詞の音便
第28課　食べもの
第29課　韓国の果物の名産地
第30課　活用のあることば（Ⅱ）
第31課　韓国のきせつ（Ⅰ）
第32課　韓国のきせつ（Ⅱ）
第33課　活用のあることば（Ⅲ）
第34課　山ばと
第35課　平和統一の大道
第36課　訪問
第37課　かいこ

『高等学校日本語　下』
第1課　春
第2課　たき
第3課　日本語のべんきょう
第4課　おとなりのうち
第5課　世宗大王
第6課　あいさつ
第7課　ぼくとシロ
第8課　下相談
第9課　ゆうごはん
第10課　自分を見つめる
第11課　つばめとフンブ
第12課　栄養素
第13課　動物の冬ごもり
第14課　電話
第15課　雨ニモマケズ
第16課　上達の道
第17課　手紙
第18課　韓国の古代文化と日本
第19課　つゆどき
第20課　時計
第21課　さけのさとがえり
第22課　日本の風習
第23課　ソウル
第24課　泣いた赤おに
第25課　かにの親子
第26課　言い慣らわされた言葉
第27課　わが国の経済発展

参考文献

〈和文文献〉

赤川学(1996)『性への自由／性からの自由―ポルノグラフィーの歴史社会学―』青弓社.

赤川学(1999)『セクシュアリティの社会歴史学』勁草書房.

阿部五郎(1998)「韓国三星人力開発院の日本語教育の歩み―外国語生活館における院本後集中コースの変遷―」『高大日語教育研究』2、143–152. 高麗大学校.

阿部洋(1976)「解放前日本留学の史的展開過程とその特質」『韓』59、20–73.

ベネディクト・アンダーソン　白石さや・白石隆訳(2000)『想像の共同体―ナショナリズムの起源と流行―』NTT出版.（Anderson, Benedict. (1983) *Imagined Communities: Reflections on the Origin and Spread of Nationalism*. London: Verso.）

李淑子(1985)『教科書に描かれた朝鮮と日本―朝鮮における初等教科書の推移[1895–1979]―』ほるぷ出版.

李元徳(1996)「日韓請求権交渉過程(1951–62)の分析―日本の対韓政策の観点から―」『法学志林』93(1)、37–133.

李星熙(1994)『朴正熙大統領執権下の教育政策とその教育理念研究』江原大学校教育大学院教育行政専攻修士論文.

李鐘元(1996)『東アジア冷戦と韓米日関係』東京大学出版会.

李徳奉(1999)「韓国の日本語教育界における新しい動きについて」『世界の日本語教育〈日本語教育事情報告編〉』5、1–12.

磯崎典世(1997)「韓国ジャーナリズムの日本像」山内昌之・古田元夫編『日本イメージの交錯―アジア太平洋のトポス―』、22–44. 東京大学出版会.

稲葉継雄(1973)「日本語教育に関する韓国世論の動向」『韓』21、39–44.

稲葉継雄(1976)「韓国の高校における日本語教育―その後の推移―」『韓』51、45–56.

稲葉継雄(1983)「米軍政下南朝鮮における国語浄化運動」『筑波大学地域研究』1、63–73.

稲葉継雄(1984)「米軍政下韓国における言語政策の展開」『韓』111、61–104.

稲葉継雄(1986)「韓国における日本語教育史」『日本語教育』60、137–148.

稲葉継雄(1997)『旧韓末「日語学校」の研究』九州大学出版会.

稲葉継雄(1999)『旧韓国の教育と日本人』九州大学出版会.

井上薫(1995)「日本統治下朝鮮の日本語普及・強制政策―1910年代初期における私立学校・書堂の利用・弾圧―」『北海道大学教育学部紀要』69、157–220.

井上薫(1995)「日本統治下朝鮮の日本語普及・強制政策―「国語講習会」「国語教習所」による日本語普及政策とその実態―」『北海道大学教育学部紀要』66、33–56.

井上薫(1997)「日本統治下末期の朝鮮における日本語普及・強制政策―徴兵制度導入に至るまでの日本語常用・全解運動への動員―」『北海道大学教育学部紀要』73、105–153.

イ・ヨンスク(1987)「朝鮮における言語的近代」『一橋研究』12(2)、81–95.

イ・ヨンスク(1996)『「国語」という思想』岩波書店.

馬越徹(1981)『韓国現代教育研究』高麗書林.

ジョン・L・オースティン　坂本百大訳(1978)『言語と行為』大修館書店.

大田修(1999)「大韓民国樹立と日本―日韓通商交渉の分析を中心に―」『朝鮮学報』173、1–48.

生越直樹(1991)「韓国における日本語教育概観」『講座　日本語と日本語教育』16、49–67．明治書院.

金子文夫(1985)「日韓関係の 20 年」『経済評論』34(6)、33–45.

河先俊子(2006)「韓国の高等学校の教科書に描かれる日本像」『日本学報』69、129–142.

川村湊(1994)『海を渡った日本語』青土社.

木下康仁(2003)『グラウンデッド・セオリー・アプローチの実践―質的研究への誘い―』弘文堂.

木下康仁(2005)『分野別実践編グラウンデッド・セオリー・アプローチ』弘文堂.

木下康仁(2007)『ライブ講義 M-GTA　実践的質的研究法―修正版グラウンデッド・セオリー・アプローチのすべて―』弘文堂.

木宮正史(1994)「韓国における内包的工業化戦略の挫折」『法学志林』91(3)、1–79.

木宮正史(1995)「1960 年代韓国における冷戦と経済開発」『法学志林』92(4)、1–116.

金鐘学(1976)「韓国高校における日本語教育の展望」『日本語教育』30、57–72.

金淑子(1993)「韓国における日本語教育」『世界の日本語教育〈日本語教育事情報告編〉』3、1–14.

金範洙(2006)『近代渡日朝鮮留学生史―留学生政策と留学生運動を中心に―』東京学芸大学博士論文.

金賢信(2008)『異文化間コミュニケーションからみた韓国高等学校の日本語教育』ひつじ書房.

金容賛(2011)「近代朝鮮におけるネイション形成の政治的条件に関する一考察」『立命館国際研究』24、505–524.

金泳謨　渡辺学訳 (1972)「韓末外来文化の受容階層」『韓』7、23–42.
久保田優子 (2005)『植民地朝鮮の日本語教育―日本語による「同化」教育の成立過程―』九州大学出版会.
熊谷明泰 (1997)「朝鮮語ナショナリズムと日本語」田中克彦ほか編『ライブラリ相関社会科学　言語・国家，そして権力』、164–193. 新世社.
グレイザーとストラウス　木下康仁訳 (2005)『死のアウェアネス理論と看護―死の認識と終末期ケア―』医学書院.
駒込武 (1997)『植民地帝国日本の文化統合』岩波書店.
コール・マイケル　天野清訳 (2002)『文化心理学　発達・認知・活動への文化―歴史的アプローチ―』新曜社．(Cole, Michael. (1996) *Cultural Psychology: Once and Future Dicipline*. Harverd University Press.)
坂井俊樹 (2003)『現代韓国における歴史教育の成立と葛藤』御茶ノ水書房.
桜井厚 (2002)『インタビューの社会学―ライフストーリーの聞き方―』せりか書房.
桜井厚 (2005)『ライフストーリー・インタビュー―質的研究入門―』せりか書房.
桜井義之 (1976)「『官立仁川日語学校』について」『朝鮮学報』81、155–167.
佐藤慎司・ドーア根理子編著 (2008)『文化、ことば、教育―日本／日本語の教育の「標準」を超えて―』明石書店.
佐野通夫 (2006)『日本植民地教育の展開と朝鮮民衆の対応』社会評論社.
佐野通夫 (1994)「教育の支配と植民地の支配―植民地朝鮮における就学率・志望者数の変遷と政策的対応―」阿部洋編『戦前日本の植民地政策に関する総合的研究―平成4・5年度科学研究費補助金研究成果報告書―』.
朱秀雄 (1989)「開化期の韓国における日本語教育に関する一研究」『日本の教育史学』32、124–142.
石純姫 (1999)「植民地化の朝鮮における言語の『近代化』と『ナショナリズム』」日本植民地教育史研究会編『植民地教育史認識を問う―植民地教育史年報―』、84–99. 皓星社.
池明観 (1999)『日韓関係史研究―1965年体制から2002年体制へ―』新教出版社.
鄭在貞 (1997)「韓国教科書の日本像」山内昌之・古田元夫編『日本イメージの交錯　アジア太平洋のトポス』、6–21. 東京大学出版会.
千守城 (1989)「韓国における日本語教育の位相」『日本研究論叢』3、35–66. 慶星大学校日本問題研究所.
鄭大均 (1998)『日本 (イルボン) のイメージ―韓国人の日本観―』中央公論社.

月脚達彦(2009)『朝鮮開化思想とナショナリズム』東京大学出版会.

辻村明・金圭煥・生田正輝(1982)『日本と韓国の文化摩擦』出光書店.

時枝誠記(1942)「朝鮮における国語政策及び国語教育の将来」『日本語』2(8)、54–63.

トンプソン・ポール　酒井順子訳(2002)『記憶から歴史へ―オーラル・ヒストリーの世界―』青木書店．(Thompson, Paul.(2000)*The Voice of the Past:Oral History*. Oxford University Press.)

並木真人(1999)「植民地期朝鮮政治・社会史研究に関する試論」『朝鮮文化研究』6、109–130．東京大学文学部朝鮮文化研究会.

並木真人(2003)「朝鮮における『植民地近代性』・『植民地公共性』・対日協力―植民地政治史・社会史研究のための予備的考察―」『国際交流研究』5、1–42．フェリス女学院大学国際交流学部.

西岡力(1986)「韓国日本語専攻大学生の日本観」『現代コリア』266、51–59.

河宇鳳(2001)「開港期修信使の日本認識」宮嶋博史・金容徳編『日韓共同研究叢書2　近代交流史と相互認識1』、175–215．慶応義塾大学出版会.

朴一(1992)『韓国NIES化の苦悩』同文館.

朴賛勝(2005)「1910年代における渡日留学生の思想的動向」宮島博史・金容徳編『日韓共同研究叢書12　近代交流史と相互認識2―日帝時代―』、147–189．慶応義塾大学出版会.

朴順愛(1994)「韓国マスコミの日本報道」山本武利編『日韓新時代―韓国人の日本観―』、51–77．同文館.

朴宣美(2005)『朝鮮女性の知の回遊―植民地文化支配と日本留学―』山川出版社.

朴鎔肇(1984)「韓国の国語浄化運動」『朝鮮学報』119・120、731–772.

林夏生(1996)『戦後日韓文化関係の歴史的変化―韓国における日本大衆文化開放問題をめぐって―』東京大学大学院総合文化研究科国際関係論専攻修士学位論文.

平野健一郎(2000)『国際文化論』東京大学出版会.

平野健一郎編(1999)『国際文化交流の政治経済学』勁草出版.

彭元順(1994)「韓国への日本文化の進出とその規則」山本武利編『日韓新時代』、23–49、同文館.

フーコー・ミシェル　中村雄二郎訳(2010)『知の考古学』(新装新版4刷)河出書房新社．(Foucault, Michel. (1969) *L'Archéologie du Savoir*. Paris: Editions Gallimard.)

藤田雄二(2001)『アジアにおける文明の対抗―攘夷論と守旧論に関する日本、朝鮮、中国の比較研究―』御茶の水書房.

細川英雄(2004)『日本語教育は何をめざすか―言語文化活動の理論と実践―』明石書店.

三ツ井崇(2010)『朝鮮植民地支配と言語』明石書店.

宮田節子(1985)『植民地民衆と「皇民化」政策』未来社.

森田芳夫(1982)「韓国における日本語教育の歴史」『日本語教育学』48、1-13.

森田芳夫(1985)「付論4　韓国における日本語教育」『日本語教育および日本語普及活動の現状と課題』、527-545．総合研究開発機構.

森田芳夫(1987)『韓国における国語・国史教育―朝鮮王朝期・日本統治期・解放後―』原書房.

森田芳夫(1991)「戦後韓国の日本語教育」『講座　日本語と日本語教育』15、409-424．明治書院.

森山茂徳(1998)『現代韓国政治』東京大学出版会.

安田敏朗(1997)『帝国日本の言語統制』世織書房.

安田敏朗(1998)『植民地の中の「国語学」』三元社.

安田敏朗(2000)「帝国日本の言語編制」三浦信孝・糟谷啓介編『言語帝国主義とは何か』、66-83．藤原書店.

山内昌之・古田元夫編(1997)『日本イメージの交錯―アジア太平洋のトポス―』東京大学出版会.

山本武利(1994)『日韓新時代韓国人の日本人観』同文館.

尹健次(1982)「日本資本主義の前進基地としての京城学堂―日本のアジア進出の軌跡をふまえて―」『海峡』11、42-66.

渡辺利夫編(1992)『概説韓国経済』有斐閣選書.

〈英文文献〉

Bennett, Milton J. (1986) "A developmental approach to training for intercultural sensitivity", *International Journal of Intercultural Relations*, 10(2). 179-195.

Eckert, Carter J. (1991) *Offspring of empire: The Koch'ang Kims and the colonial origins of Korean capitalism*. Seattle: University of Washington Press.

Deci, E. L. and Ryan, R. M. (1985) *Intrinsic motivation and self-determination in human behavior*. New York: Plenum.

Dörnyei, Z. (2001) *Teaching and researching motivation*. Harlow, England ; New York : Longman.

Dörnyei, Z. and Schmidt, R. (eds.) (2001) *Motivation and second language acquisition*. Honolulu: University of Hawaii Press.

Dörnyei, Z. and Ushioda, E. (eds.) (2009) *Motivation, language identity and the L2 self*. Bristol, UK : Buffalo, New York : Multilingual Matters.

Gardner, R. C., "*Integrative motivation: past, present and Future*",Temple University Japan, Distinguished Lecturer Series, Tokyo, February 17, 2001; Osaka, February 24, 2001. Retrieved from http://publish.uwo.ca/~gardner/docs/GardnerPublicLecture1.pdf

Higgins, E. T. (1987) "Self-discrepancy: a theory relating self and affect,"*Psychological Review* 94, 319–340.

Giles, Howard. and Byrne, Jane, L. (1982)"An intergroup approach to second language ac acquisition,"*Journal of multilingual and multicultural development*. 3–1(1982), 17–40.

Norton, B. (2000)*Identity and language learning: social processes and educational practice*. London: Longman.

Tajfel, H. (1974) "Social identity and intergroup behaviour,"*Social science infarmation*, 13, 65–93.

〈韓国語文献〉

김광태・명성룡 (2001)「중・고생에있어서의일본어학습자의학습경향」『학생생활연구』 5, 한서대학교학생생활연구소 , 1–17.

金炳哲 (1982)「外国語教育의課題와展望」『문교행정』 11, 87–91.

金玉吉 (2000)『日本의大衆文化에관한研究―大衆文化가日本語教育에미치는影響―』慶熙大学校教育大学院日語教育專攻修士論文.

木槿會 (2006)『구름따라 세월따라』영강사.

박광무 (2010)『한국문화정책론』김영사.

朴順萬(1973)「日語教育라高校用日本語読本」『出版文化』 91, 大韓出版文化協会 , 7-11.

朴熙泰(2006)「木槿會會員여러분라 더불어」木槿會『구름따라 세월따라』영강사.

片茂鎮 (2001)「『韓国資料』의基礎的研究(1)―韓国人를위한日語學習書를中心으로―」『日本文化学報』 11, 175–203.

李光麟 (1969)『韓国開化史研究』一潮閣.

이금희・김남정・연민자・박미경・이선아・송운숙・최은희・이미아・유인숙 (1986)「韓国人의對日本観研究」『同日語文研究』 1, 25–60.

李德奉 (1994)「日本語教育課程의変遷過程과構成」『日本学報』 33, 45–69.

李德奉 (1998)「고등학교제 2 외국어과교육과정변천과정」『人文科学研究』 4, 73–103.

이명희 (1999)「중등교원연수원일본어교재개발의방향」『교육과학연구』 4, 59–78.

李星熙 (1994)『朴正熙大統領執権下의教育政策과그教育理念研究』江原大学校教育大学院

教育行政専攻修士論文.
이연희 (1994)「日本語에대한韓国人의言語意識研究」『同日語文研究』9, 99–140.
李昌秀 (1995)「国際化時代에있어日本語教育의 實際및方向性에 관한 研究―専門大学日本語教育을中心으로―」『日本學論集』3, 107–123.
李漢彬 (1968)『社会変動라行政―解放後韓國行政의發展論的研究―』博英社.
張英烈(1982)「海外留学制度와그実態」『문교행정』7, 24–28.
장일환 (1995)「외국어교율과정과그발전방향」『교육월보』166, 文教部, 32–35.
趙文熙 (1997)「中学校日本語코스디자인을위한基礎調査및分析」『日語日文学研究』31, 121–155.
趙文熙 (2005)『한국일본어교육사연구』同徳女子大学校大学院日語日文学科日本語教育専攻学位請求論文.
趙容萬・宋敏鎬・朴炳采 (1970)『日帝下의文化運動史』民衆書館.
조은진 (1994)「日本語関連学科의教科課程比較」『同日語文研究』9, 141–160.
최진항 (1995)「외국어교육, 어떻게개혁할것인가?」『교육월보』157, 文教部, 72–76.
韓国教育開發院(1987)『국제화에 대비하는 교육전략』
韓中瑄 (1994)「開化期 日本語 学習書 小考」『日語日文学研究』25, 817–847.
홍승현, 류은경, 오은주, 이태영 (1991)「日本語学習者의 対日本観研究」『同日語文研究』5・6, 3–22.
韓国教育開発院(1987)『국제화에대비하는교육전략』
한글학회(1971)『한글학회 50 년사』

〈統計資料〉
『서울시教育委員會年報』、1960
『外国貿易概況』大蔵省主税局税関部調査統計課
『出入国管理年報』法務省統計局
『韓國外資導入 30 년사』、財務部韓國残業銀行、1993
韓国日語日文學會(1999)『韓国의日本語教育實態―日本語教育機関調査 1998～1999 年』

あとがき

　本書は 2011 年 3 月にお茶の水女子大学大学院人間文化創成科に提出した博士論文『植民地解放後の韓国における日本語教育の歴史―日本語教育をめぐる言説の変遷―』に基づいて作成したものである。

　日本語を教えることは、本当に学習者の利益にかなうことなのだろうか、学習者と日本人との間に対等で豊かな関係を築くことに役立っているのだろうか、日本語教育は日本語母語話者と非母語話者の間の権力関係の上に成り立ち、それを維持しているのではないのだろうか。本書の研究は、私が韓国で日本語教師として働いていた時に感じたこのような疑念に端を発している。

　東北大学の日本語学科卒業後、海外で仕事をしてみたいという無鉄砲な衝動から、日本語教師としての働き口を探していたところ、韓国の延世大学校延世語学院から来てもよいという許可をいただき、そこで社会人としての第一歩を踏み出すことになった。そして、韓国人日本語学習者と親交を深めるうちに、彼らの日本に対する関心や思いに日韓関係の様々な側面が織り込まれていることに気がつき、興味を持つようになった。また、当初は、普通の日本や日本人を知ってもらうことによって日韓の文化交流の一助となりたいという無邪気な期待を抱いて渡韓したのであるが、それが一方的で身勝手な思い込みであるようにも思えてきた。そして、韓国の人々を学習者たらしめ、私を日本語教師たらしめている社会の構造に対する疑念も芽生えてきた。

　このようなこのようなとりとめのない思いを抱いて帰国し、修士課程で韓国人日本語学習者の動機づけをテーマとして研究を行った。しかし、日本語教育学という枠組みの中で思考しようとするほど、日本語教育は学習者と母語話者との間に対等で豊かな関係を築くことに役立っているのか、学習者の

より良い生の実現に資するものなのかという問題の核心に近づけないように感じた。そして、それは韓国の歴史、社会、文化に対する理解不足、韓国人学習者と日本人を取り巻く社会に対する理解不足に起因するように思われた。そこで、思い切っていったん日本語教育から離れ、国際関係論の勉強をすることにした。

早稲田大学大学院政治学研究科で、平野健一郎先生にご指導いただくことができ、「文化触変論」の講義を受講できたことは、私にとって大きな転機となった。日本語学習者の世界に対する理解を深めると同時に、日本語教育という現象を社会との関連性の中で批判的に捉えていく視点を得ることができたような気がした。そして、韓国の人々を学習者にしている歴史的、社会的文脈はどのようなもので、韓国の人々はそれをどのよう認識しているのかを通して、日本語教育の歴史を記述するという着想を得た。

しかし、それを研究としての軌道に乗せ、博士論文として完成させるのには、長い年月を要した。私は、能力面でも資質面でも研究者には向いていないのに必死でしがみつこうとする手間のかかる学生であったと思うが、それにもかかわらず、平野先生は早稲田大学卒業後も博士論文完成までご指導くださった。平野先生から教わった、異文化を受容する現象に対する基本的な見方や研究に対する姿勢は、研究者として生涯の支えとなるものだと思う。平野先生には言葉では言い表せないほど感謝している。

また、私が研究を続けるべきかどうか悩んでいた時に、励ましてくださり、早稲田大学への進学を指南してくださった上智大学の渡辺文夫先生にも心から感謝申し上げたい。さらに、遡れば、私がティーチング・アシスタントとしてアメリカに行くか、それとも韓国に行くか迷っていた時に、「一人前の教師として仕事をさせてもらえる延世語学院に行きなさい」と背中を押してくださった故大坪一夫先生にも感謝の意を表したい。大坪先生からは、いつも「いい論文を書きなさい」というお言葉をかけていただいていたが、博士論文の完成をご報告できなかったのが残念である。また、私の日本語教師としての基礎を築いてくださり、多方面にわたり惜しみなくご協力くださった東北大学の才田いずみ先生、韓国での調査にあたって貴重なご助言をくださった元麗澤大学学長の梅田博之先生、韓国政治に関する授業の聴講を

お許しくださった東京大学大学院総合文化研究科の木宮正史先生にも心から感謝申し上げたい。そして、博士論文の執筆を協働の精神で支えてくださったお茶の水女子大学大学院博士課程の指導主査である岡崎眸先生とゼミ生にも、御礼申し上げる。

　良き指導者に巡り合い、支えてくれる周りの人々がいたからこそ、博士論文を完成させ、出版にこぎつけることができたと思う。研究を進める上では、2008年度財団法人日韓文化交流基金訪韓フェローシップの助成を受けた。お忙しい中、拙いインタビューにご協力くださり、貴重なデータを提供してくださった韓国の諸先生方にもこの場を借りて改めて御礼申し上げたい。また、出版にあたっては、独立行政法人日本学術振興会平成24年度科学研究費助成事業（科学研究費補助金（研究成果公開促進費））の助成を受けた。出版のイロハを教えてくださったひつじ書房の松本功氏にも感謝申し上げる。

　日本語教育は、現在、国際文化交流や異文化間の相互理解を促進するものとして、また、多文化共生社会を切り開くものとして期待されている。しかし、かつて日本語教育は、美辞麗句をまといながらも、結局は相手を日本の従属的地位に置くことに協力していたこともある。また、現在でも、日本式のやり方に合わせることが、学習者にとっても利益になるという暗黙の前提の下に、非母語話者の声を封じ込め、非母語話者と母語話者との間の権力関係を温存していることもなくはない。日本語教育が異文化間の相互理解に基づいた人間関係を築き、よりよい社会を創りだしていくことに資するためには、学習者を個人としても、文化的な存在としても尊重し、理解することが不可欠であるように思う。本書を通して訴えたかったのは、学習者をその歴史的社会的文脈ごと理解し尊重することの重要性であるが、自分自身今後もこのような姿勢を持ち続けながら日本語教育に携わっていきたいと思う。

2013年2月

河先俊子

索引

い
意思疎通能力　218, 219, 221, 222, 223, 289
李承晩政権　95, 96, 97, 99, 100, 140, 284, 291
乙未義塾　54

う
元山学舎　49

え
英語優先論　158, 159, 288

お
オーラル・ヒストリー　39
岡倉由三郎　49, 50

か
開化派　27, 49, 50, 52, 60
外国語教育強化政策　177, 217, 289
開城学堂　53
開成学校　54
関係改善志向型必要論　155, 157, 288
韓国外国語大学　114, 115, 116, 117, 285
韓南学堂　53
官立外国語学校　50, 51, 55
官立日語学堂　49

き
切っても切れない日韓関係　194, 195, 294
金大中　212
金泳三　212, 217
教育救国運動　56, 58
京城学堂　51
近代化　6, 27, 29, 75, 105, 116, 127, 152, 284, 293, 294

け
京城学堂　52
源興学校　53
言語ナショナリズム　94, 283, 284
現状追随型必要論　146, 287

こ
甲午改革　50, 60
光州実業学校　52
交流・相互理解型必要論　222, 224, 225, 265, 266, 281, 289, 290
国語浄化運動　92
国際化に備える教育　176
国際交流基金　164
国籍ある教育　138, 287
克日論　163, 202, 288, 289
国民意識としての主体性　29, 57, 64, 100, 116, 125, 126, 127, 138, 139, 140, 141, 147, 151, 153, 163, 188, 192, 195, 201, 232, 236, 246, 253, 276, 284, 287, 288, 289, 290, 291, 296
国民教育憲章　138, 139, 287
国家としての主体性　29, 56, 57, 100, 284
国交正常化　122, 125, 286, 292

さ
3・1独立運動　70, 73

し
自国発展型必要論　145, 287
社会進化論　60, 74, 105
修信使　59, 60

せ
請求権　98, 99, 121
『精選日語大海』　65
接触場面　135, 153, 188, 190, 192, 232, 290

そ
ソウル大学　157, 214, 242, 243, 288

た

第1次朝鮮教育令　67
第2次教育課程　149
第2次朝鮮教育令　3, 70
第3次教育課程　150, 287
第3次朝鮮教育令　3, 71
第4次教育課程　180
第5次教育課程　10, 182
第6次教育課程　218, 221
第7次教育課程　223, 224, 225
大学入試　213, 214

ち

張勉政権　121, 123, 286
朝鮮語学会　89, 90, 91, 92, 283
朝鮮語研究会　76, 77, 88
全斗煥政権　173, 176, 289

て

適合性　23, 24, 25, 92, 237, 284

と

同化政策　3, 69
動機づけ　22, 161, 162

に

日語学校　6, 48, 49, 50, 52, 53, 54, 55, 59
日韓国交正常化　98, 134
日韓市民間の交流　210
日韓通商交渉　96
日本研究型必要論　192, 193, 195, 201, 289
日本語解読参考書問題　93
日本語教育強化政策　9, 132, 133, 140, 141, 142, 144, 287
日本語教育警戒論　146, 147, 148, 287
日本語教育限定論　148, 149, 151, 155, 287
日本語教育必要論　101, 109, 127, 285, 286
日本語教育否定論　127, 284, 285, 286
日本語講習所　118, 124, 126
日本語読本　152, 153
日本語を習得した肯定的な自己像　256
日本に対する興味・関心　160, 162, 199, 201
日本の大衆文化　123, 197, 199, 201, 203, 212, 227, 241, 245, 247, 249, 286
日本文化の理解　226, 230, 239, 241, 287, 290
日本留学　63, 64, 67, 71, 101, 102, 103, 105, 141, 254, 270, 279
日本留学生　6, 59, 73

の

盧泰愚政権　209, 211

は

朴正煕政権　9, 29, 123, 125, 132, 133, 138, 139, 140, 141, 144, 173, 286, 291
反日本語教育的な圧力　163, 253, 288

ひ

必要性　23, 24, 25, 237

ふ

フーコー　17, 18, 19
文化触変　23, 24, 25

へ

米軍政庁　88, 89, 120

ほ

防日　93, 100, 101, 106, 114, 115, 285

み

民主化　122, 209, 211, 286, 290, 293
民族の主体性　9, 26, 27, 28, 29, 58, 101, 146, 162, 284, 285, 286, 287, 291

わ

我々の言葉の取り戻し　120

【著者紹介】

河先 俊子（かわさき としこ）

〈略歴〉
秋田県生まれ。東北大学大学院文学研究科博士課程前期修了後、外資系広告会社勤務を経て、早稲田大学大学院政治学研究科修士課程修了。お茶の水女子大学大学院人間文化創成科博士後期課程修了。人文科学博士。フェリス女学院大学留学生センター専任講師を経て、国士舘大学 21 世紀アジア学部准教授。

〈主な論文〉
「植民地解放後の韓国における日本語教育の再開―日本語教育をめぐる言説の分析―」『言語文化と日本語教育』39（2010年）、「日韓両文化に対する態度構築のプロセス―留学経験がある韓国人日本研究者の場合―」『異文化間教育』31（2010 年）。

韓国における日本語教育必要論の史的展開

発行	2013 年 2 月 14 日 初版 1 刷
定価	7200 円＋税
著者	Ⓒ 河先俊子
発行者	松本 功
装丁者	Eber
組版所	株式会社 ディ・トランスポート
印刷製本所	株式会社 シナノ
発行所	株式会社 ひつじ書房
	〒 112-0011 東京都文京区千石 2-1-2 大和ビル 2 階
	Tel.03-5319-4916 Fax.03-5319-4917
	郵便振替 00120-8-142852
	toiawase@hituzi.co.jp　http://www.hituzi.co.jp
	ISBN978-4-89476-632-7

造本には充分注意しておりますが、落丁・乱丁などがございましたら、小社かお買上げ書店にておとりかえいたします。ご意見、ご感想など、小社までお寄せ下されば幸いです。

〈刊行書籍のご案内〉

文革から「改革開放」期における
中国朝鮮族の日本語教育の研究
　　　本田弘之著　　定価 8,700 円 + 税

本書は中国朝鮮族の日本語教育が「満州国」消滅後、約 30 年を経て「再開」され、自律的に発展していった過程をフィールドワークとインタビュー調査により詳細に追ったものである。朝鮮族の人々は、かつて民族文化を剥奪する手段として使われた日本語教育を自分たちの民族教育を振興させるためのツールとして活用してきた。その教育の舞台となった民族中学における日本語教育を分析し、その教育が各方面に与えた影響を考察する。